NAT MAYER SHAPIRO

NAT MAYER SHAPIRO

RIGOR AND JOY
LA RIGUEUR ET LA JOIE

SilvanaEditoriale

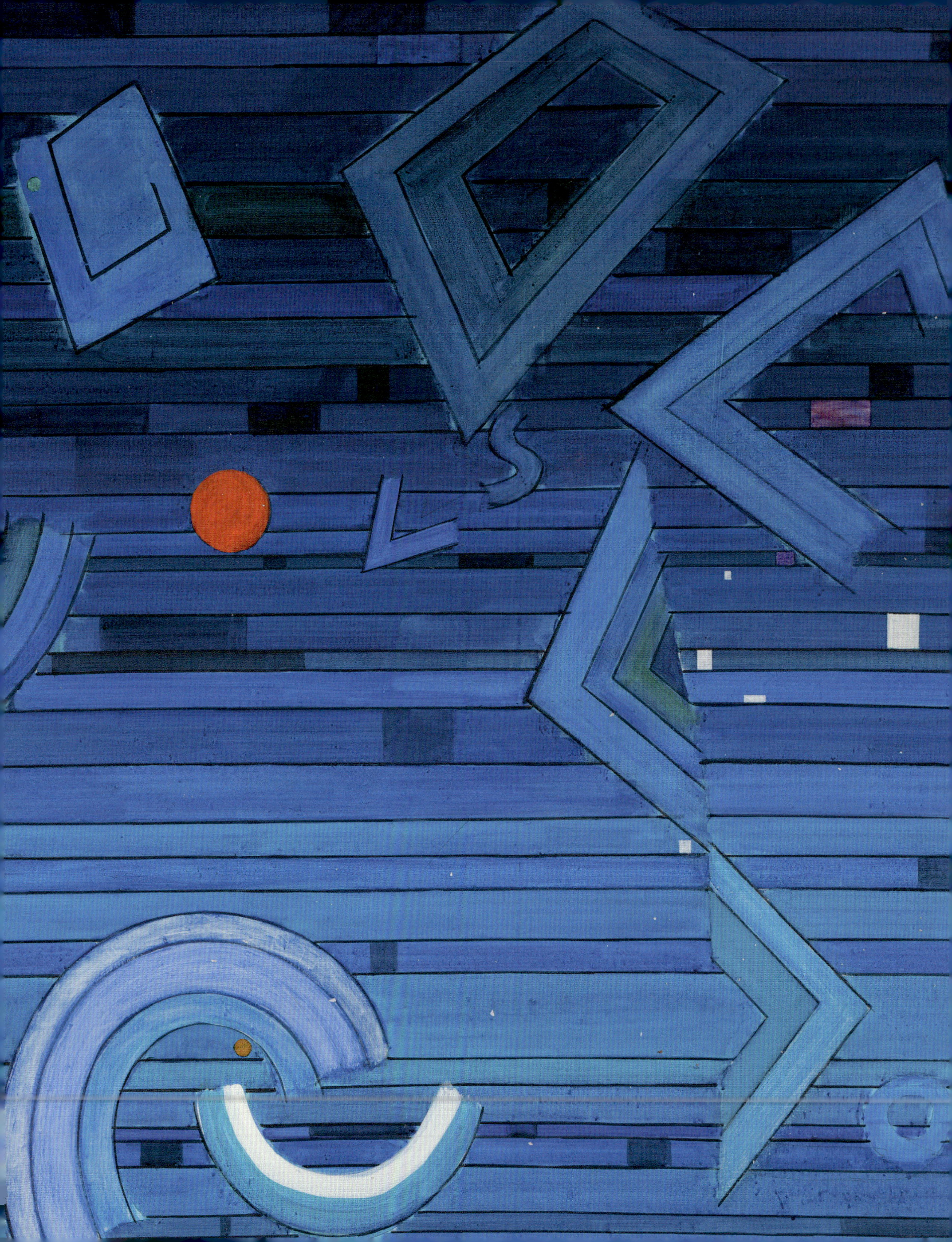

Contents
Sommaire

Untitled, 1977
Detail of fig.78
Détail de la fig. 78

Foreword

Mirella Shapiro

I was married to Nat Shapiro for more than five decades, and I should be able to say that I knew him inside-out.

I don't think this is so.

I say this because Nat was full of contradictions, of opposites. He was extremely hospitable, generous and had a terrific sense of humor, but he could also be gruff and authoritative. He loved the company of people, with whom he would argue for argument's sake about history, politics, or art. He was an optimist and full of joy, but he was also a difficult person to reach as he did not like to share his inner feelings and thoughts.

Nat valued truth, justice, and integrity, and he followed these tenets throughout his life. But he was also restless and impulsive. When I shared my knowledge of European art, he couldn't resist the urge to go travelling in Europe, and visiting places, monuments, and museums from which he later drew inspiration. He had ambitious ideas; one time, he was set on buying a castle in ruins in an almost unreachable corner of France, transform it into a hotel and offer art classes. He wanted to live new experiences, to taste new situations, and above all to constantly search for the immense pleasure of creating. Sometimes, I had to keep our feet on the ground. He once wrote to a friend: "There is one aspect of life Mirella doesn't see and will never understand—you only go once around the clock."

What I did understand was Nat's thirst for knowledge. I introduced him to classical music by taking him to Carnegie Hall, where he had never been. His mind was open to anything that was beautiful, and he was hooked with just one concert. He had a very fine ear, and music became another inspiration for his art (Figs. 27–28): "Early on I wanted my work to duplicate the color and originality of Vivaldi's musical forms. Later it was J.S. Bach for structure."

But this was rare; Nat seldom talked about his art, his creative process, or influences. He did not like to explain his paintings. He would just say: "Look at it. See in it what you want to see. Either you like it, or you don't. It's not necessary to know what I had in mind."

Nat once wrote to a friend about our marriage: "Believe it or not, after 50 years together we still do not understand each other." Maybe I did not completely understand him, but I embraced his contradictions. I do hope he knew how much I loved his artwork and the privilege I felt in being surrounded by his beautiful paintings.

As prolific and dedicated as he was, Nat had little interest in promoting himself as an artist. After he passed in 2005, I decided to promote his work and took the job willingly. Through this monograph, I hope to bring Nat's art to the world. It's all here: his opposites, contradictions, humor, and curiosity. The mood is never grim, it radiates joy, the various elements seem to be dancing, they are there to give pleasure.

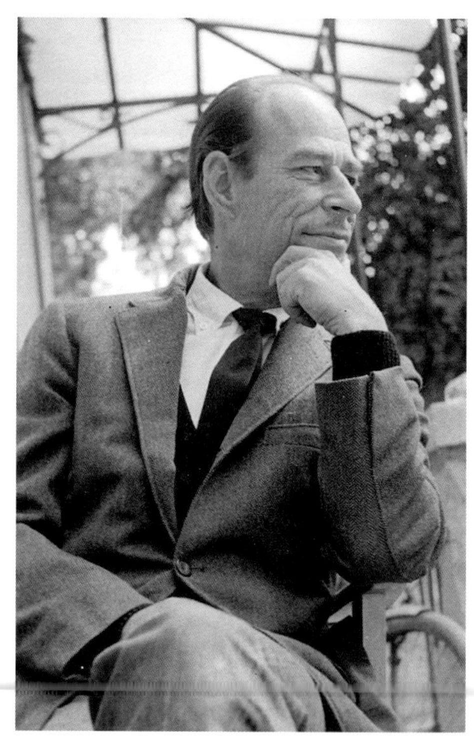

Avant-propos

Mirella Shapiro

Nous avons été mariés, Nat Shapiro et moi, pendant plus de cinquante ans, et je devrais pouvoir dire que je le connaissais à fond. Mais en fait, pas vraiment.

C'est parce que Nat était un être plein de contradictions, de paradoxes. Il était extrêmement sociable, généreux, et doté d'un formidable sens de l'humour, mais il pouvait aussi se montrer bourru et autoritaire. Il appréciait la compagnie des gens et il discutait pour le plaisir de discuter, sur tous les sujets, histoire, politique ou art. Il était optimiste et plein de joie, mais il restait à distance, car il ne partageait pas volontiers ses sentiments et ses pensées intimes.

Toute sa vie, la vérité, la justice et l'intégrité ont constitué sa ligne de conduite. Cependant, il avait aussi un côté impétueux et impulsif. Quand je lui ai parlé de la beauté de l'art qu'on trouvait partout en Europe, il a été pris du besoin d'y aller, de s'inspirer de ses lieux, de ses monuments et de ses musées. Il pouvait être un peu mégalomane ; un moment, il a pensé acheter un château en ruines, dans un coin perdu de la France, pour en faire un hôtel et y proposer un enseignement artistique. Il voulait vivre de nouvelles expériences, goûter à des situations nouvelles, et vivait avant tout pour l'immense plaisir de créer. Je devais garder les pieds sur terre pour deux. Un jour, il a écrit à un ami : « Il y a un aspect de la vie que Mirella ne voit pas et ne comprendra jamais : on ne vit qu'une fois. »

Ce qui m'a marquée, c'est sa soif de connaissance. Son esprit était ouvert à tout ce qui est beau. Il ne connaissait pas la musique classique ; je l'ai amené au Carnegie Hall, et il a suffi d'un concert pour le rendre accro. Il avait l'oreille très fine, et la musique est devenue une autre source d'inspiration (fig. 27-28) : « Très tôt, j'ai voulu que mon travail transpose la couleur et l'originalité des formes musicales de Vivaldi. Plus tard, ce fut J.-S. Bach pour la structure. »

Mais Nat s'exprimait rarement sur son art, sur son processus créatif, ou sur ses influences. Il n'aimait pas expliquer sa peinture. Il se contentait de dire : « Regardez-la plutôt. Voyez-y ce que vous voulez y voir. Soit vous aimez, soit vous n'aimez pas. Inutile de se demander ce que, moi, j'avais en tête. »

Un jour, Nat a écrit à un ami, à propos de notre mariage : « Tu ne vas pas le croire, mais après cinquante ans de vie commune, nous ne nous comprenons toujours pas. » Je ne l'ai peut-être pas compris complètement, mais j'ai fait miennes ses contradictions. J'espère qu'il savait à quel point j'aimais son œuvre, et combien je me sentais privilégiée de vivre entourée de ses peintures magnifiques.

Créateur prolifique et travailleur enthousiaste, Nat a pourtant peu fait pour se faire reconnaître comme artiste. Après son décès en 2005, je me suis mise à fond à promouvoir son travail. J'ambitionne que la présente monographie fera connaître l'art de Nat au monde entier. Tout de lui y est : ses dissonances, ses contradictions, son humour et sa curiosité. L'ambiance n'est jamais sombre, elle rayonne de joie ; les éléments semblent danser, et c'est pour notre régal.

Nat in Le Vésinet,
ca. 1964
Nat au Vésinet,
vers 1964

Approaching the Apex: The Art and Adventure of Nat Mayer Shapiro

Gemma Cirignano
Art historian

Art is an adventure. Abstract Art is an even greater adventure, because it occupies the entire person. Although your work is planned ahead of time, a lot is left to chance, so that you never know what the outcome is going to be. Therein lies the adventure.
Nat Shapiro, 2005[1]

The work of Nat Mayer Shapiro defies categorization. From the 1950s until his death in 2005, Shapiro created an oeuvre of over nine hundred paintings, drawings, assemblages, and sculptures. Although he drew from modernist movements such as expressionism, pure abstraction, and Op Art, his independent spirit and endless curiosity more accurately define his artistic practice.

Despite Shapiro's diversity of style, medium, and subject, two compelling forces unify his art: an abiding interest in humanity, with all the attendant foibles and marvels, and a formal preoccupation with depth. The artist's marriage of these forces produced a dynamic catalogue, featuring humorous vignettes of Biblical storytelling, kites dancing in the wind, dizzying optical illusions, whimsical anthropomorphic sculptures, and vivid views into the fathomless cosmos. Be it serious, witty, or ethereal, Shapiro's art always invites the eye and an enduring conversation.

The journey into art: from New York to Paris

Born in Harlem and raised in Brooklyn, New York, Shapiro began creating art in 1929 when, at ten years old, he embarked on three years of after-school art classes at the Pratt Institute. The arrival of the Great Depression dampened Shapiro's creativity and there is little evidence of his art as an older adolescent. In 1941, aged 22, Shapiro joined the U.S. Army to serve his country and see the world. Assigned to the Medical Corps, he was stationed in Australia and New Guinea, where he spent his spare time drawing portraits of his comrades and vignettes of the camp (Fig. 1). When Shapiro left the military in 1946, he continued to paint while recuperating at the Rest & Rehabilitation Center in Lake Placid, New York, focusing on portraits, landscapes, and theater sets. He then resumed his art education by joining the Art Students League in New York City under the Servicemen's Readjustment Act of 1944 for World War II veterans, commonly known as the G.I. Bill. He studied at the League for three years and praised his instructors, including the renowned narrative painter Jon Corbino (1905–1964). During this time, Shapiro launched a successful career as a commercial illustrator under the name Nat Mayer.[2]

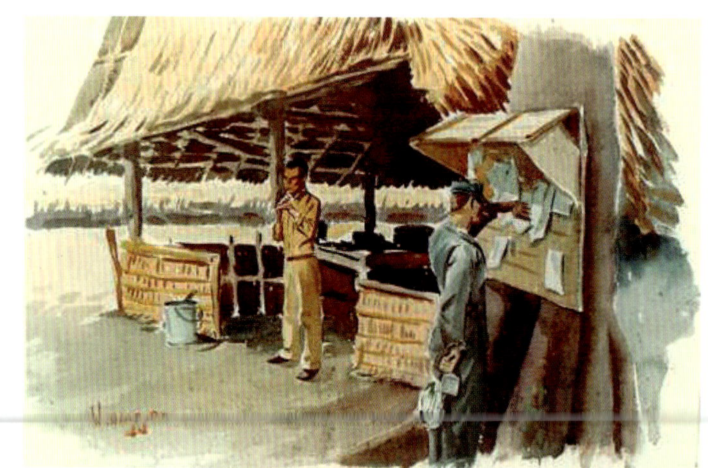

Au plus près du sommet
Nat Mayer Shapiro, ou l'art comme aventure

Gemma Cirignano
Historienne de l'art

L'art, c'est une aventure. L'art abstrait l'est encore plus, car il vous occupe tout entier.
On a beau planifier son travail, beaucoup est laissé au hasard, de sorte qu'on ne sait jamais
à l'avance quel sera le résultat. C'est là que réside l'aventure.
Nat Shapiro, 2005[1]

L'œuvre de Nat Mayer Shapiro défie toute catégorisation. Des années 1950 jusqu'à sa mort en 2005, Shapiro a construit une œuvre de plus de neuf cents peintures, dessins, assemblages et sculptures. Même s'il a puisé dans les mouvements modernistes, tels l'expressionnisme, l'abstraction pure et l'op art, finalement, ce sont son esprit indépendant et son infinie curiosité qui définissent sa pratique.

Malgré la diversité des styles, des supports et des sujets, deux forces impérieuses unifient l'art de Shapiro : un intérêt constant pour l'humanité, avec les travers et les merveilles qui l'accompagnent, et une préoccupation formelle pour la profondeur. Le mariage entre ces forces engendre un ensemble dynamique, comprenant des vignettes humoristiques autour des récits bibliques, des cerfs-volants dansant au vent, des illusions d'optique vertigineuses, des sculptures anthropomorphes fantasques, aussi bien que des échappées éclatantes sur un cosmos insondable. Sérieux, espiègle ou éthéré, l'art de Shapiro ne cesse de nous inviter à la contemplation et à un questionnement sans fin.

Un voyage dans l'art, de New York à Paris

Né à Harlem et élevé à Brooklyn, Shapiro commence à créer dès 1929 lorsque, à l'âge de dix ans, il s'inscrit aux cours périscolaires de dessin et de peinture du Pratt Institute ; il y restera trois ans. La Grande Dépression de 1929 freine sa créativité ; il n'existe pas de traces de son art d'adolescent. En 1941, à l'âge de 22 ans, Shapiro s'engage pour servir son pays et découvrir le monde. Affecté au corps médical de l'armée américaine, il est stationné en Australie puis en Nouvelle-Guinée, où il dessine des portraits de ses camarades et des vignettes du camp pendant son temps libre (fig. 1). À la fin de son armée, en 1946, Shapiro fait un séjour dans le Lake Placid Rest & Rehabilitation Center (un centre de réinsertion dans la vie civile, à lac Placid, dans l'état de New York). Il continue à y peindre des portraits, des paysages et des décors de théâtre. Puis, il reprend ses études artistiques en rejoignant l'Art Students League à New York, dans le cadre du Servicemen's Readjustment Act de 1944 (connu sous le nom de G.I. Bill), une loi pour le soutien aux anciens combattants de la Seconde Guerre mondiale. Il étudie à la League pendant trois ans, et rend hommage à ses enseignants, dont le célèbre peintre narratif Jon Corbino (1905-1964). C'est à cette époque que Shapiro entame une fructueuse carrière d'illustrateur, sous la signature de Nat Mayer[2].

1. *Detachment at New Guinea*, 1944

While honing his technical skills as an illustrator, Shapiro immersed himself in the history of art, visiting museums and reading treatises. He was particularly drawn to the previous generation of abstract artists, most notably Paul Klee (1879–1940), Wassily Kandinsky (1866–1944), Joan Miró (1893–1983), and Jean Dubuffet (1901–1985). He connected most deeply to the life and art of Klee, who, like Shapiro, was Jewish and disregarded modern trends. Klee's novel theories of form production and pictorial form reveal themselves in Shapiro's many exploratory sketches and interest in elementary forms.[3] His predecessors became his teachers; the more he learned about their art, the more he felt compelled to answer his own calling to paint. In the 1950s, Shapiro moved with his family to Chicago. Here, he established his first painting studio and began what would be a life-long analysis of abstraction.

In 1961, Shapiro left to explore Europe, beginning his travels in Italy. In 1962, his family joined him in France, soon settling in Paris where they lived until 1985. During his twenty-three years in France, Shapiro continued to work as a freelance illustrator and developed a more rigorous studio practice. In 1962, he pursued classes at the Académie de la Grande Chaumière. Freed from academic techniques, Shapiro adopted a looser creative foundation he could call on throughout his career. As Shapiro stated, his time in Paris opened the door to numerous influences:

> Europe was my cultural stomping ground and Byzantine art my preoccupation. Visits to Sicily, Italy, Greece, and later Israel, provoked and fed this penchant which is evident in many of my drawings and paintings of that period. These evolved into a fusion of ancient Greek with theocratic overtones and Jewish symbolism.[4]

The Hebrew Bible: an atheist's perspective

Jewish culture and history played an important role in Shapiro's life and work. His parents emigrated from Russia to escape religious persecution and his mother remained observant, ensuring that the family maintained Jewish traditions. She also encouraged Shapiro's early artistic curiosities, which may have planted the seeds of his later interest in painting religious themes.[5] Despite rejecting religion as an adult, Shapiro nevertheless took an interest in the Hebrew Bible, Kabbalah, and the writings of first-century Jewish historian Flavius Josephus.[6]

Influenced by the candid representations of religious iconography found in expressionist painting, Shapiro's earliest series titled *Exodus* illustrates biblical scenes from The Book of Shemot (Exodus).[7] The series comprises seven black-and-white acrylic paintings on canvas created between 1966 and 1967 while Shapiro lived in Paris (Figs. 20–26, pp. 30–35). His monochrome palette memorializes biblical scenes as historic vignettes or as incidences captured in memory.

With this series, Shapiro eliminates color and depth, and his examination becomes one of line and form. *Egyptian Army Trying to Cross the Red Sea* (Fig. 26) exemplifies the emotional potential of this linework; the swirling brushstrokes of the Red Sea engulf the composition, drowning the flailing, nearly faceless Egyptian soldiers. Shapiro also repurposed Jewish script as aesthetic forms. In *Levis, Guardians of the Temple with Torah* (Fig. 21), stacked Hebrew characters take on the form of a temple staircase, and in *Moses Talking to God* (Fig. 22), two adjacent "Yod" characters, a Hebrew method of writing Hashem's name,[8] replace the horns on Moses' head. In the painting, Moses blows three shofars, signifying the moment when God gave the prophet the Torah and Tablets of the Law on Mount Sinai. According to Jewish tradition, three shofars symbolize the three

Tout en perfectionnant ses compétences techniques d'illustrateur, Shapiro se plonge dans l'histoire de l'art, hante les musées, dévore les ouvrages spécialisés. Il est particulièrement attiré par la récente génération d'artistes abstraits, notamment Paul Klee (1879-1940), Vassily Kandinsky (1866-1944), Joan Miró (1893-1983) et Jean Dubuffet (1901-1985). C'est à la vie et à l'art de Klee qu'il s'identifie le plus profondément, qui, comme lui, était juif et n'avait que faire des modes. Les théories innovantes de Klee, sur la production des formes et sur la forme picturale, révèlent leur influence dans les nombreuses esquisses préparatoires de Shapiro et dans son intérêt pour les formes élémentaires[3]. Ses prédécesseurs sont ses maîtres ; plus il en apprend sur leur art, plus il se sent libre de réaliser sa vocation de peintre. Dans les années 1950, Shapiro déménage avec sa famille à Chicago. C'est là qu'il aura son premier atelier de peinture, et qu'il entame l'aventure se sa vie, l'analyse de l'abstraction.

En 1961 Shapiro part à la découverte de l'Europe, en commençant par l'Italie. L'année suivante, sa famille le rejoint en France ; ils s'installent en région parisienne où ils vivront jusqu'en 1985. Pendant les vingt-trois années qu'il passera en France, Shapiro manifeste une pratique d'atelier soutenue, tout en continuant de travailler comme illustrateur. En 1962, il suit les cours de l'Académie de la Grande Chaumière. Loin des contraintes académiques, Shapiro a développé une base créative plus malléable, sur laquelle il a s'appuie tout au long de sa carrière. Selon Shapiro, son séjour à Paris a ouvert la porte à de nombreuses influences :

> L'Europe a été mon terrain de jeu culturel, et l'art byzantin ma préoccupation. Des séjours en Sicile, en Italie, en Grèce et, plus tard, en Israël, ont provoqué et nourri ce penchant, qui se manifeste dans nombre de mes dessins et peintures de l'époque. Ceux-ci ont évolué vers une fusion du grec ancien, aux connotations théocratiques, avec un symbolisme juif[4].

La Bible hébraïque vue par un athée

La culture et l'histoire juives ont joué un rôle important dans la vie et l'œuvre de Shapiro. Ses parents ont émigré de Russie pour échapper aux persécutions religieuses et sa mère est restée pratiquante, la famille conservant les traditions juives. Sa mère a également encouragé les premières curiosités artistiques de Shapiro, ce qui a peut-être semé les graines de son intérêt ultérieur pour les thèmes religieux[5]. Alors qu'il rejette la religion à l'âge adulte, Shapiro s'intéresse néanmoins à la Bible hébraïque, à la Kabbale, et aux écrits de Flavius Josèphe[6], historien juif du premier siècle.

Influencée par les représentations naïves de l'iconographie religieuse que l'on trouve dans la peinture expressionniste, la première série de Shapiro, intitulée *Exodus* (fig. 20-26, p. 30-35), illustre des scènes bibliques tirées du livre de Shemot (l'Exode)[7]. Cette série comprend sept peintures acryliques sur toile, en noir et blanc, réalisées entre 1966 et 1967, alors que Shapiro vivait à Paris. Sa palette monochrome donne aux scènes bibliques la qualité d'une mémoire ancestrale.

Ici, Shapiro élimine la couleur et la profondeur et focalise l'attention sur la ligne et la forme. *Egyptian Army Trying to Cross the Red Sea* (*L'armée égyptienne tente de traverser la mer Rouge*, fig. 26) est un exemple du potentiel émotionnel de ce travail au trait ; les coups de pinceau tourbillonnants de la mer Rouge engloutissent la composition, noyant des soldats égyptiens qui se débattent et sont presque sans visage. Shapiro transforme également l'écriture hébraïque en formes esthétiques : dans *Levis, Guardians of the Temple with Torah* (*Les Levi, gardiens du Temple avec Torah*, fig. 21), des caractères hébreux empilés l'un sur l'autre prennent la forme de l'escalier d'un temple ; dans *Moses Talking to God* (*Moïse s'entretient avec Dieu,* fig. 22), deux

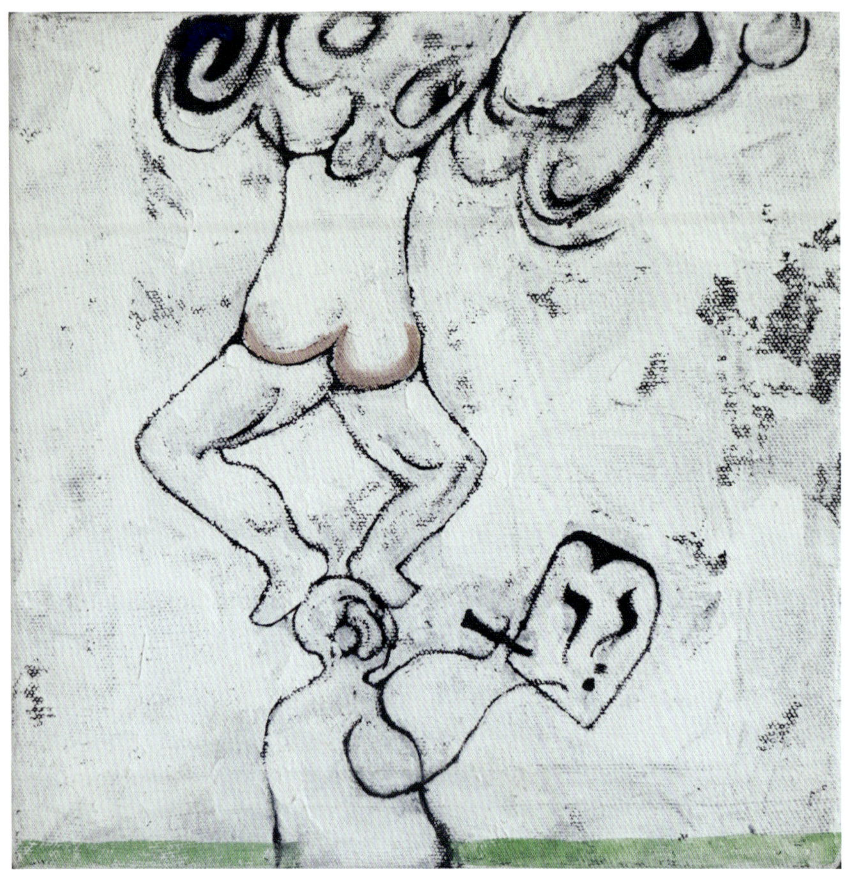

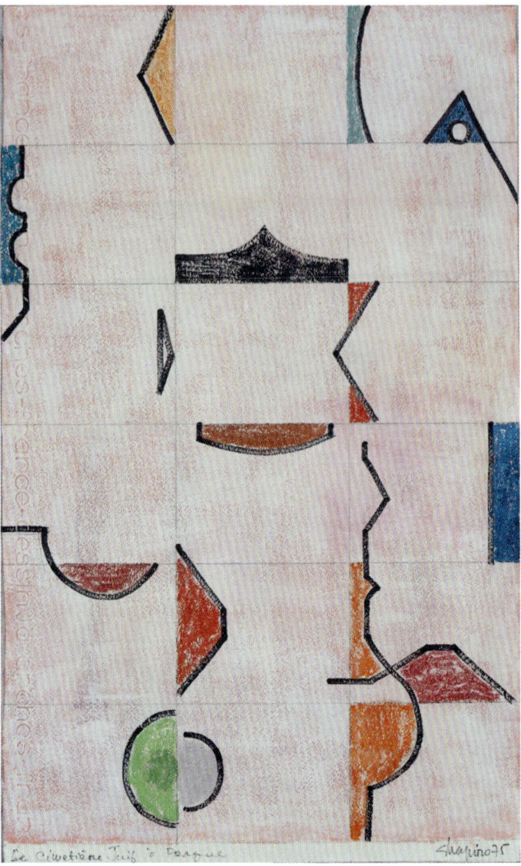

2. *Genesis: Moses Receiving the Law / The Dictation*, 1998

3. *Le Cimitière juif à Prague*, 1975

vectors of creation: "Mercy (to the right), Discipline (to the left), and Judgment (at the center)."[9] Shapiro's subtle references to Kabbalistic texts display a deep knowledge of his religious heritage despite being a self-proclaimed atheist.

Later, Shapiro's religious skepticism more noticeably informed his art. In 1998, now back in New York, Shapiro created a second biblical series titled *Genesis*, once again addressing his Jewish heritage but through a wittier lens. In this array of thirty-two acrylic on canvas paintings designed to be hung in a grid as a single piece (Figs. 4, 2, 61, 62), Shapiro brings humor to the stories and even nods to the erotic, while adding whimsy through the addition of color. In a new version of Moses receiving the Torah and Tablets of the Law, *Moses Receiving the Law / The Dictation* (Fig. 2), Shapiro plays with the Bible's edict that Moses could not look directly at God. To avoid representing God's face, Shapiro paints God from the back, playfully accentuating his naked behind.

If Shapiro could have fun with the Hebrew Bible, he could also express the darkness of the lived Jewish experience. He was deeply affected by The Old Jewish Cemetery in Prague, a quadrant the size of a city block in which 12,000 tombstones sit atop more than 100,000 bodies buried in layers.[10] Shapiro produced seven paintings and works on paper of this fifteenth-century site: *Garden of Stones / Jewish Cemetery in Prague* (1999, Fig. 108, p. 130), *Ancient Jewish Cemetery of Prague* (ca. 1988), *Prague* (1988), *Antique Jewish Cemetery at Prague* (1986–88), *Tombstones in Prague* (1985), *Ancient Jewish Cemetery, Prague* (undated), *and Le Cimetière Juif à Prague* (1975, fig. 3). He described the inspiration for these works, writing:

> It in this forced disorder… a field of stones, deep, dense, diverse, and sprouting from the ground like wildflowers, watered with small stones of remembrance and sculpted in relief

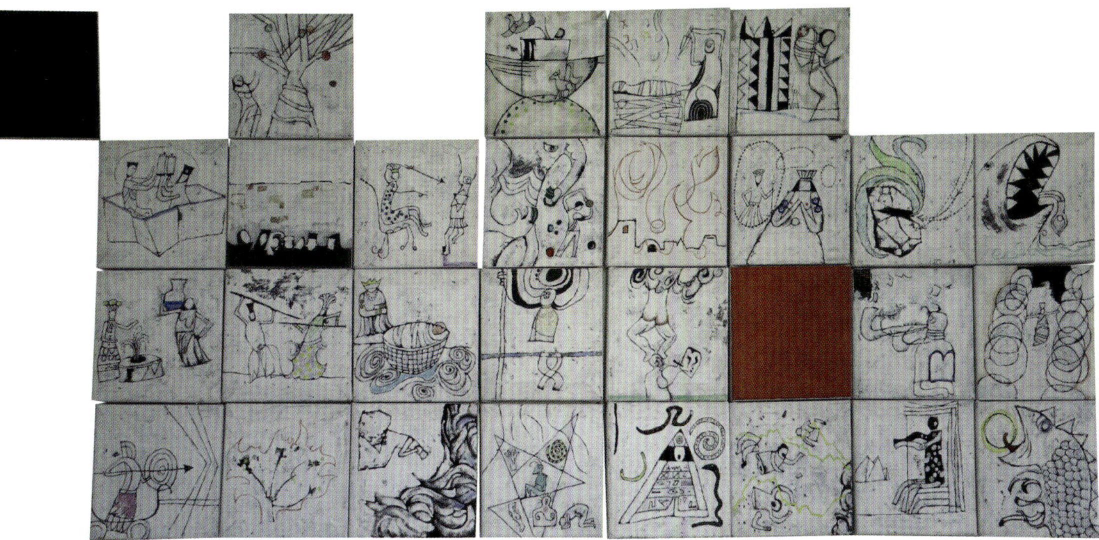

lettres hébraïques *yod* côte-à-côte (une manière conventionnelle d'écrire le nom de Hachem[8]) figurent les cornes de Moïse. Dans ce tableau, Moïse souffle dans trois schofars, annonçant que Dieu a donné au prophète la Torah et les Tables de la Loi sur le mont Sinaï. Selon la tradition juive, les trois schofars symbolisent les trois vecteurs de la création : « La miséricorde (à droite), la discipline (à gauche) et le jugement (au centre)[9]. » Les références subtiles de Shapiro aux textes kabbalistiques témoignent de sa profonde connaissance du legs religieux, en dépit d'un athéisme affiché.

Par la suite, le scepticisme religieux de Shapiro a influencé son art de manière plus perceptible. En 1998, de retour à New York, Shapiro crée une seconde série biblique intitulée *Genesis* (Genèse), abordant une fois de plus son héritage juif, mais de manière plus facétieuse. Dans cette série de trente-deux peintures acryliques sur toile, conçues pour être accrochées en damier en une œuvre unique (fig. 4, 2, 61 et 62), Shapiro apporte son humour aux episodes de la Genèse, et fait même des clins d'œil à l'érotisme, tout en ajoutant de la fantaisie par des touches de couleur. Dans une nouvelle version de Moïse recevant la Torah et les Tables de la Loi, *Moses Receiving the Law / The Dictation (Moïse recevant la Loi / La Dictée,* fig. 2), Shapiro joue avec le mot de la Bible prescrivant que Moïse ne pouvait regarder Dieu en face. Pour éviter de représenter le visage de Dieu, Shapiro le peint de dos, accentuant de manière ludique son derrière nu.

Si Shapiro peut s'amuser avec la Bible hébraïque, il peut aussi exprimer la noirceur de l'expérience juive. Il est profondément marqué par le vieux cimetière juif de Prague, un espace de moins de deux hectares dans lequel 12 000 pierres tombales reposent sur peut-être 100 000 corps enterrés sur plusieurs couches[10]. Shapiro a réalisé sept peintures et œuvres sur papier de ce site du XVe siècle : *Garden of Stones / Jewish Cemetery in Prague* (1999, fig. 108, p. 130), *Ancient Jewish Cemetery of Prague* (1988), *Prague* (1988), *Antique Jewish Cemetery at Prague* (1986-1988), *Tombstones in Prague* (1985), *Ancient Jewish Cemetery,* Prague, n.d., et *Le cimetière Juif à Prague* (1975, fig. 3). Décrivant ce qui lui a inspiré ces œuvres, il écrit :

C'est ce désordre forcé… un champ de pierres, profond, dense, disparate, jaillissant du sol comme des fleurs sauvages, arrosé de petites pierres du souvenir et sculpté en relief avec certains des symboles pieux et émouvants qui reflètent la vie juive : glands, poissons, mains aux doigts écartés entre l'index et le majeur[11].

with some of the emotional and pious symbols that reflect Jewish life: acorn, fish, hands with fingers spread between the 2nd and 3rd digits.[11]

The Dancing Nuns: a celebration of form and fancy

The 1961 Polish film *Matka Joanna od Aniołów* (*Mother Joan of the Angels*), recounting the story of a group of nuns possessed by the devil, inspired Shapiro to paint a series dedicated to nuns. He was particularly captivated by a dancing scene in which the nuns' black robes move and swirl like black birds in flight. Shapiro completed thirteen works on nuns between 1962 and 2003, exploring the theme on paper, canvas, foamcore, and Styrofoam. The first of these works is *Dancing Nuns I* (Fig. 6), completed in 1963, in which Shapiro transforms the nuns into the crows of his imagination. He returned to the theme in 1990 with *Dancing Nuns II* (Fig. 5), abandoning monochrome habits in favor of cheerful colors. In four other works in this series, Shapiro juxtaposes the visual severity of the nuns' habits with the playfulness of hula hooping, an example being *Patty Cake Hula Hoops* (Fig. 7), completed in 2003. The Nun series highlights Shapiro's characteristic humor: recontextualizing somber religious figures into whimsical forms.

The Kites: philosophy takes flight

In 1979, Shapiro began his Kites series. He returned to the subject frequently until his passing in 2005, producing nearly thirty-nine paintings, assemblages, and sculptures featuring variations of a kite shape. Gliding through the sky, kites embody child-like joy but also the traveling spirit. Notably a quadrilateral composed of two triangles, the toy became another geometric investigation. In choosing the shape, Shapiro demonstrates a possible awareness of the triangles in Kandinsky's paintings and his influential text *Concerning the Spiritual in Art*. As Kandinsky postulates, "The life of the spirit may be fairly represented in diagram as a large acute-angled triangle… The whole triangle is moving slowly, almost invisibly forwards and upward. Where the apex was today the second segment is tomorrow."[12] Kandinsky elaborates that the "apex" is where the visionary thinker stands. Only time and the triangle's forward movement will reveal the visionary's truth to the rest of the triangle. These "forwards and upwards" movements are echoed in Shapiro's kites as they ride a gust of wind.

The earliest dated work from this series, a gouache on paper titled *Blue Kites* (1979–80, Fig. 74, p. 87), depicts two blue triangles on a field of horizontal blue stripes. Using slight variations in the shades of blue lines, Shapiro creates the illusion that the triangles move upwards and away from the background. Shapiro's paintings *Kite with Long Strings* (1997, Fig. 10) and *Lost Kite I* (2005, Fig. 8) invoke Kandinsky more explicitly in their use of angular lines, basic geometric forms, and bold, contrasting colors reminiscent of Kandinsky's renowned painting *Composition VIII* of 1923. Remaining true to himself, Shapiro references Kandinsky's existentialism through an object of utter whimsy.

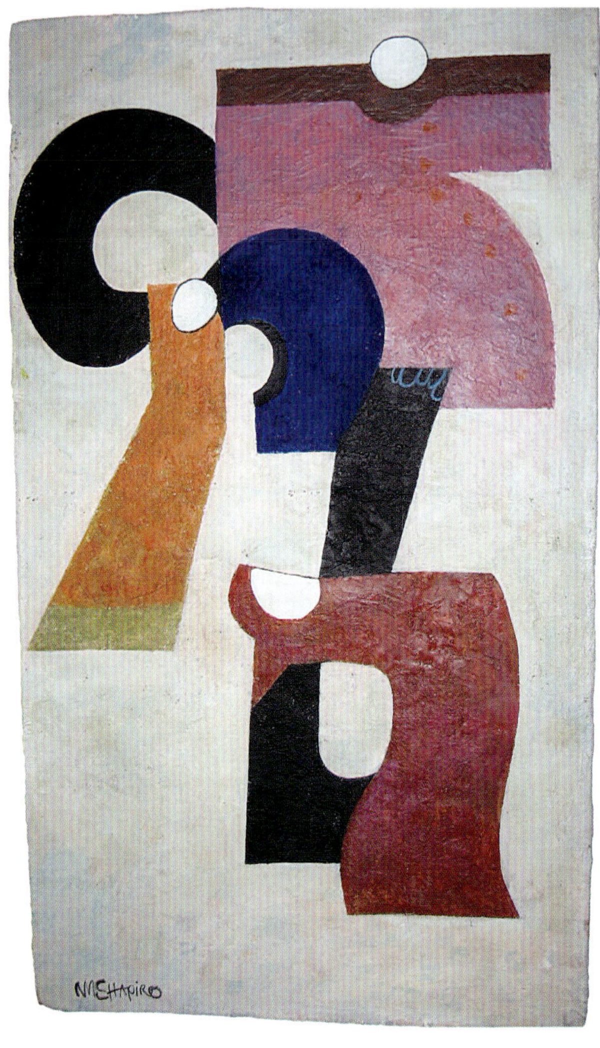

5. *Dancing Nuns II*, 1990

6. *Dancing Nuns I*, 1963

7. *Patty Cake Hula Hoops*, undated / s.d.

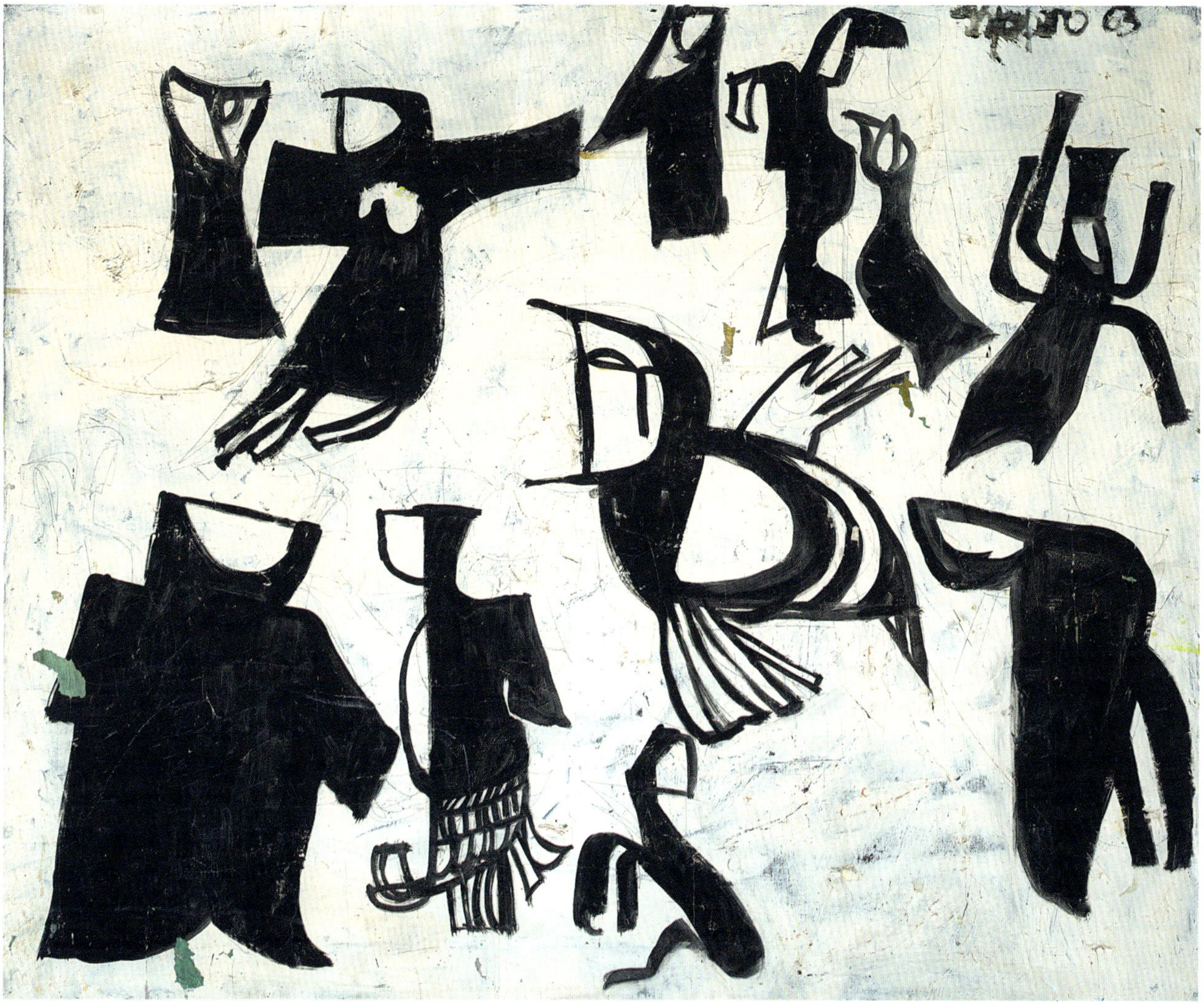

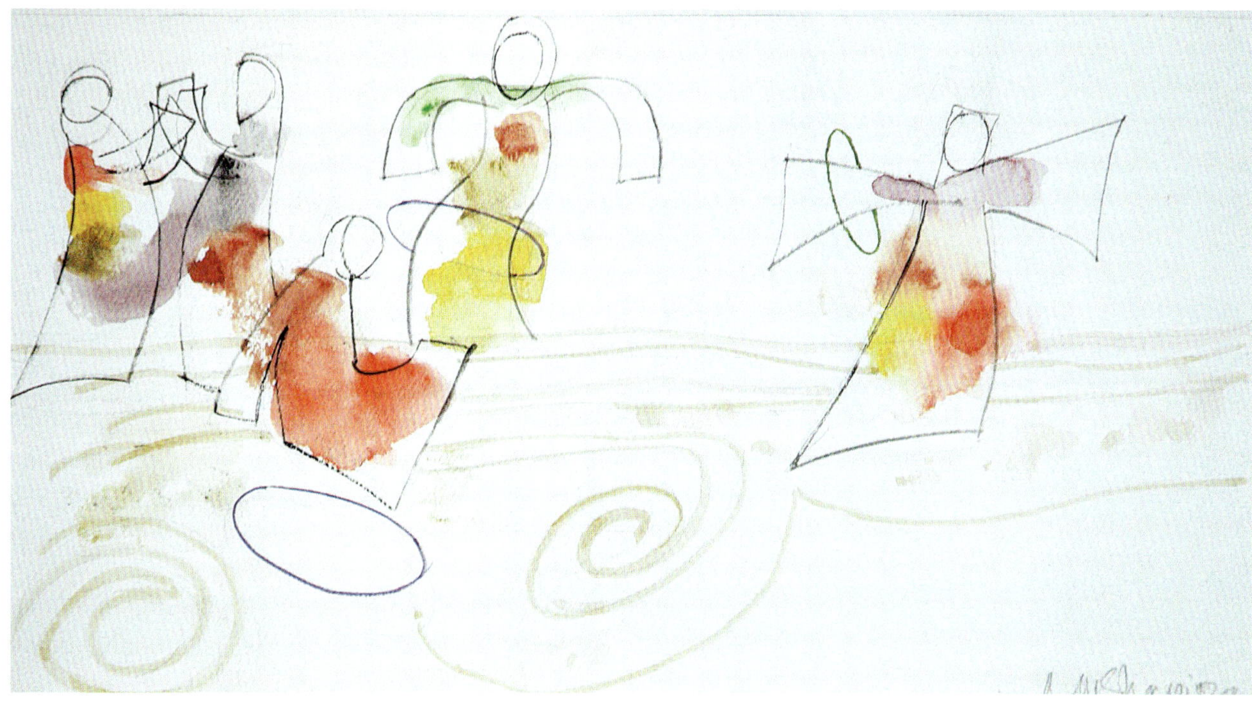

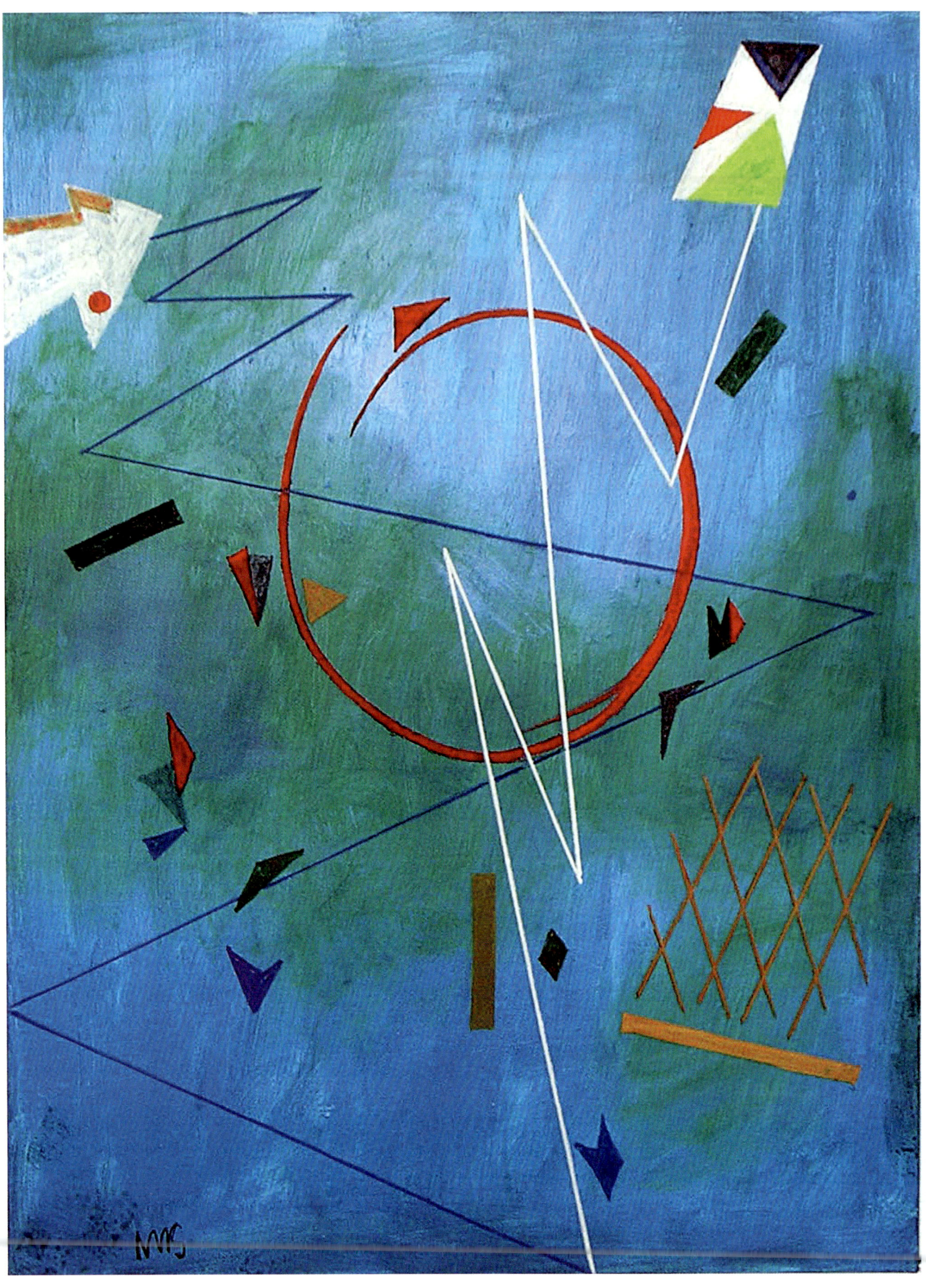

MS

Les nonnes dansantes, une célébration de la forme et de la fantaisie

Le film polonais de 1961 *Matka Joanna od Aniołów* (*Mère Jeanne des Anges*) raconte l'histoire d'un groupe de religieuses possédées par le diable. Il inspire à Shapiro la série de peintures *Nuns*. Il est particulièrement captivé par une scène de danse dans laquelle les robes des nonnes s'agitent et tourbillonnent comme le vol d'autant d'oiseaux noirs. Shapiro réalisera treize œuvres sur le thème des nonnes, entre 1962 et 2003, sur papier, toile, carton-mousse ou polystyrène expansé. Dans la première, de 1963, *Dancing Nuns I* (*Les religieuses dansantes I*, fig. 6), l'imagination de Shapiro transforme les nonnes en corbeaux. Il y revient en 1990 avec *Dancing Nuns II* (fig. 5), abandonnant l'habit monochrome au profit de couleurs gaies. Dans quatre autres œuvres de cette série, Shapiro juxtapose la sévérité visuelle des tuniques monastiques à l'aspect ludique des *hula hoops*, par exemple dans *Patty Cake Hula Hoops*[12] de 2003 (fig. 7). La série des nonnes met en évidence l'humour caractéristique de Shapiro, recontextualisant les sombres figures religieuses en formes fantasques.

Les cerfs-volants : la philosophie prend son envol

En 1979, Shapiro commence sa série *Kites,* les cerfs-volants. Il y reviendra fréquemment jusqu'à son décès en 2005, produisant trente-neuf variations sur la forme du cerf-volant, par la peinture, l'assemblage ou la sculpture. Le cerf-volant planant dans le ciel incarne la joie enfantine et l'esprit

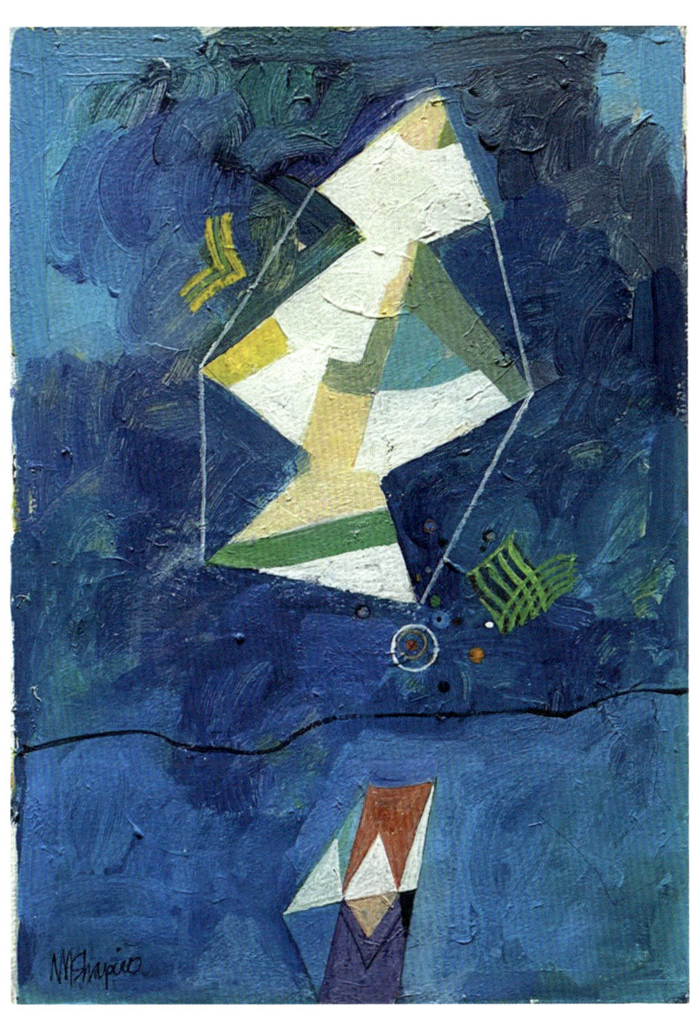

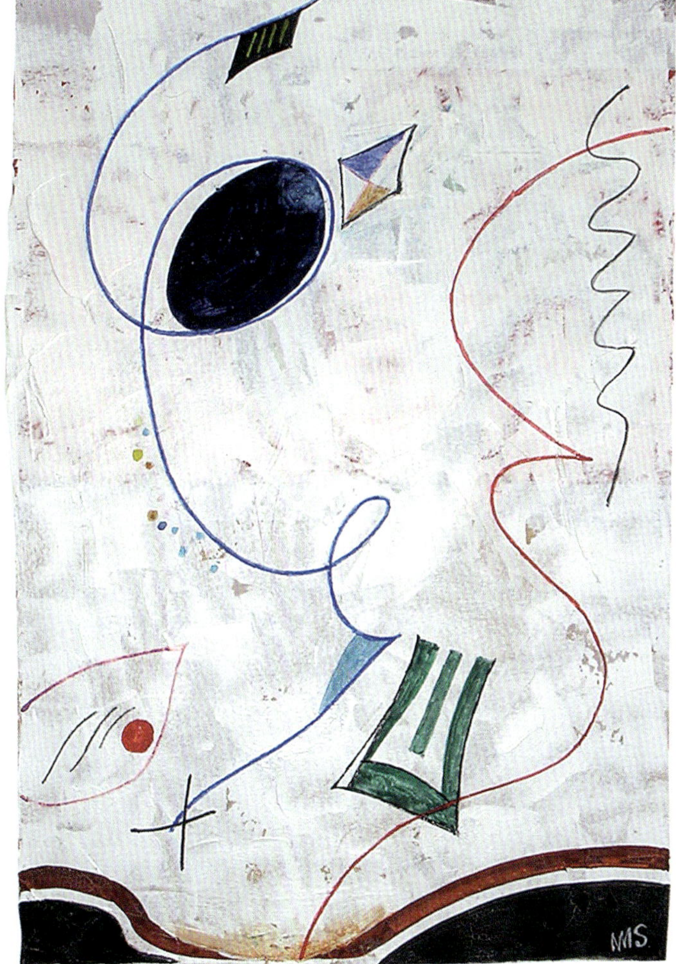

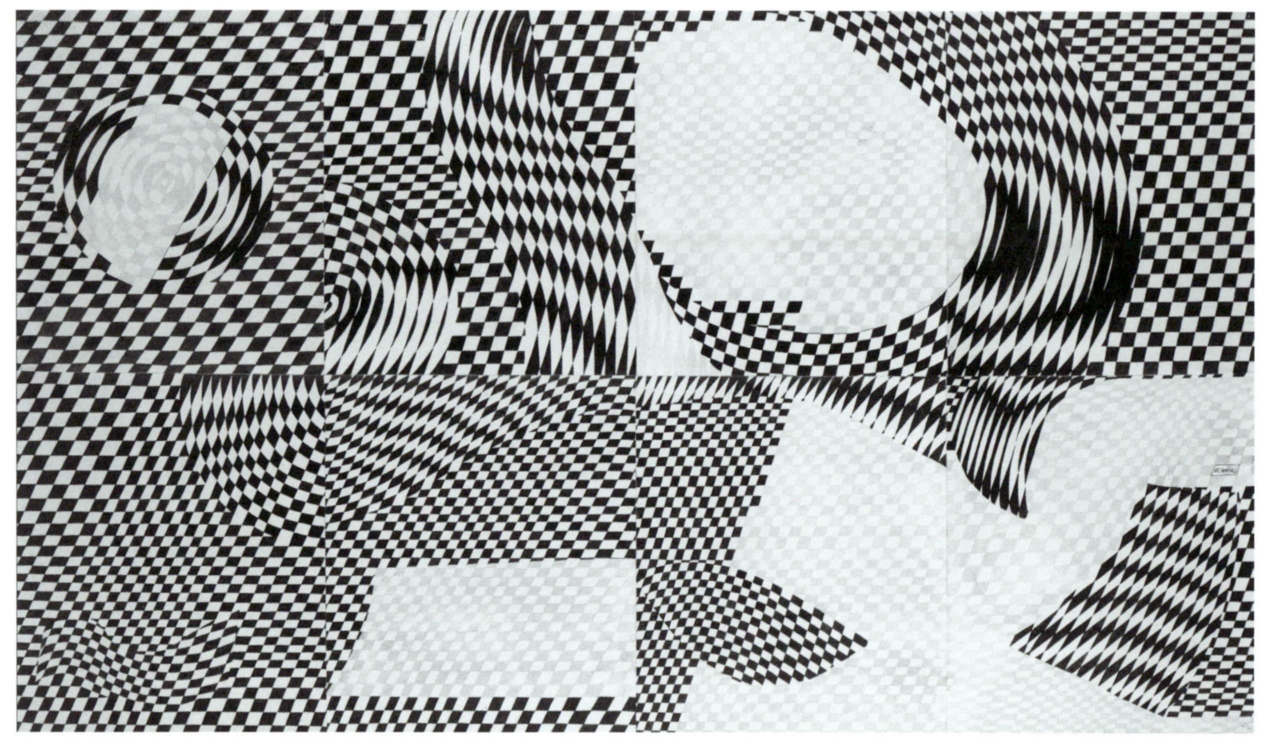

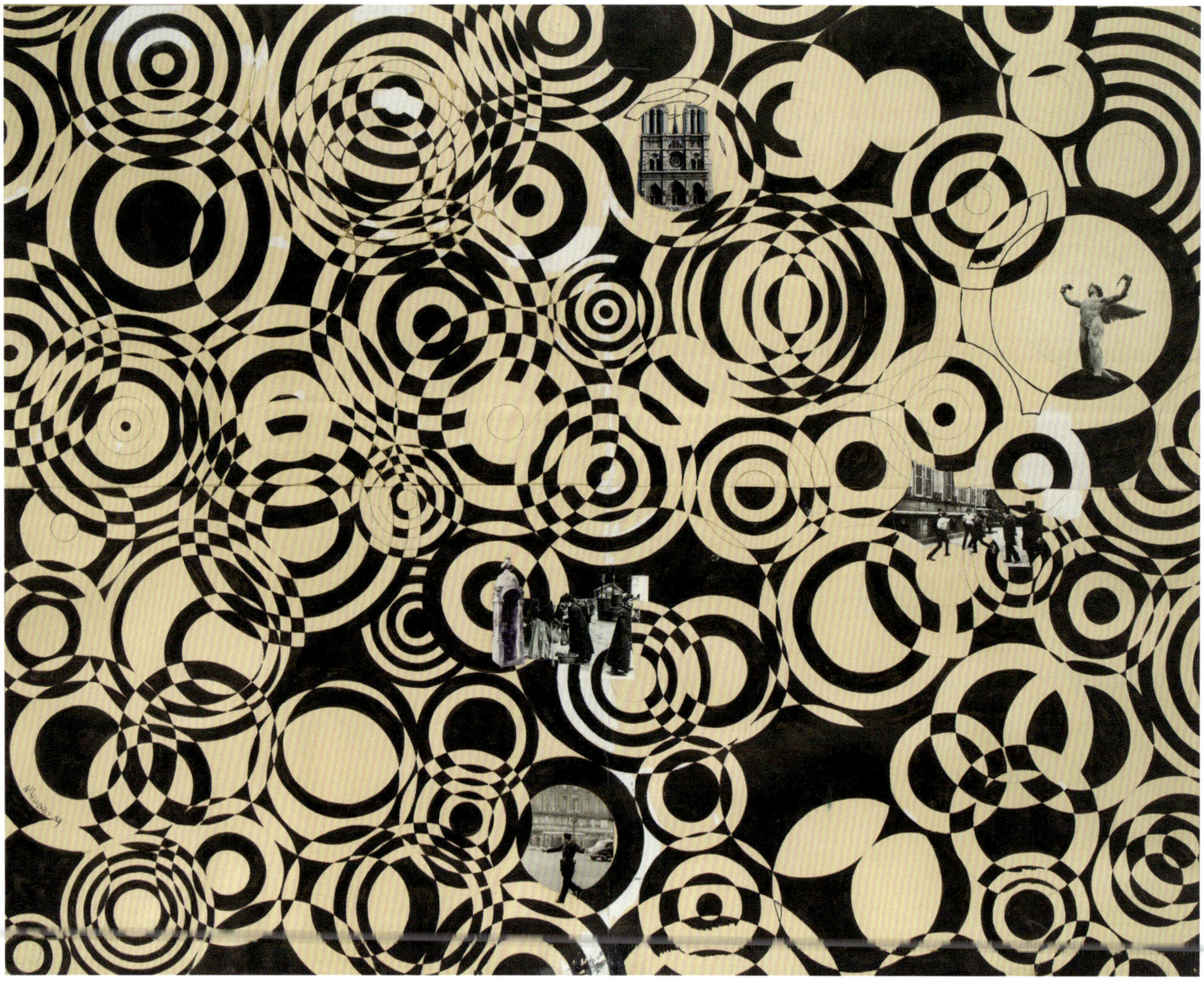

qui vagabonde. Ce jouet, quadrilatère composé de deux triangles, devient l'objet d'une nouvelle recherche géométrique. En choisissant cette forme, Shapiro fait sans doute référence aux triangles des peintures de Kandinsky et à son texte remarqué *Le spirituel dans l'art et dans la peinture en particulier*. Selon Kandinsky :

> Un grand Triangle divisé en parties inégales, la plus petite et la plus aigüe dirigée vers le haut – un assez bon schéma de la vie spirituelle. Tout le Triangle avance et monte lentement, d'un mouvement à peine sensible et le point atteint « aujourd'hui » par le sommet du Triangle sera dépassé « demain » par la section suivante[13] .

Kandinsky précise que c'est au « sommet » que se tient le penseur visionnaire. Seuls le temps et le mouvement vers l'avant du triangle révéleront, au reste du triangle, la vérité du visionnaire. Chevauchant une rafale de vent, le cerf-volant de Shapiro fait écho à ce mouvement toujours plus haut, toujours plus loin.

L'œuvre la plus ancienne de cette série, une gouache sur papier de 1979-1980 intitulée *Blue Kites* (*Cerfs-volants bleu*, fig. 74, p. 87), représente deux triangles bleus sur un champ de bandes bleues horizontales. Par de légères variations dans les nuances des lignes bleues, Shapiro crée l'illusion que les triangles se déplacent vers le haut en s'éloignant du fond. Les peintures de Shapiro intitulées *Kite with Long Strings* (*Cerf-volant à la longue ligne*, 1997, fig. 10), et *Lost Kite I* (*Cerf-volant perdu*, 2005, fig. 8), évoquent plus explicitement Kandinsky par leur utilisation de lignes angulaires, de formes géométriques de base et de couleurs audacieuses et contrastées, qui rappellent le célèbre tableau de Kandinsky *Composition VIII* (1923). Fidèle à lui-même, Shapiro fait référence à l'existentialisme de Kandinsky par le biais d'un objet tout à fait fantasque.

Les damiers : exploration de l'optique

La sensibilité linéaire et géométrique des *Cerfs-volants bleus* révèle également l'intérêt de Shapiro pour l'op art. Mouvement qui a pris son ampleur dans les années 1960, l'op art se caractérise par ses illusions optiques déroutantes, mirages de lumière et de profondeur sur une toile plate, créées en mobilisant l'abstraction géométrique ainsi que les théories innovantes de Josef Albers sur les couleurs[14]. Shapiro approfondit cette voie avec sa série *Checkerboard* (*Échiquier*), composée de vingt-deux œuvres sans titre, à base de quadrillages noirs et blancs. Il y joue avec deux de ses préoccupations favorites : la dimension et la profondeur (fig. 11, 12, 55-58 et 101). À la suite des artistes d'op art Victor Vasarely (1906-1997) et Bridget Riley (1931-), sa manipulation précise d'un motif en damier mystifie le regard, en faisant émerger une troisième dimension, qui semble tour à tour creuser ou bomber la surface de la toile.

Murs sculpturaux : affronter le temps et l'espace

Bien que la sculpture occupe dans sa pratique une place moins importante que la peinture ou le dessin, Shapiro a exploré la tridimensionnalité dans les années 1960-1970, avec une série de sculptures fantasques et anthropomorphes, intitulées *The King* (*Le Roi*, 1963, fig. 88, p. 109 ; voir aussi p. 144), *Three-Legged Chair* (*La Chaise à trois pieds*, 1970, fig. 15 ; voir aussi p. 127 et 148), *Friends* (*Les Amis*, 1974, fig. 14 ; voir aussi p. 126), et *Legs* (*Les Jambes*, 1974-1978, fig. 13). Construites en bois, ou bien en polystyrène expansé recouvert de laine de verre et d'époxy, ces

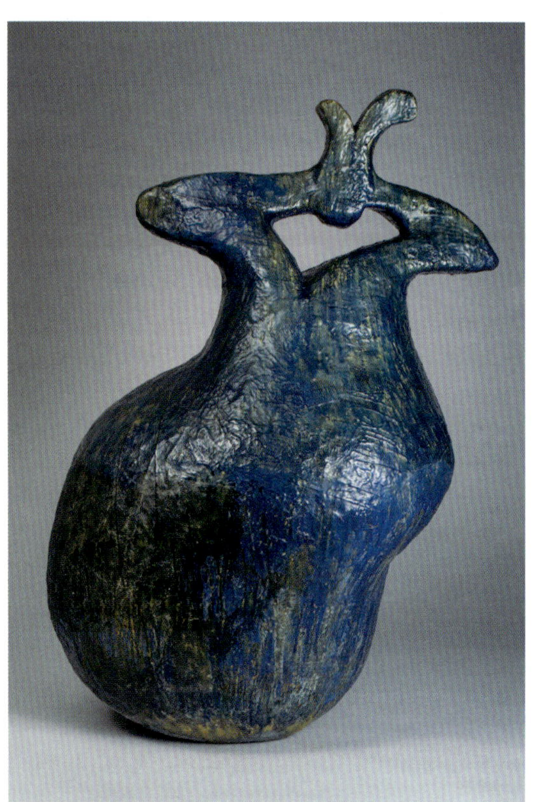

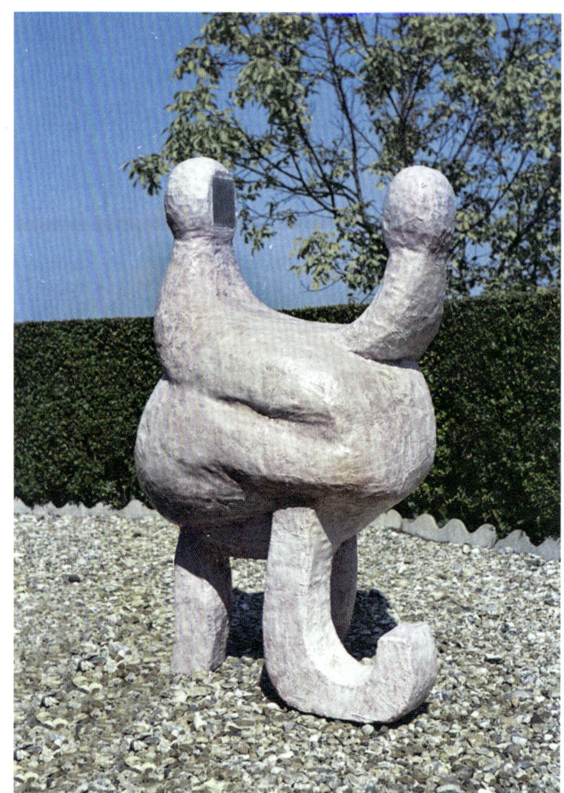

Checkerboards: exploring optics

The linear, geometric sensibility of *Blue Kites* also reveals Shapiro's interest in Op Art. A movement that rose to prominence in the 1960s, Op Art is categorized by its disorienting optical illusions of light and depth on flat canvases created through the use of geometric abstraction and Josef Albers' innovative color theories.[13] Shapiro explored this avenue further with his Checkerboard series, consisting of twenty-two untitled works employing black-and-white grids that experiment with two of his favored preoccupations: dimension and depth (Figs. 11, 12, 55–58 and 101). Created in the tradition of op artists Victor Vasarely (1906–1997) and Bridget Riley (1931–), his precise manipulation of a checkerboard pattern tricks the viewer into seeing a third dimension, which at times appears to warp into or swell out of the canvas.

Free-standing sculptural walls: engaging time and space

Although sculpture featured less prominently than painting and drawing in his practice, Shapiro explored three-dimensionality in the 1960–70s with a series of whimsical, anthropomorphic sculptures titled *The King* (1963, Fig. 88, p. 109; see also p. 144), *Three-Legged Chair* (1970, Fig. 15; see also p. 127 and 148), *Friends* (1974, Fig. 14; see also p. 126), and *Legs* (1974–78, Fig. 13). Constructed out of wood, Styrofoam, epoxy, and fiberglass, these sculptures blur the line between abstraction and figuration, incorporating shoes, legs, and heads into bulbous organic forms.

Shapiro's interest in the figurative exemplifies itself more subtly in his imposing sculpture, *Evolution / The Wall –* (1974, Fig. 79, p. 101; see also p. 95). The wavy freestanding wall offers an abstract black void decorated with organic white lines and colored forms ranging from rudimentary squares to recognizable human eyes. According to Shapiro:

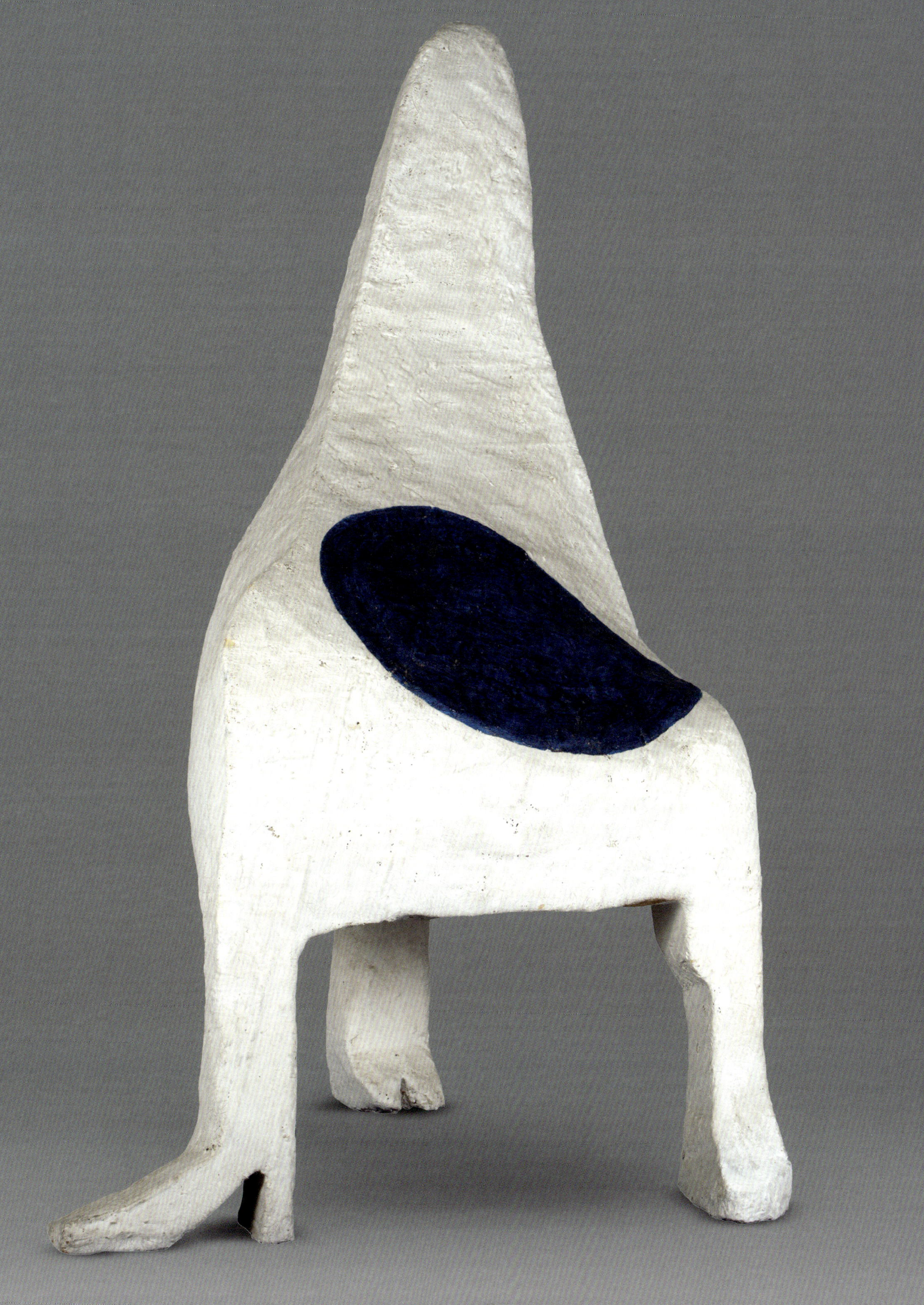

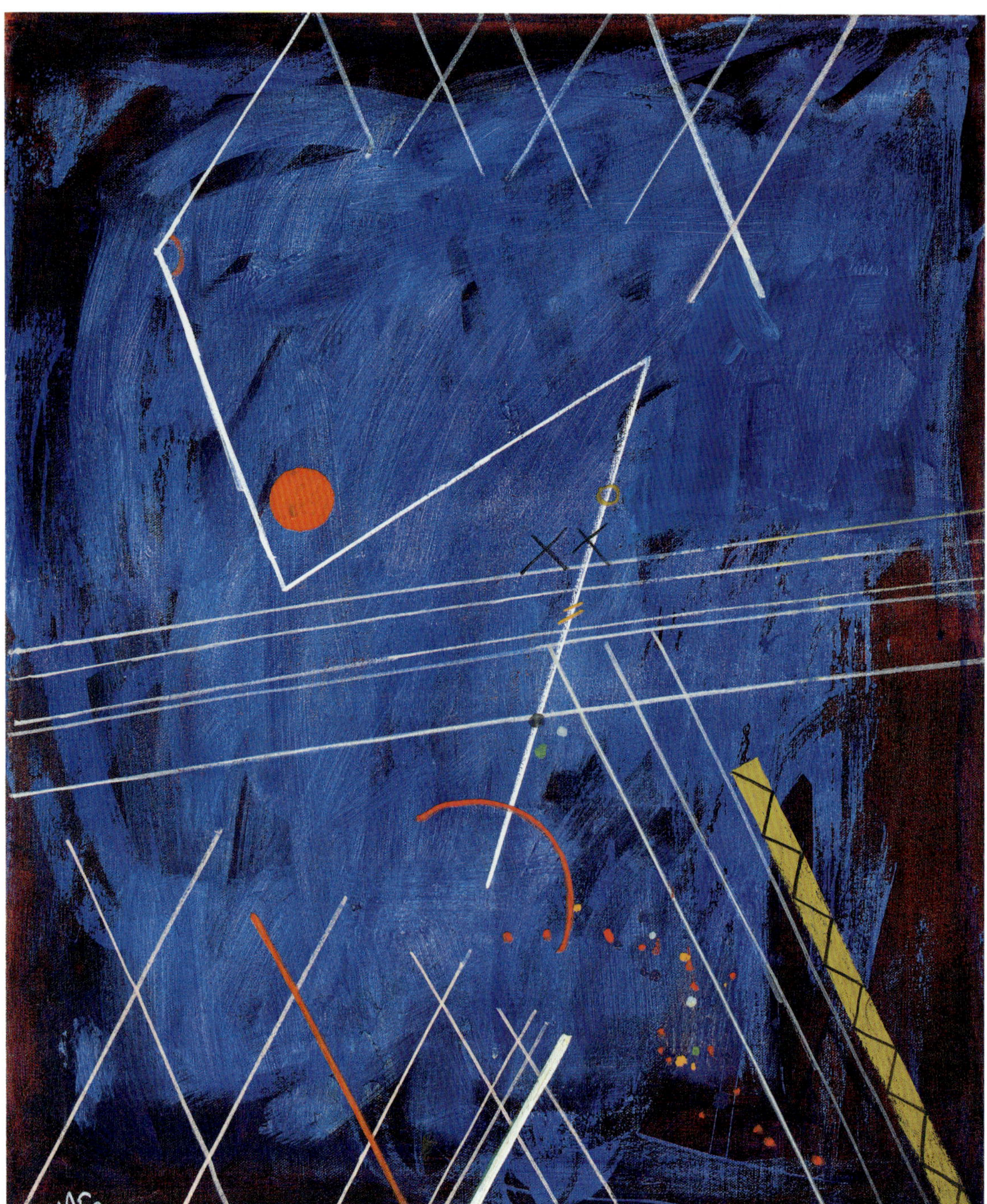

By the design and undulation on this sculpture, I have tried to show man in constant movement through the centuries, tying, with a white line, his most primitive expression (the square) to that of his intelligence, his intellectualism (the eye). The whole calculated to vaguely resemble a face.[14]

The Galaxy series: in search of infinity

The question of what lies beyond terrestrial existence became a consistent theme towards the end of Shapiro's life, culminating in his final series titled Galaxy. In an artist statement, Shapiro describes the galaxy as "mysterious, volatile and sublime," perhaps a reflection prompted by an increased awareness of his own mortality.[15] In this series, the corresponding paintings *Passage*

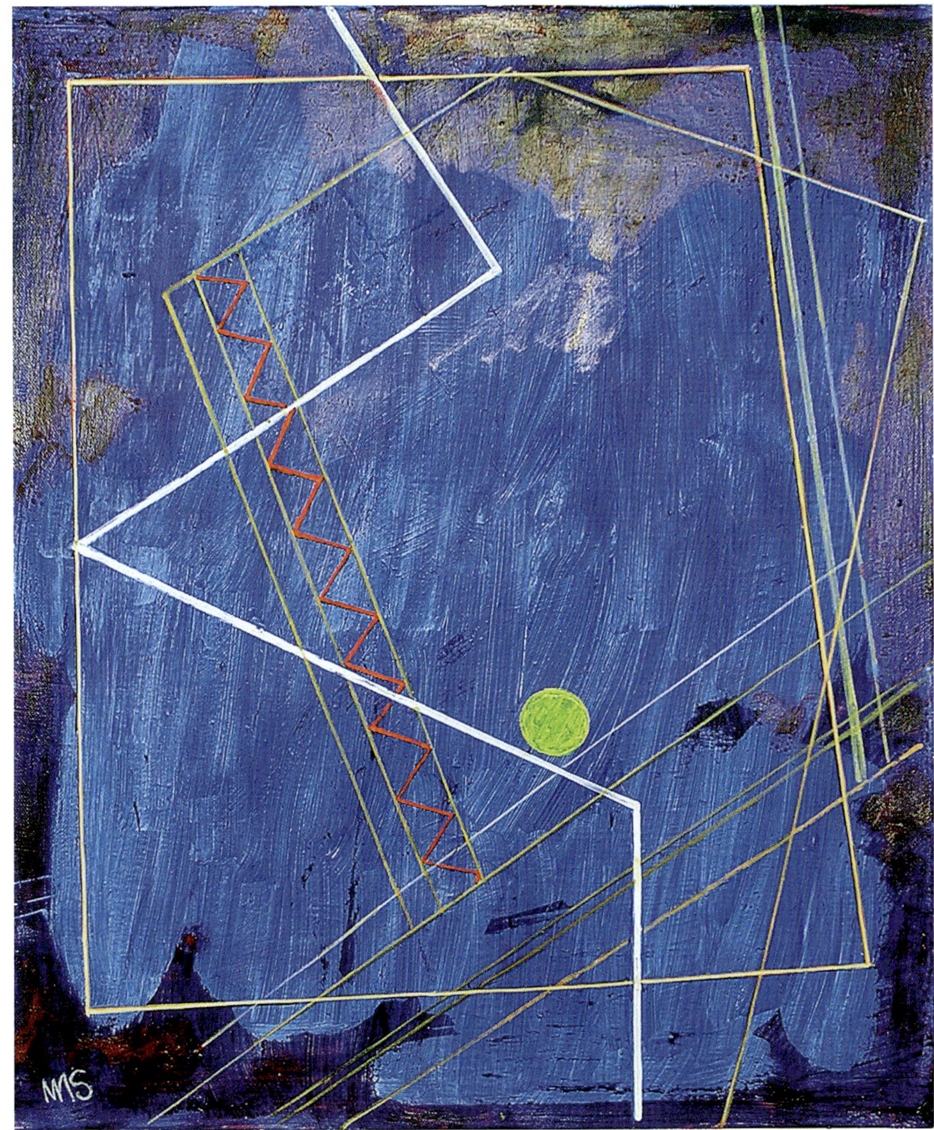

17. *Passage to Infinity I*, 2005

sculptures brouillent la frontière entre l'abstraction et la figuration, incorporant des chaussures, des jambes et des têtes dans des formes organiques bulbeuses.

L'intérêt de Shapiro pour la figuration se manifeste de façon plus subtile dans son imposante sculpture, *Evolution/The Wall* (*Evolution/le Mur*, 1974, fig. 79, p. 101 ; voir aussi p. 95). Pan de mur solitaire, de forme ondulée, il se présente comme un néant noir abstrait, décoré de lignes blanches organiques et de formes colorées, allant de carrés rudimentaires à des yeux humains reconnaissables. Shapiro écrit :

> J'ai essayé de montrer, par sa forme ondulée et le graphisme sur sa face, l'homme en mouvement constant à travers les siècles, liant son expression la plus primitive (le carré) à celle de son intelligence, son intellectualisme (l'œil), moyennant un tracé blanc. Le tout calculé pour ressembler vaguement à un visage[15].

La série Galaxy : à la recherche de l'infini

La question de ce qui se trouve au-delà de l'existence terrestre est un thème récurrent vers la fin de la vie de Shapiro, culminant dans sa dernière série, intitulée *Galaxy (Galaxie)*. Shapiro décrit la galaxie comme « mystérieuse, volatile et sublime » ; cette réflexion est peut-être suscitée par une prise de conscience accrue de sa propre mortalité[16]. Dans cette série, les peintures *Passage to Infinity I* (*Passage vers l'infini I*, 2005, fig. 17) et *Passage to Infinity II* (2005, fig. 16) représentent une recherche sombre et mélancolique, et offrent une réflexion sur la vie après la mort à travers le regard d'un athée. Dans ces deux œuvres, des angles aigus et un singulier petit cercle opaque obscurcissent une étendue de bleu cobalt éclatant. L'exploration de la spiritualité par Shapiro, à travers cette expression du cosmos, s'éloigne encore plus de la religion de son enfance, et de ses chiquenaudes au religieux. Ici, l'artiste communique une autre façon de voir et de ressentir ce que c'est que d'être humain.

Faire la synthèse de l'œuvre de Nat Mayer Shapiro, c'est saisir l'aventure artistique d'une vie. Comme l'homme au sommet du triangle de Kandinsky, la vision artistique de Shapiro l'a conduit au-delà des limites des mouvements et des styles contemporains, lui permettant de poursuivre sur la toile sa curiosité unique et sans fin :

to Infinity I (2005, Fig. 17 and *Passage to Infinity II* (2005, Fig. 16) bring a somber and vulnerable investigation, suggesting a contemplation of an afterlife through the eyes of an atheist. In both works, sharp angular lines and a singular, small opaque circle obscure an expanse of vibrant cobalt blue paint. Shapiro's exploration of spirituality through this expression of the cosmos shifts even further away from the religion of his childhood and his playful toying with all things religious. Here, the artist communicates yet another way of seeing and feeling what it is to be human.

To synthesize the oeuvre of Nat Mayer Shapiro is to capture the artistic adventure of a lifetime. Like the man atop Kandinsky's triangle, Shapiro's artistic vision took him beyond the confines of contemporary movements and styles, freeing him to follow his unique and enduring curiosity onto the canvas:

> Art moves in all unimagined directions and leads to unsuspected dimensions. My art, which lacks definable perimeters, seems to go outside myself. I am honestly unaware of its playful, positive nature as I am of its weight. And yet they are there. In the end, art is as much a mystery to me as it is to others.[16]

[1] Interview with Nat Shapiro, video, Nat Mayer Shapiro Archive, Paris, France, 2005.

[2] Shapiro worked as a freelance illustrator from 1946 to 2000 and illustrated commissions for renowned advertising agencies including BBDO Worldwide, J. Walter Thompson, and Havas. He illustrated for brands such as Ford Motor Cars, Trans Worldwide Airlines (now American Airlines), Omo Detergent, and Sopalin, and created several book covers and illustrations for Reader's Digest France, Le Livre de Poche, France Empire, A Red Knight Book (Brockhampton Press, UK). See Figs. 102–104, 127 and 128.

[3] Paul Klee, *Paul Klee Notebooks*, volume 1: *The Thinking Eye*, trans. Ralph Manheim (London: Percy Lund, Humphries & Co., Ltd, 1961), 33.

[4] Nat Mayer Shapiro, "Statements by Nat Mayer Shapiro," document, Nat Mayer Shapiro Estate Archive, Paris, France, undated.

[5] Francine Szapiro, "Juifs Américains: L'Art à la Baguette," *Cahiers Bernard Lazare*, 436 (Dec. 2020), 19.

[6] Email correspondence with Mirella Shapiro, May 30, 2022.

[7] Think of George Rouault's painting Christ Mocked, 1932, described by Alfred Barr as, "not like the prettified, commercialized art which we often find in churches or shops selling sacred images." Alfred Barr, *What is Modern Painting?* (New York City: Museum of Modern Art, 1943), 22–23.

[8] "Hashem" is Hebrew for "The Name" and is a way some observant Jews refer to God.

[9] Email correspondence with Victor Klausner, June 30, 2022.

[10] "Old Jewish Cemetery," Jewish Museum in Prague, http://www.jewishmuseum.cz, accessed July 11, 2022.

[11] Nat Mayer Shapiro, "Prague—A Field of Stones," Artist Statement, Nat Mayer Shapiro Archive, Paris, 1999.

[12] Wassily Kandinsky, *Concerning the Spiritual in Art*, trans. Michael T. H. Sadler (Middlesex: The Echo Library, 2008), 5.

[13] Laura Hauptman, *The Maximal Sixties: Pop, Op, Figuration from the Drawing Collection* (New York City: Museum of Modern Art, 1997), 5.

[14] "J'ai essayé de montrer, par sa forme ondulée et le graphisme sur sa face, l'homme en mouvement constant à travers les siècles, liant son expression la plus primitive (le carré) à celle de son intelligence, son intellectualisme (l'œil), moyennant un tracé blanc. Le tout calculé pour ressembler vaguement à un visage." Nat Mayer Shapiro, "Artist Statement," Centre national des arts plastiques (FNAC-CNAP), Paris, France, 1985.

[15] Nat Mayer Shapiro, "Statements by Nat Mayer Shapiro," document, Nat Mayer Shapiro Estate Archive, Paris, France, undated.

[16] Nat Mayer Shapiro, "Statements by Nat Mayer Shapiro," document, Nat Mayer Shapiro Estate Archive, Paris, France, undated.

L'art se déplace dans toutes sortes de directions inimaginables, et mène à des dimensions insoupçonnées. Mon art, qui n'a pas de périmètre définissable, semble se transporter hors de moi. Honnêtement, je n'ai conscience ni de sa nature ludique et positive, ni de sa gravité. Et pourtant, c'est là. En fin de compte, l'art est un autant mystère pour moi, que pour les autres[17].

[1] Entretien avec Nat Shapiro, vidéo, Archive Nat Mayer Shapiro, Paris, 2005.

[2] De 1946 à 2000, Shapiro a travaillé comme illustrateur indépendant, entre autres pour des agences de publicité importantes comme BBDO Worldwide, J. Walter Thompson et Havas. Il a illustré des marques telles que Ford, Trans World Airlines (aujourd'hui American Airlines), les détergents Omo, et Sopalin. Il a également créé nombre de couvertures de livres et d'illustrations pour Reader's Digest France, le Livre de Poche, France-Empire, ou A Red Knight Book (Brockhampton Press, UK). Voir fig. 102-104, 127 et 128.

[3] Paul Klee, *Paul Klee Notebooks Volume 1: The Thinking Eye*, trad. Ralph Manheim, Londres, Percy Lund, Humphries & Co., Ltd, 1961, p. 33.

[4] Nat Mayer Shapiro, *Statements by Nat Mayer Shapiro*, document, Archive Nat Mayer Shapiro Estate, Paris, non daté.

[5] Francine Szapiro, « Juifs Américains : l'art à la baguette », *Cahiers Bernard Lazare*, n° 436 (décembre 2020), p. 19.

[6] Correspondance par courriel avec Mirella Shapiro, 30 mai 2022.

[7] Pensons à *Le Christ aux outrages* (1932), le tableau de George Rouault décrit par Alfred Barr comme « ne ressemblant pas à l'art enjolivé et commercial que l'on trouve souvent dans les églises ou chez les vendeurs d'images sacrées ». Alfred Barr, *What is Modern Painting?*, New York, Museum of Modern Art, 1943, pp. 22-23 (notre traduction). Édition française : Alfred Barr, *La Peinture moderne, qu'est-ce que c'est ?*, Paris, Réunion des musées nationaux, 1993.

[8] En hébreu, *Hashem* signifie « le Nom ». Certains juifs pratiquants ont recours à ce terme pour se référer à Dieu.

[9] Correspondance par courriel avec Victor Klausner, 30 juin 2022.

[10] « Old Jewish Cemetery », Jewish Museum in Prague ; http://www.jewishmuseum.cz, consulté le 11 juillet 2022.

[11] Nat Mayer Shapiro, "Prague—A Field of Stones", déclaration de l'artiste, Archive Nat Mayer Shapiro, Paris, 1999.

[12] *Patty cake* est un jeu d'enfants où l'on chante une comptine tout en tapant dans les mains de l'enfant d'en face [note du traducteur].

[13] Wassily Kandinsky, *Concerning the Spiritual in Art*, trans. Michael T. H. Sadler (Middlesex: The Echo Library, 2008), 5 [éd. française, Vassily Kandinsky, *Du spirituel dans l'art et dans la peinture en particulier*, Paris, Gallimard, 1989].

[14] Laura Hauptman, *The Maximal Sixties: Pop, Op, Figuration from the Drawing Collection*, New York: Museum of Modern Art, 1997, p. 5.

[15] Nat Mayer Shapiro, "Déclaration de l'artiste," Centre national des arts plastiques (FNAC-CNAP), Paris, 1985.

[16] Nat Mayer Shapiro, "Déclarations de Nat Mayer Shapiro," document, Archive Nat Mayer Shapiro, Paris, non daté.

[17] *Ibid*.

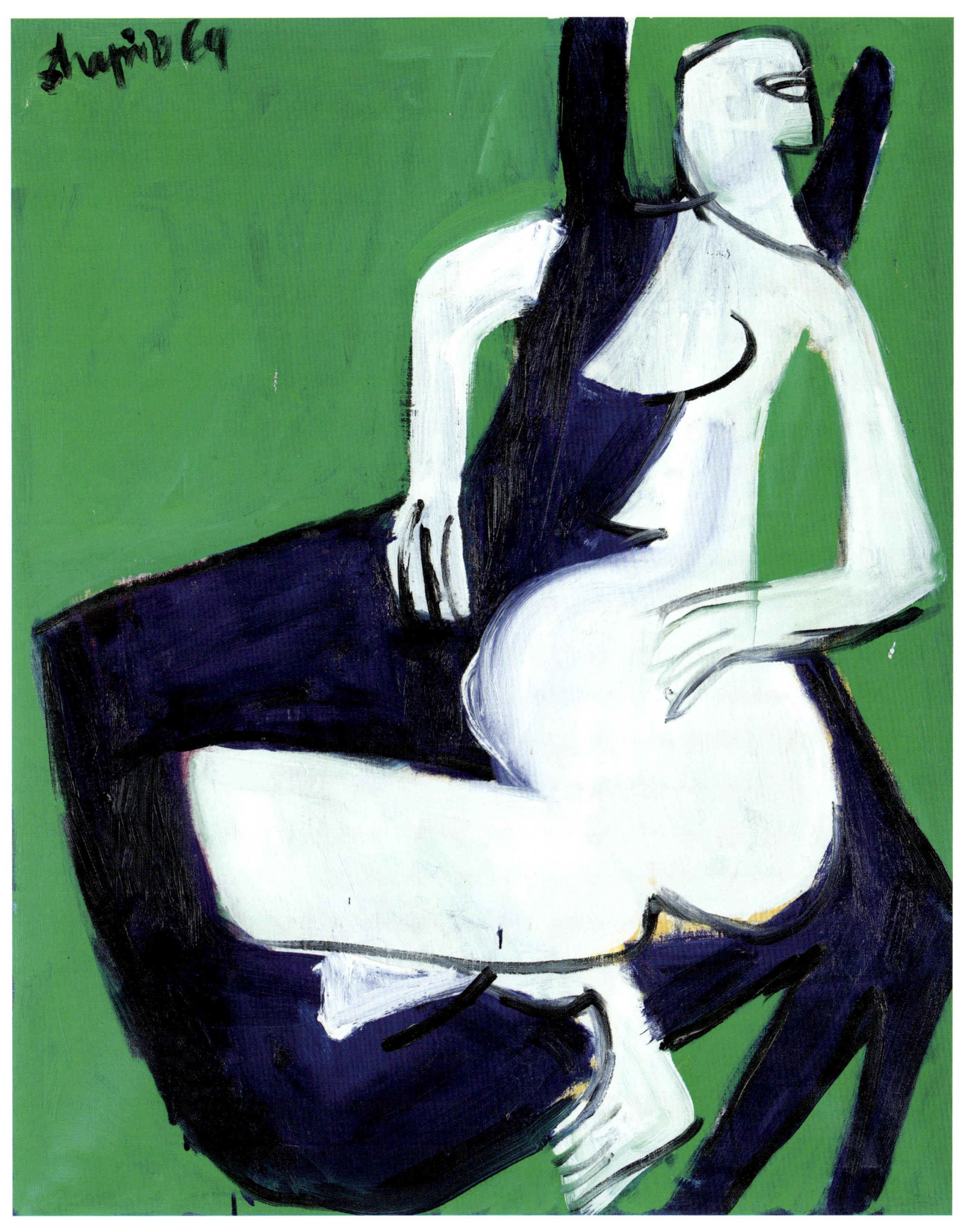

18. *Lady Godiva
on a Chair*, 1969

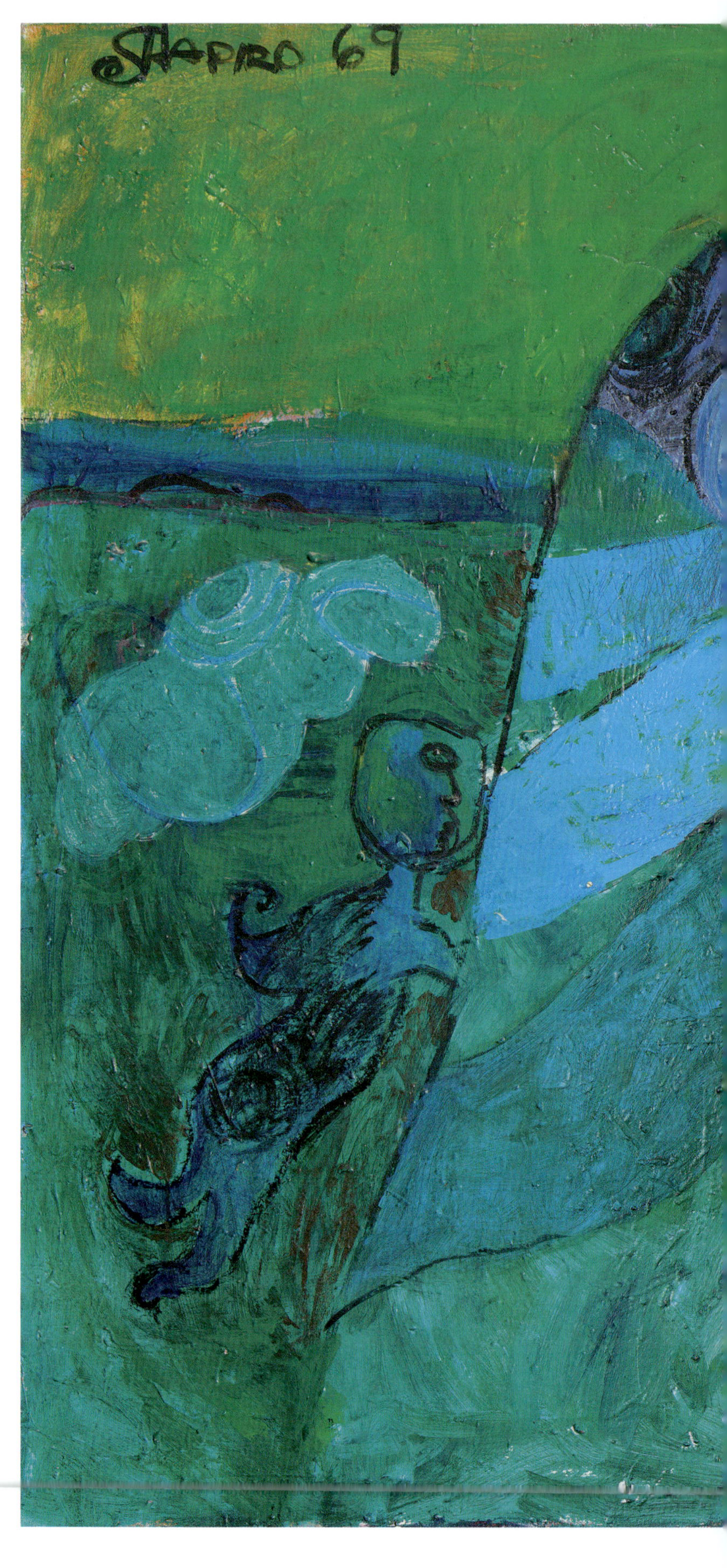

19. *The Dictation / Moses on Mount Sinai / Les fesses de Dieu*, 1969

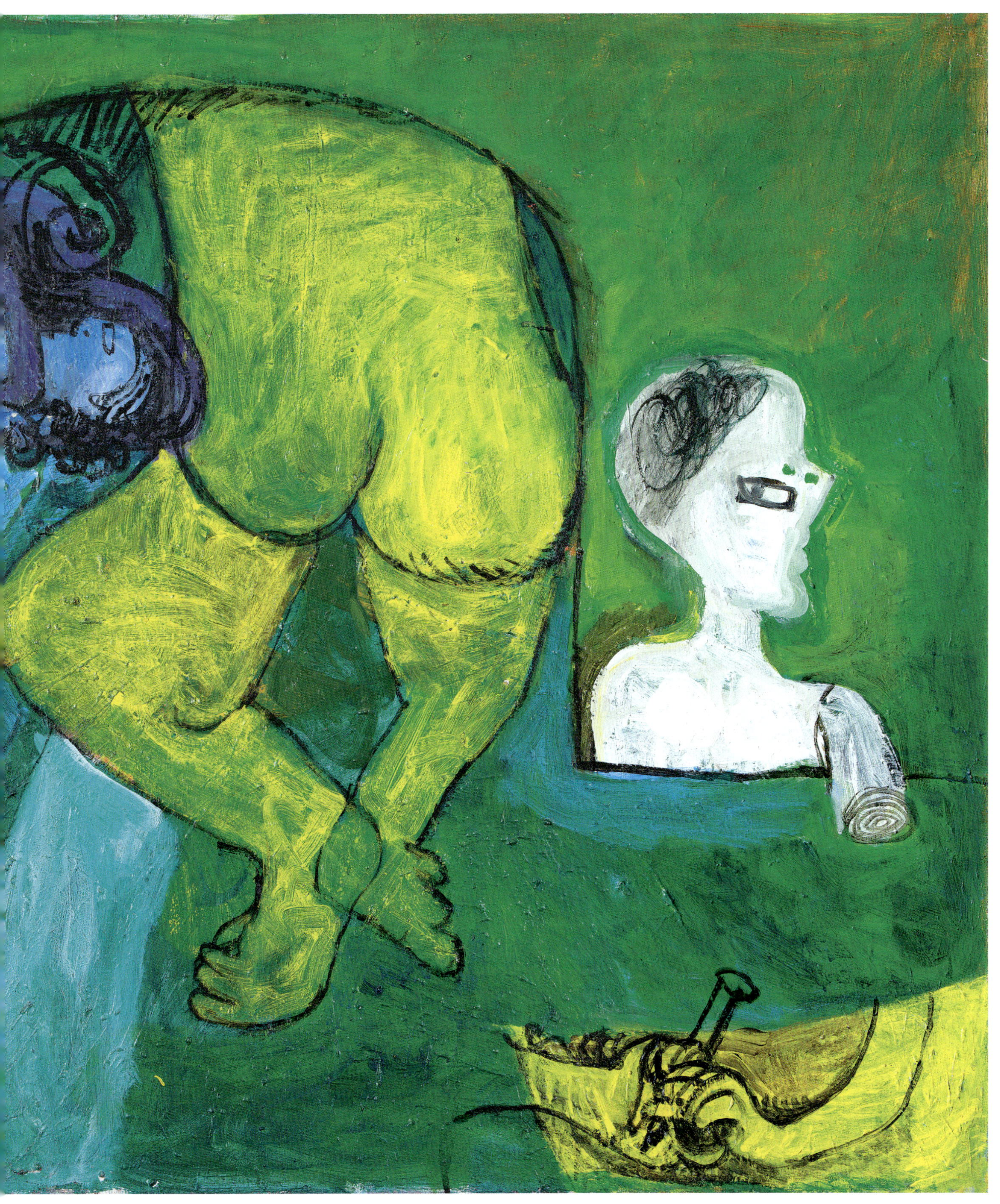

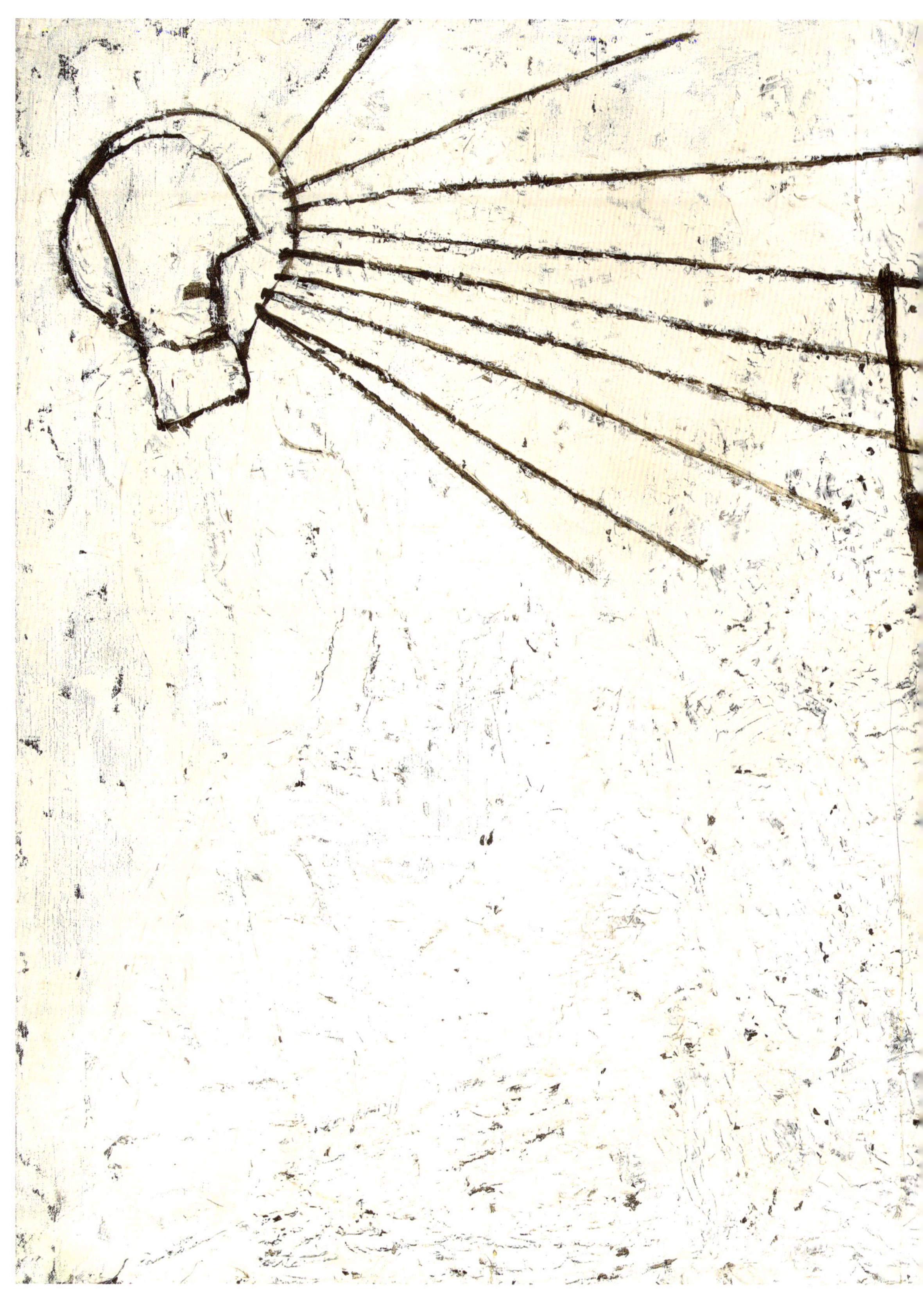

20. *Exodus: Worshipping
False Gods*, 1966–67

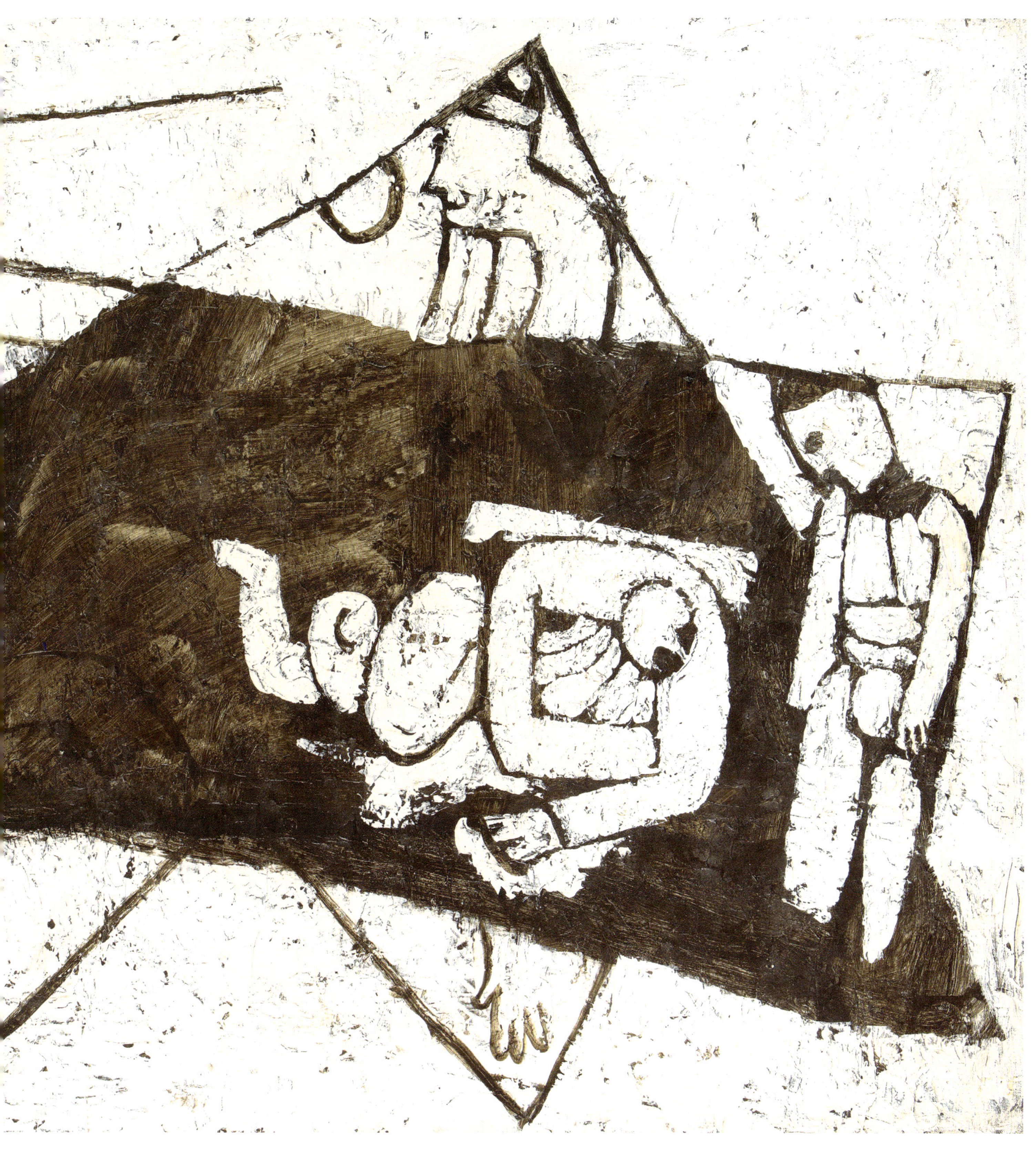

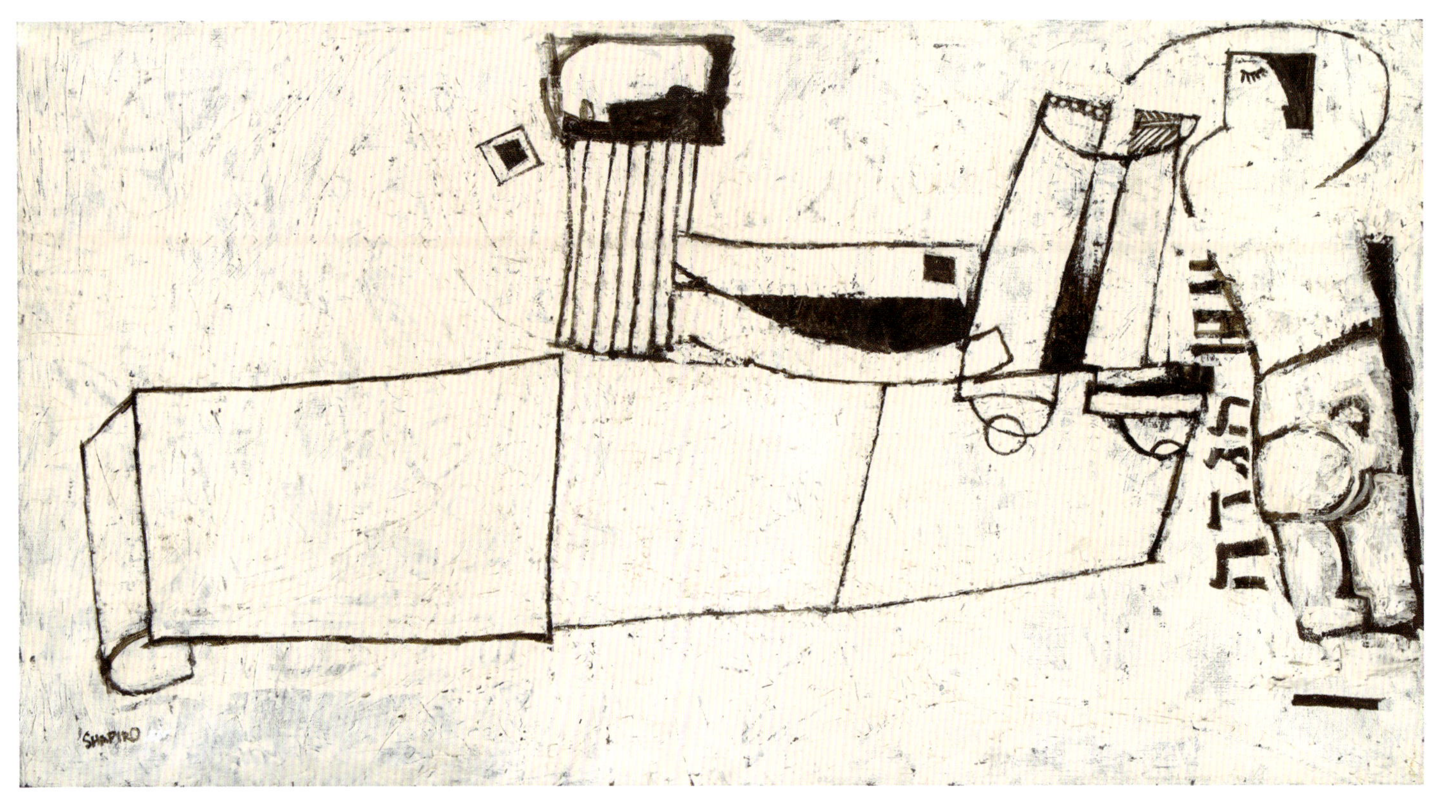

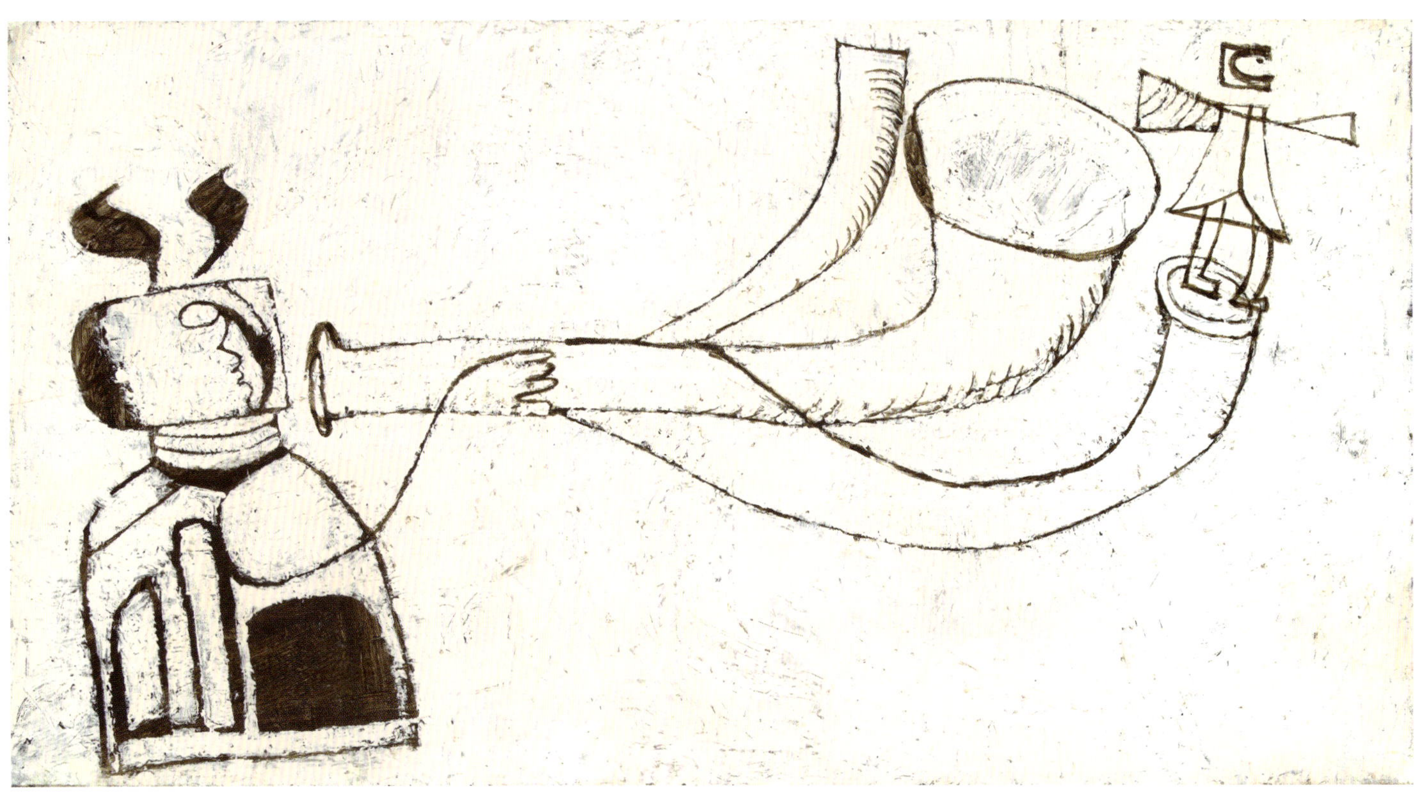

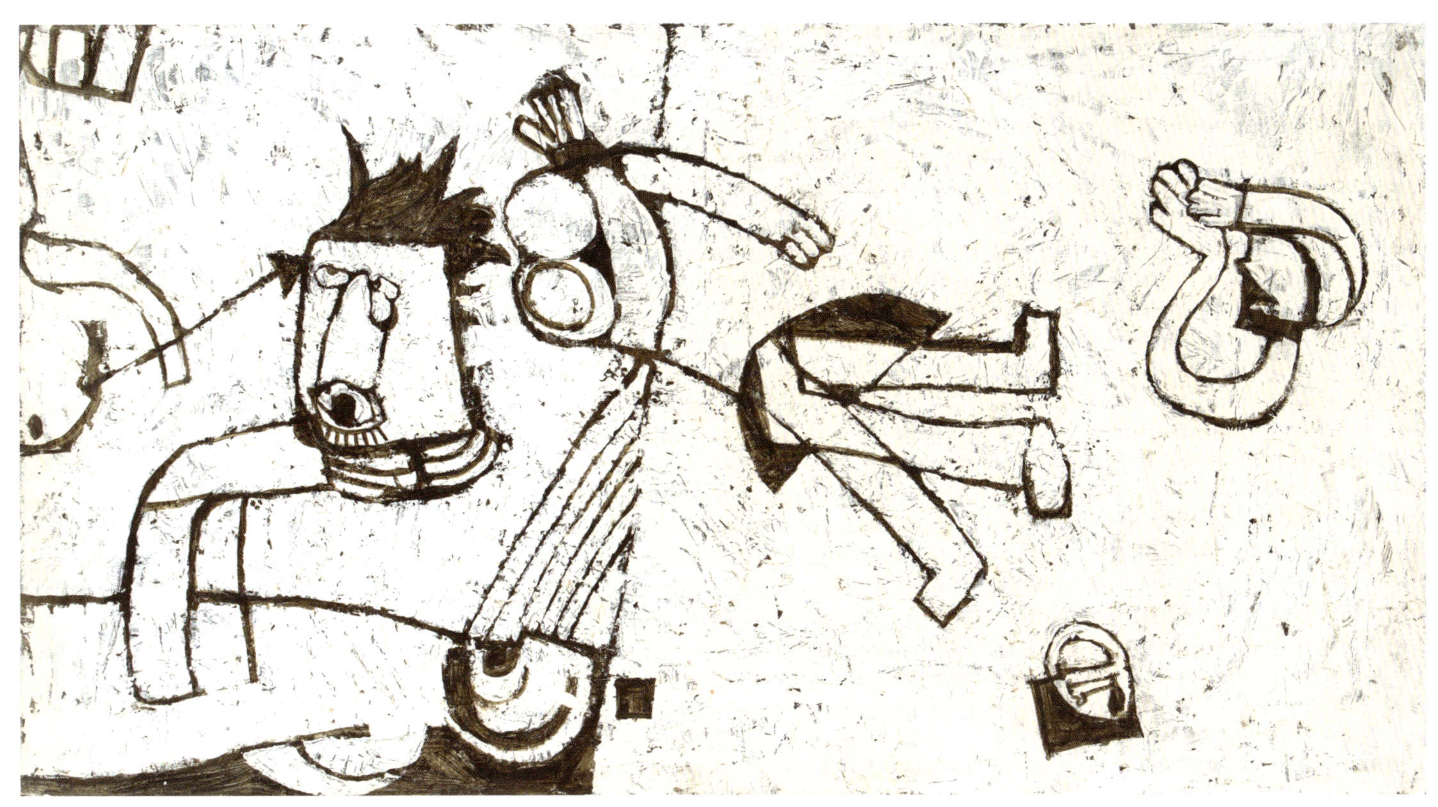

21. *Exodus: Levis,
Guardians of the Temple
with Torah / Transfer of
the Torah,* 1966–67

22. *Exodus: Ram's Horn /
Moses Talking to God,*
1966–67

23. *Exodus:
The Punishment,* 1966–67

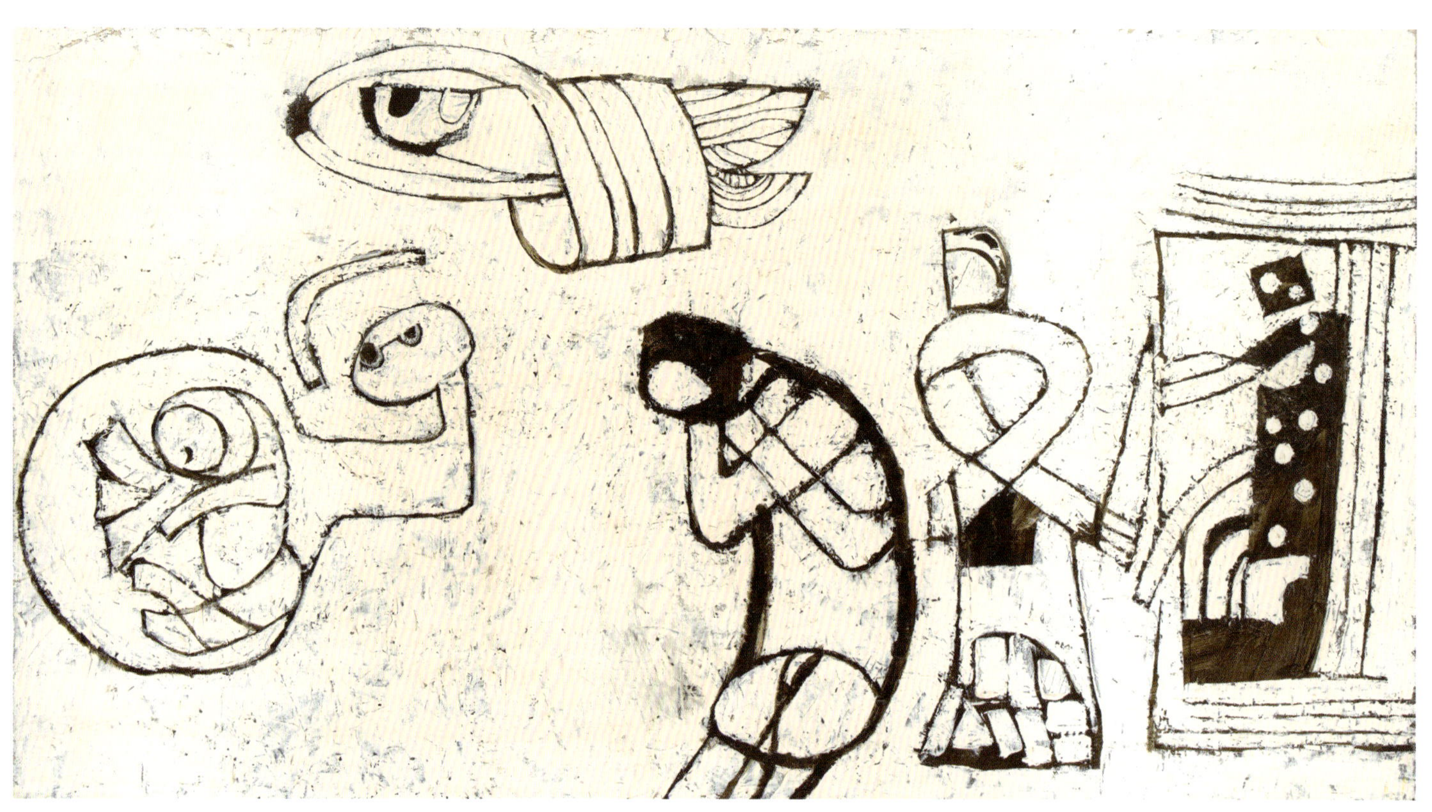

24. *Exodus:
The Community with
Spirit*, 1966–67

25. *Exodus: Moses
and the Spirit Leading
His People*, 1966–67

26. *Exodus: Egyptian
Army Trying to Cross
the Red Sea*, 1966–67

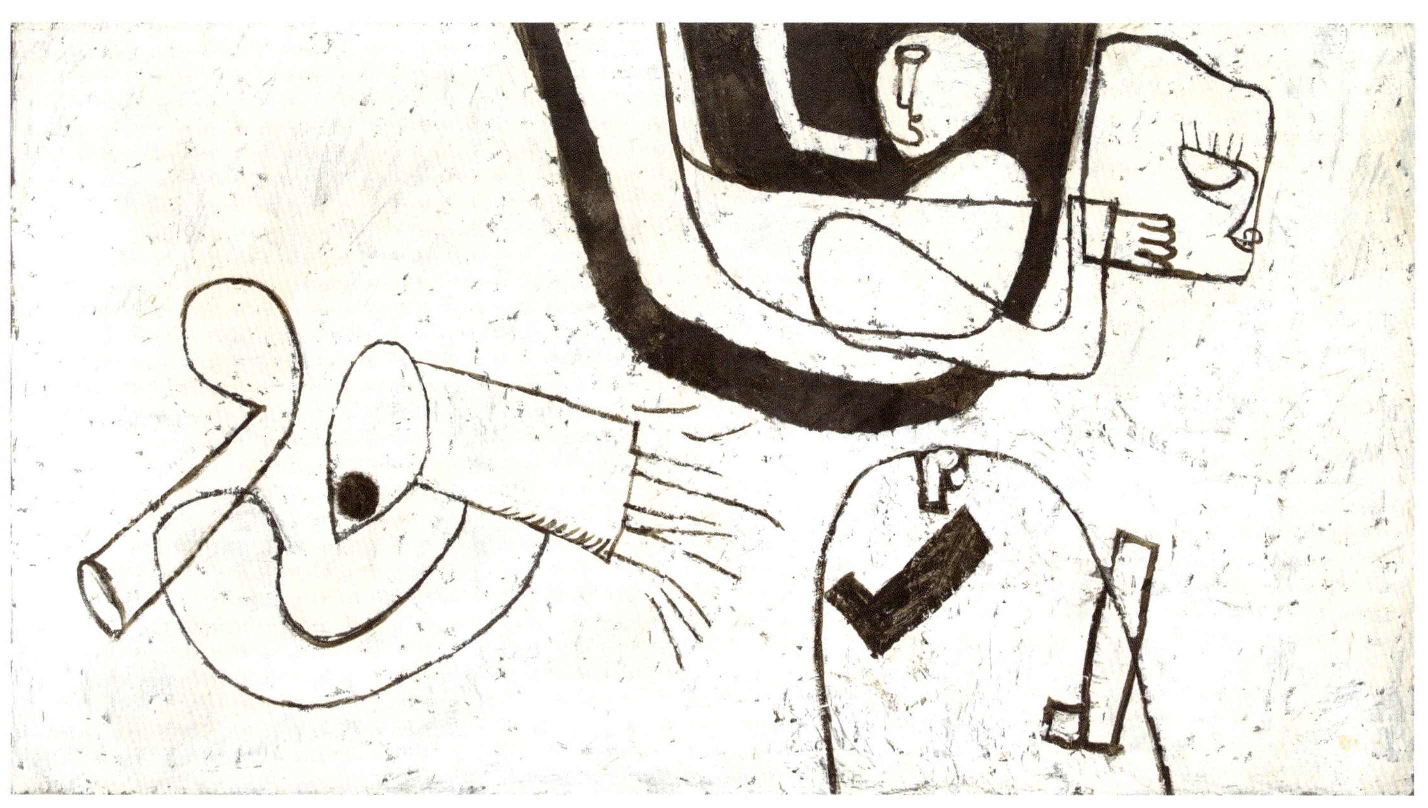

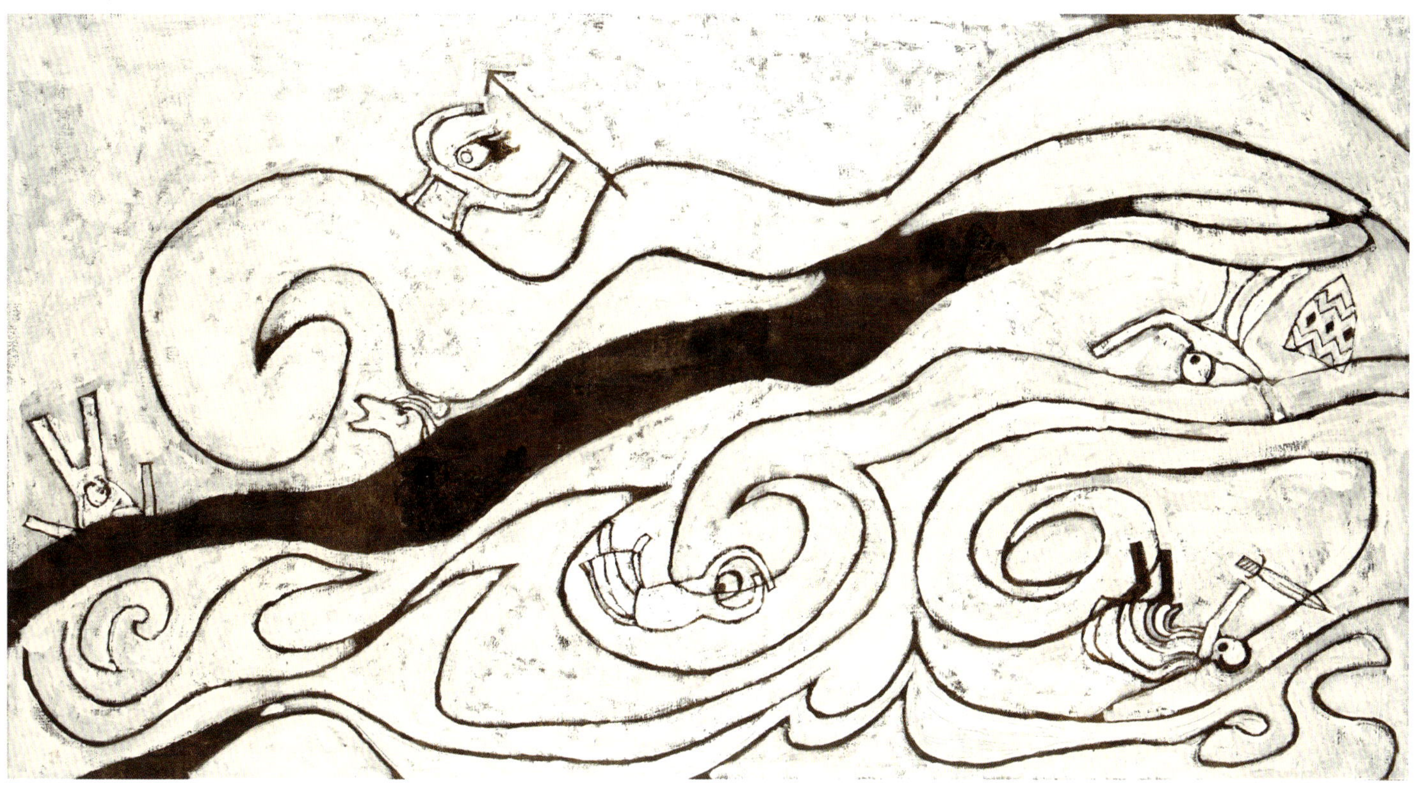

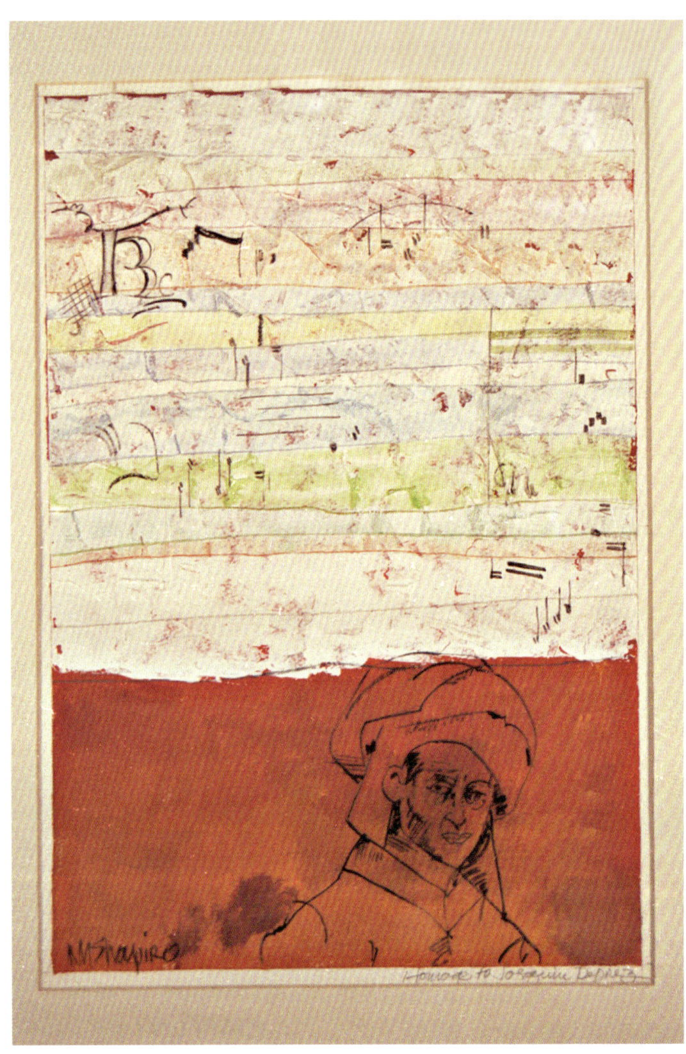

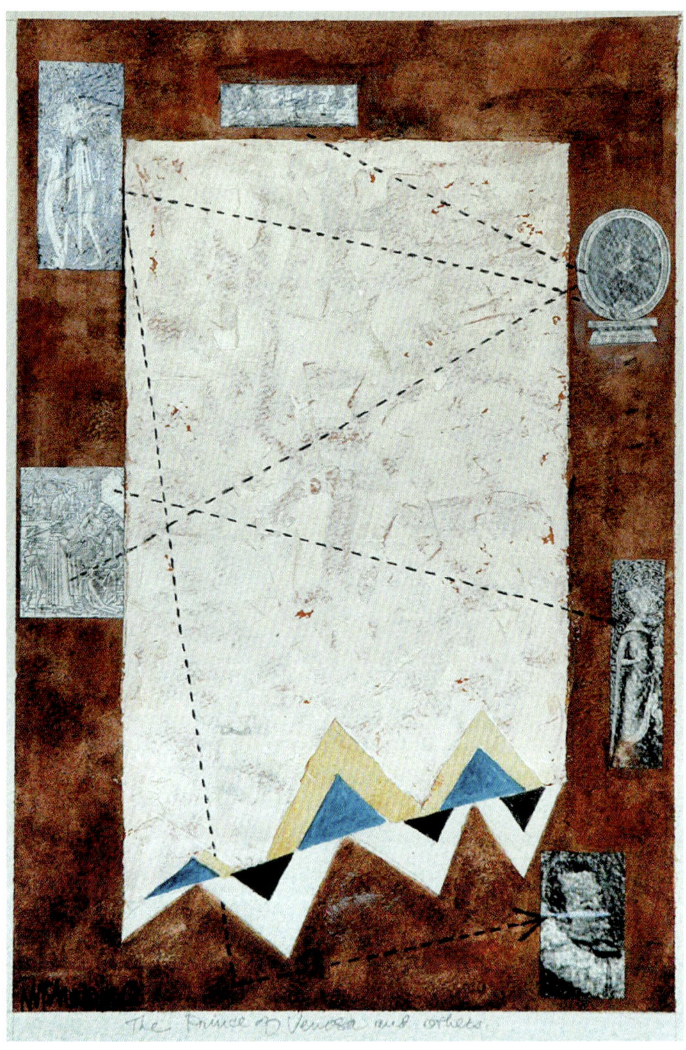

27. *Homage to Josquin
des Prez*, 1995

28. *The Prince of Venosa
and Others*, undated / s.d.

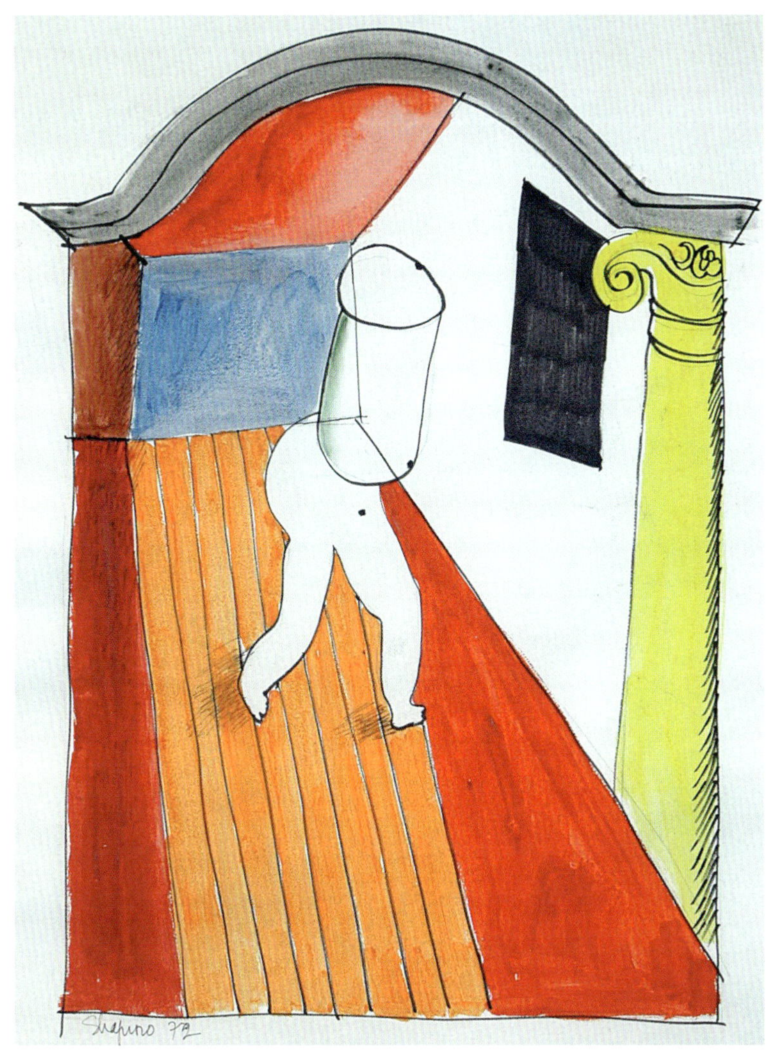

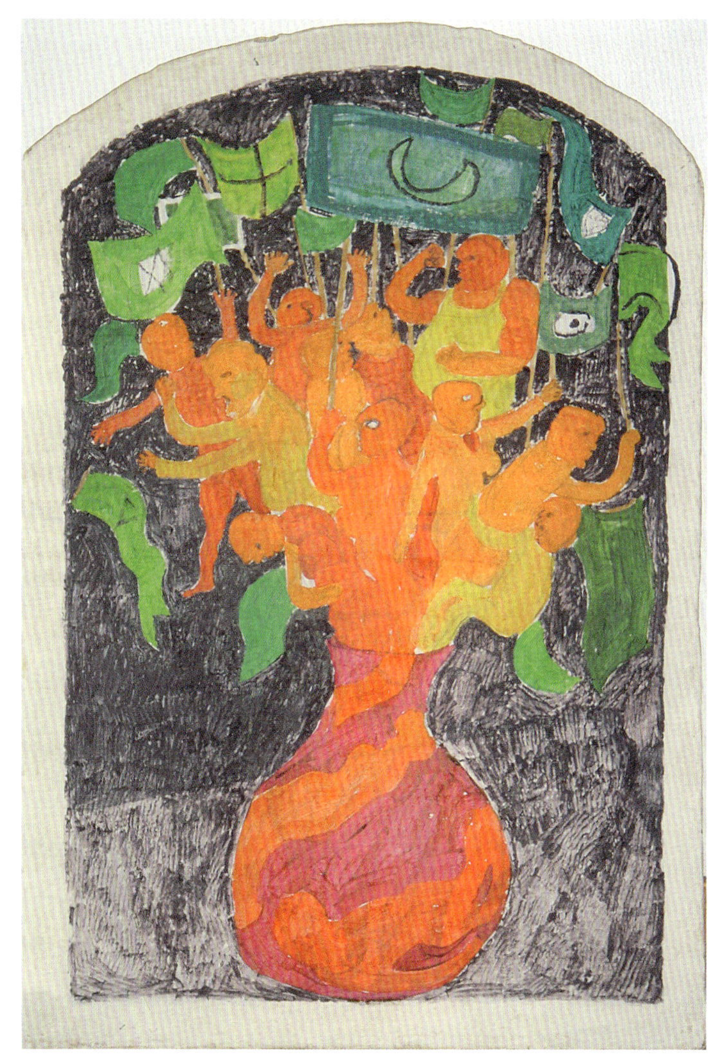

29. *Untitled*, 1972

30. *Manif (The Rally)*,
1974

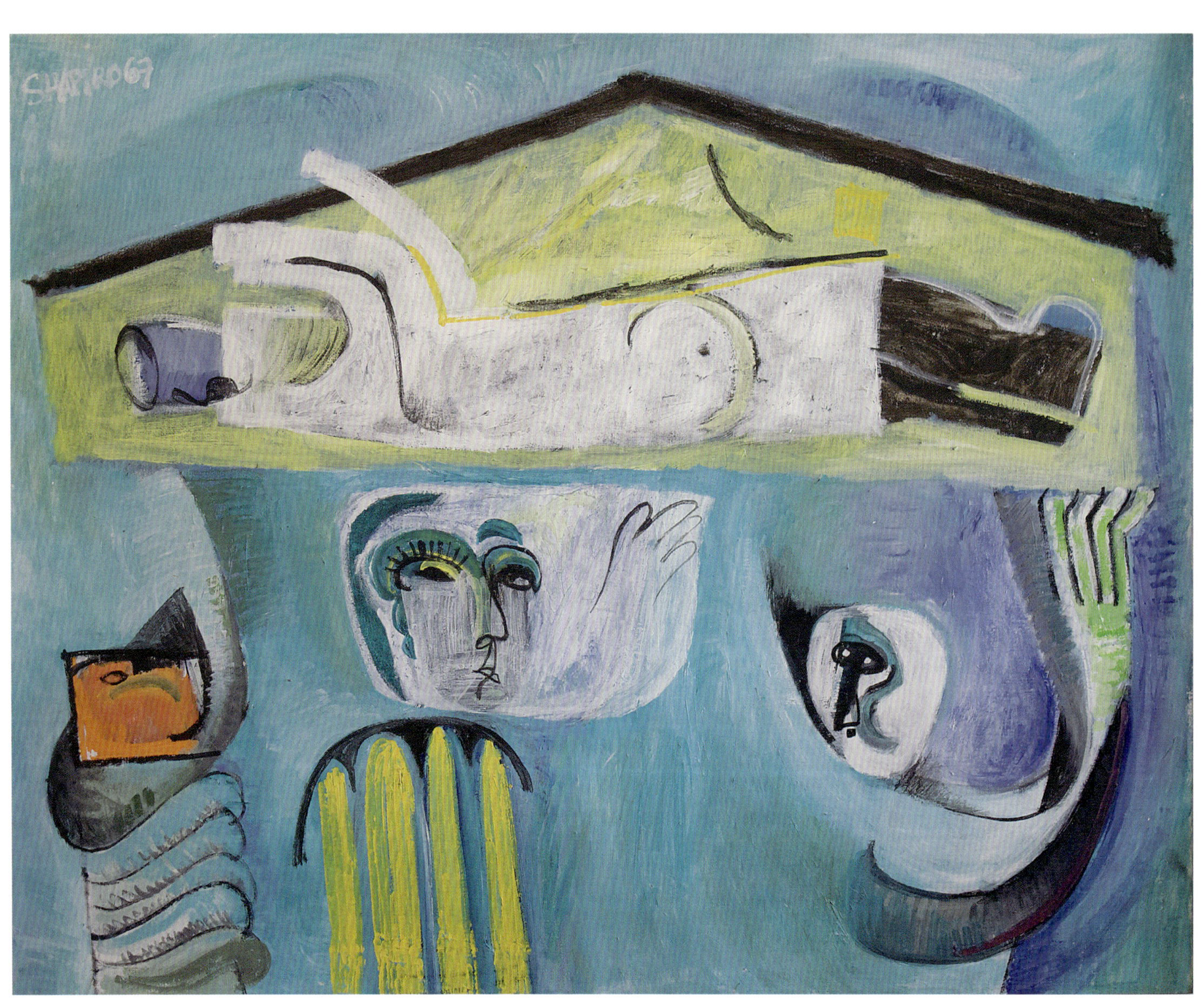

31. *The Pediment*, 1967

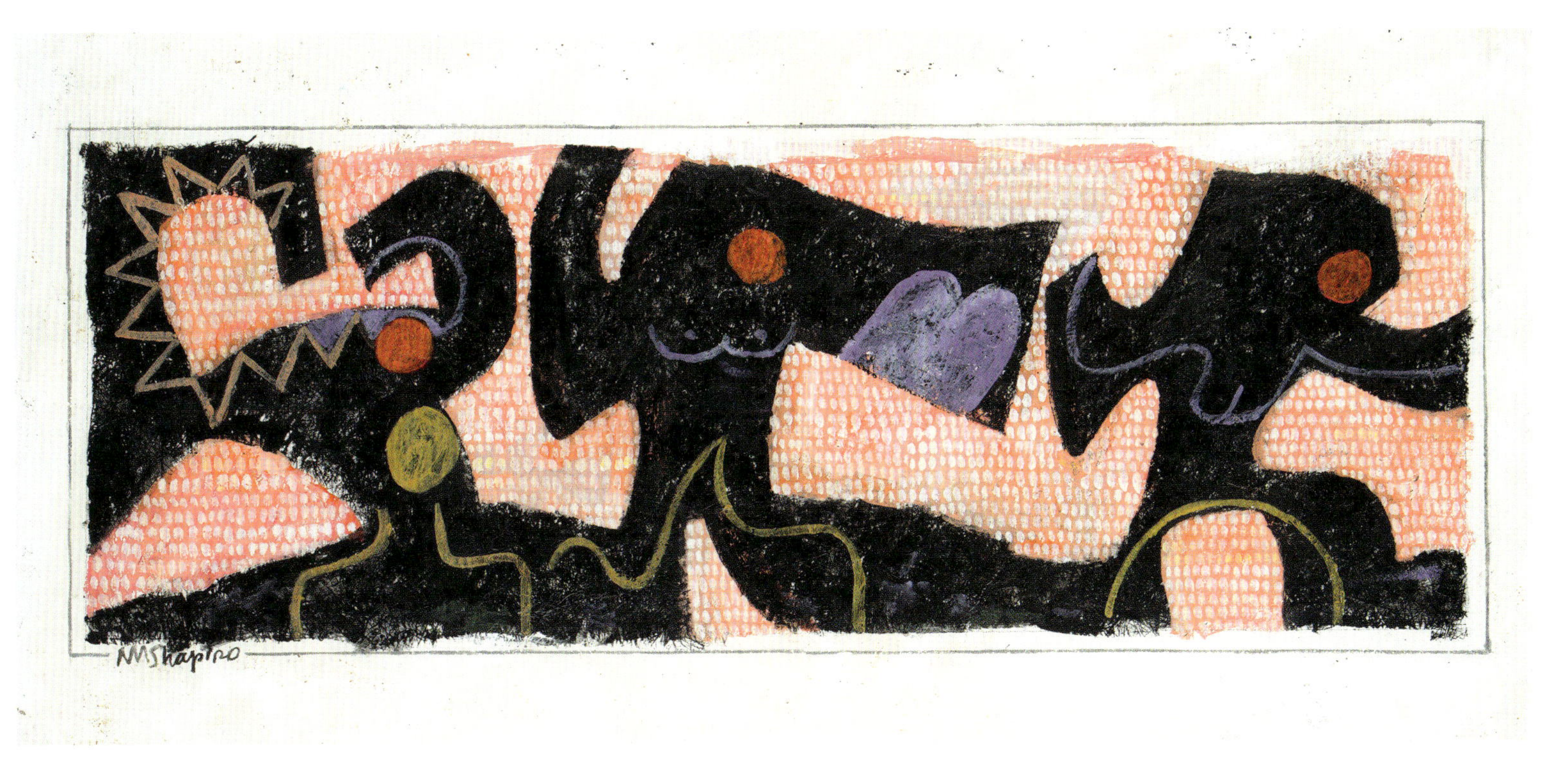

32. *Nuns Dancing with Decalogue*, ca. 2000

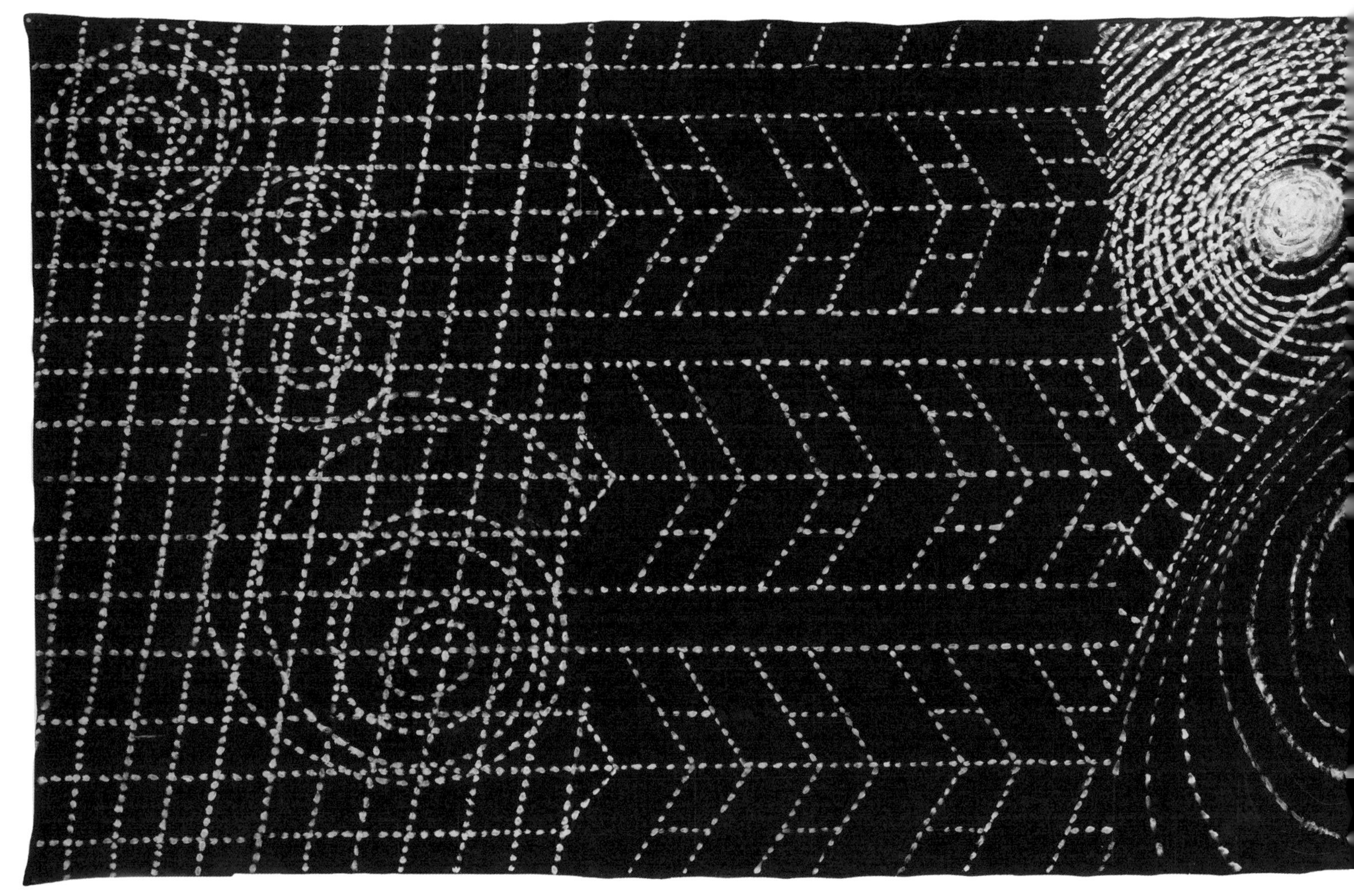

33. *Universe*, 2001

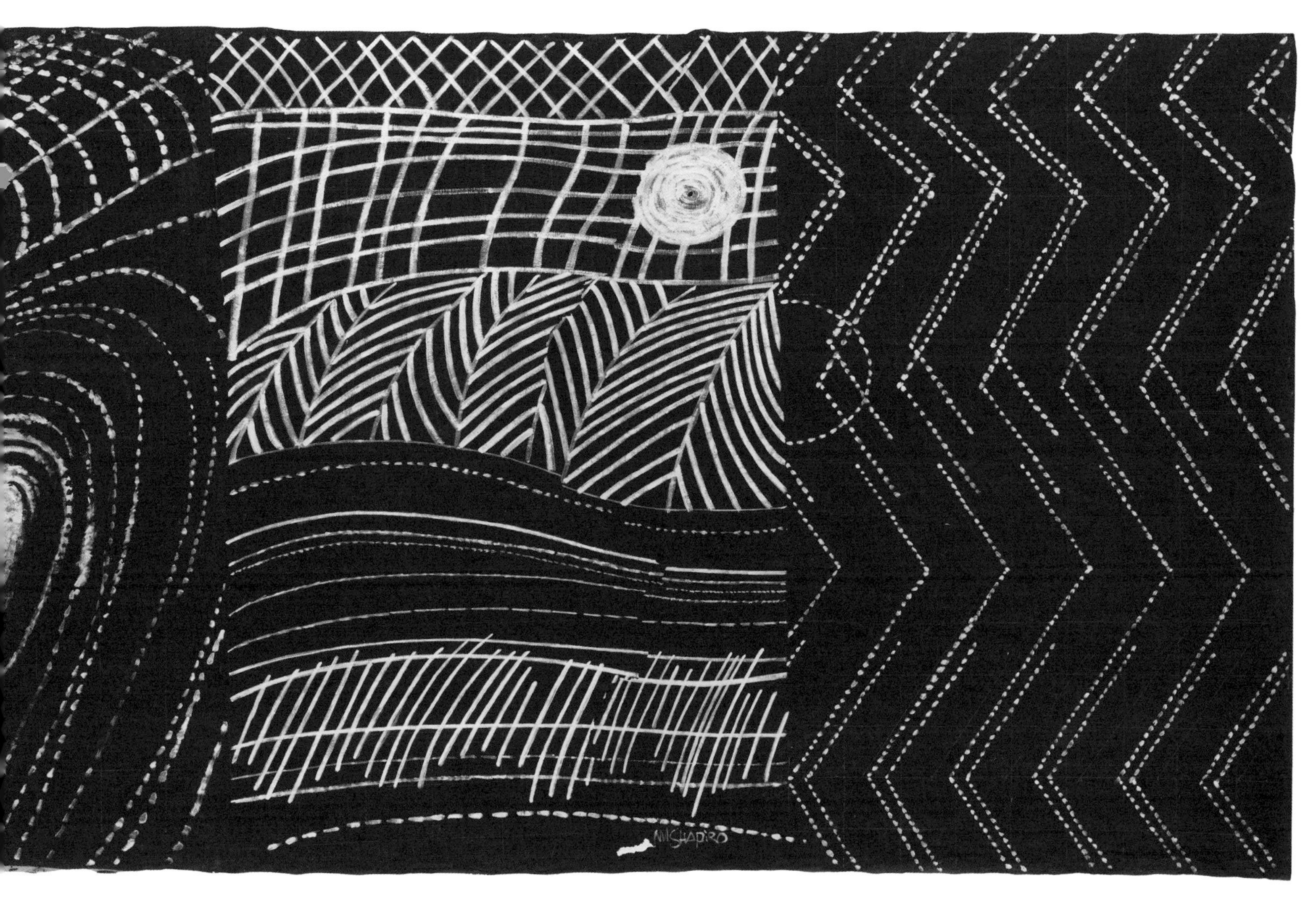

NISHAPIRO

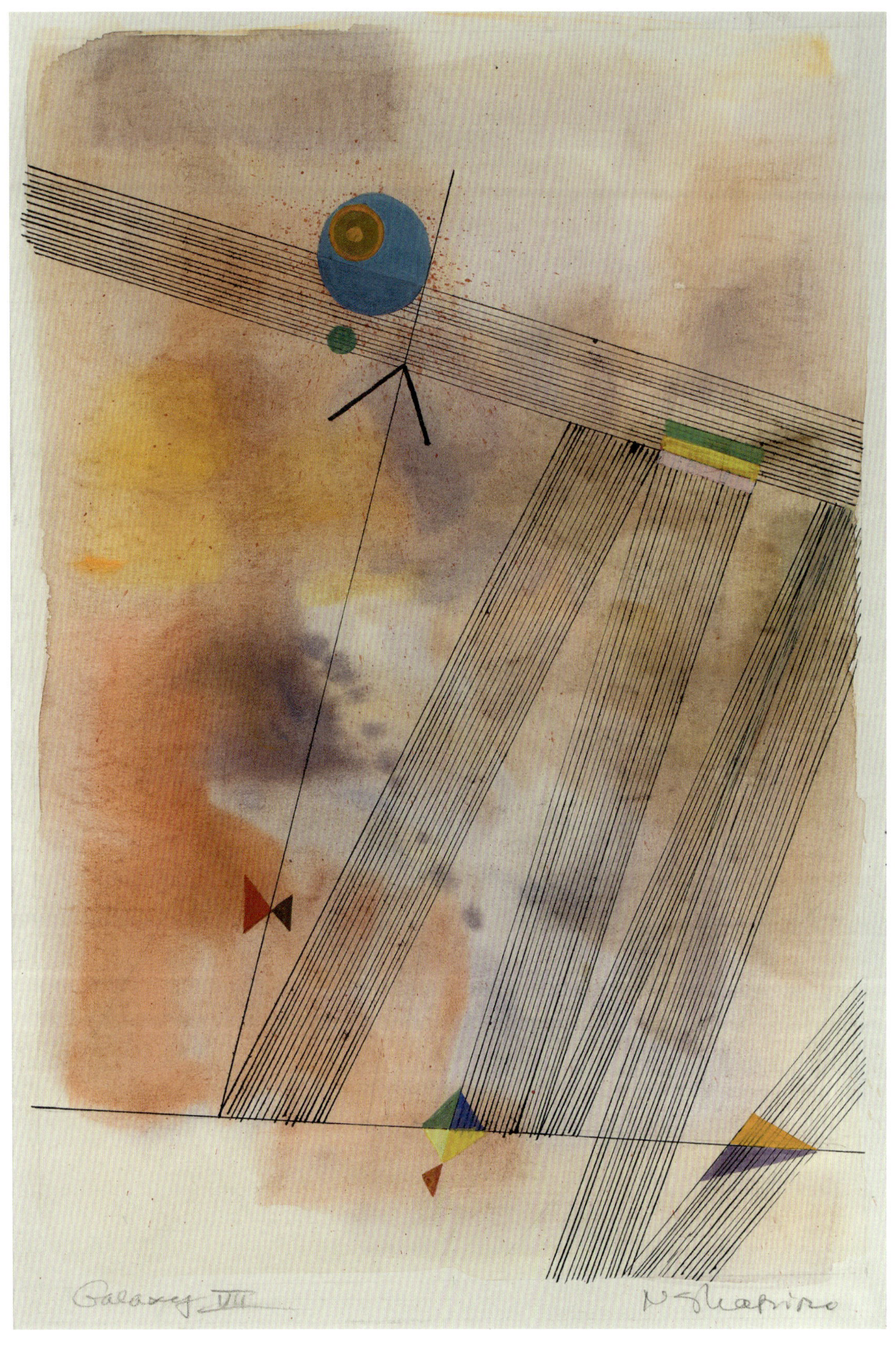

34. *Galaxy VII A*, 1998–99

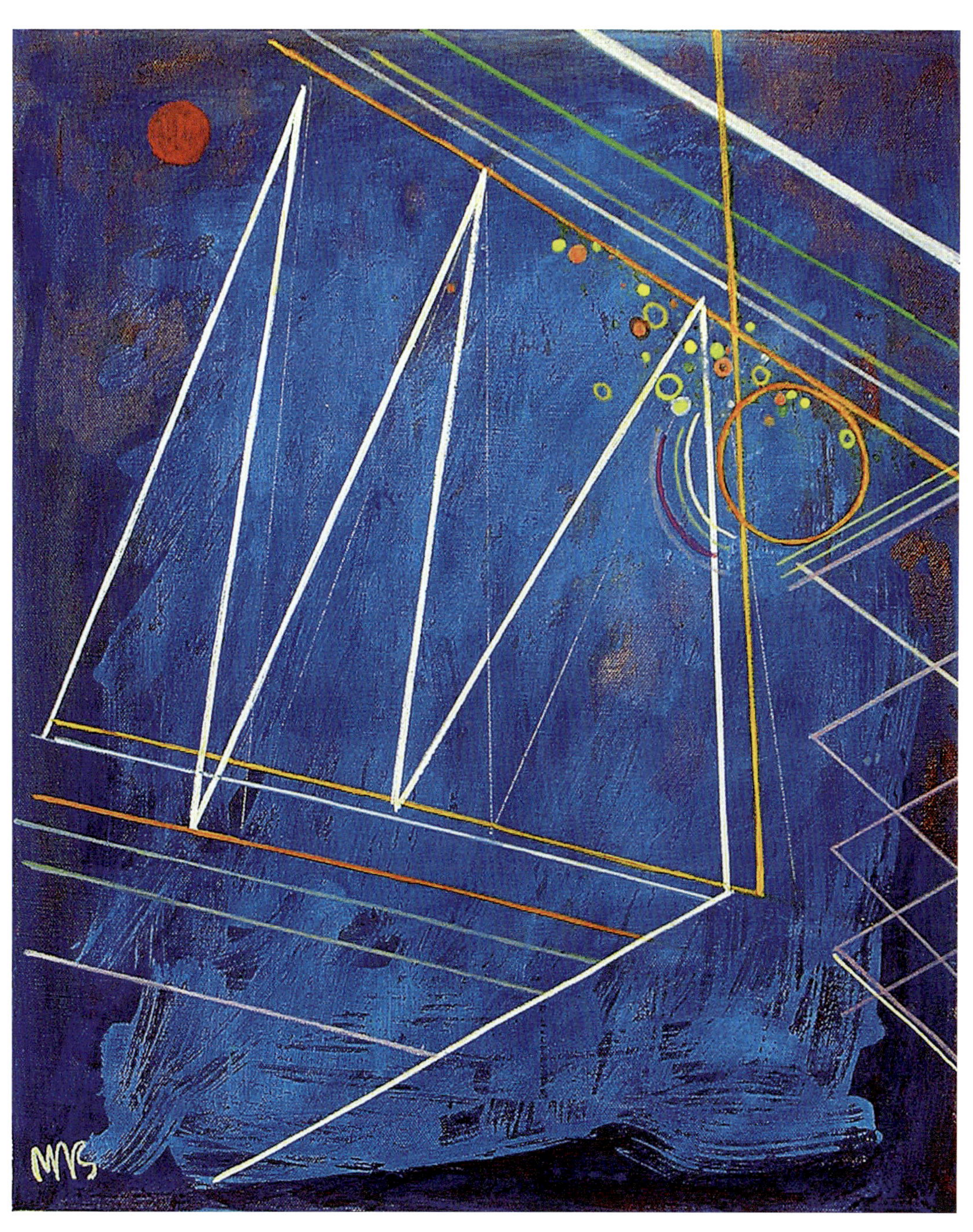

35. *Light Theory II*, 2005

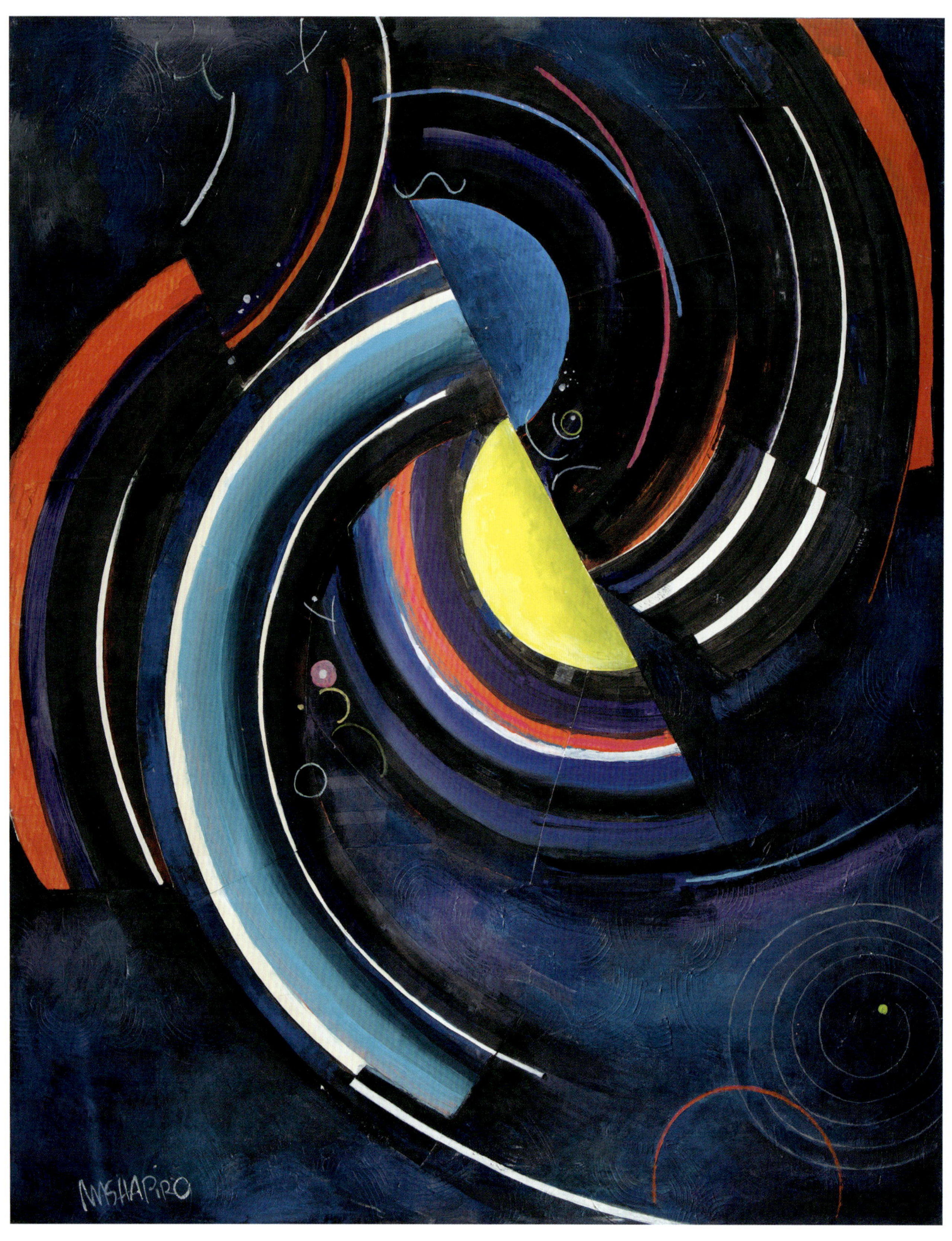

36. *Whirling Cosmos,*
1996

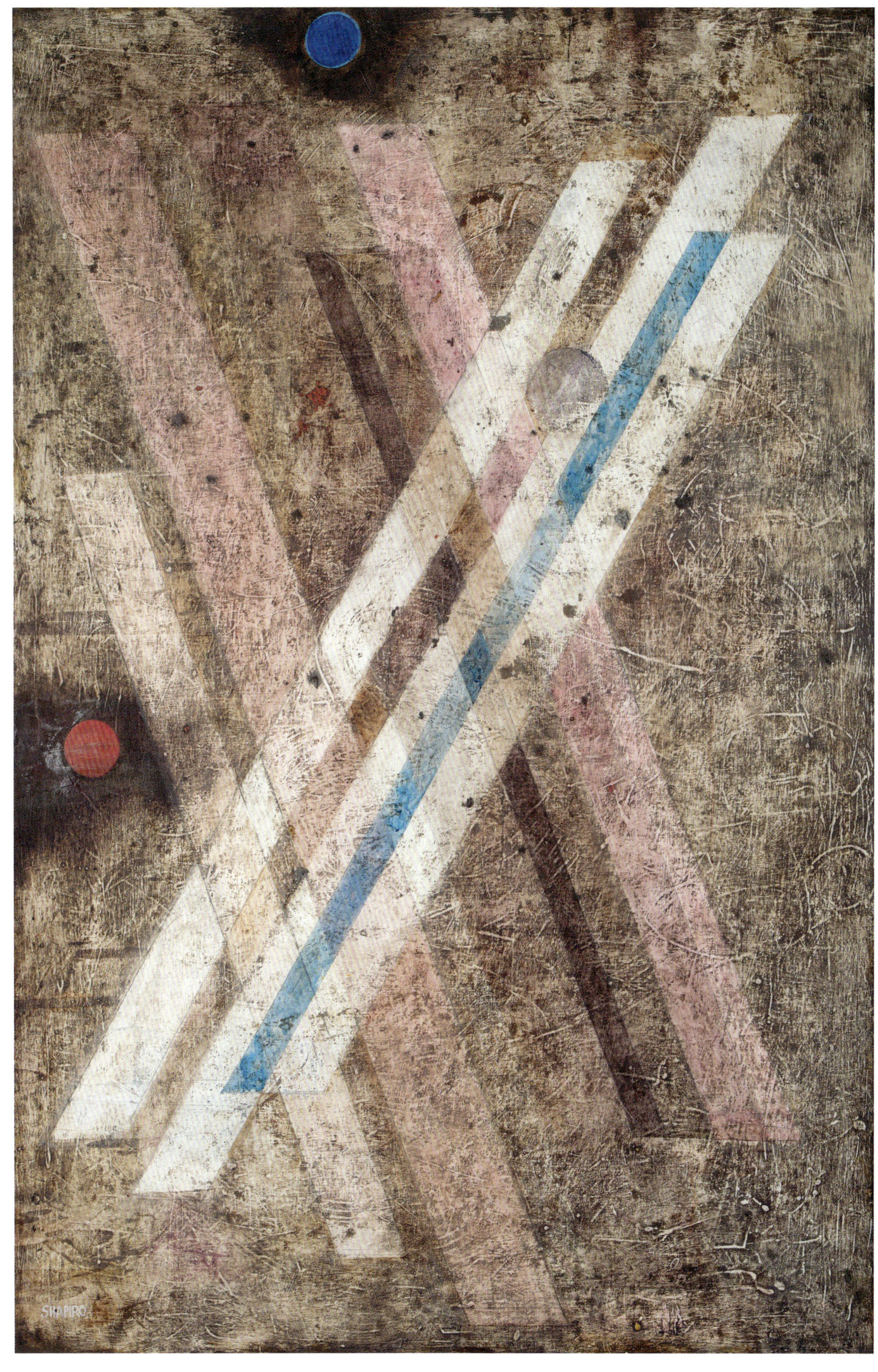

37. *Blue Moon*, 1985

An Interview with Dr. Faustino Quintanilla

DR. FAUSTINO QUINTANILLA
Executive director QCC Art Gallery, CUNY

GEMMA CIRIGNANO
Art historian

Dr. Faustino Quintanilla is the director of the Queensborough Community College's Art Gallery in Queens, New York. The QCC Gallery boasts an eclectic permanent collection that focuses on ceremonial African objects, post-war American works on paper, contemporary photography, and pre-Colombian art. In 2007, Dr. Quintanilla acquired the largest collection of Nat Shapiro's works including seventy-four assorted paintings and drawings, 940 sketches and studies, 433 slides, and five drawing pads for the QCC Gallery's permanent collection. In 2014 he curated a solo exhibition based on the acquisition titled *Nat Shapiro: Selected Works from the Permanent Collection*.
On July 18th, 2022, Gemma Cirignano sat down with Dr. Quintanilla at the QCC Gallery to learn more about the impact Nat Shapiro has had on their permanent collection.

38. *Page of sketches*, undated / *Page de croquis*, s.d.

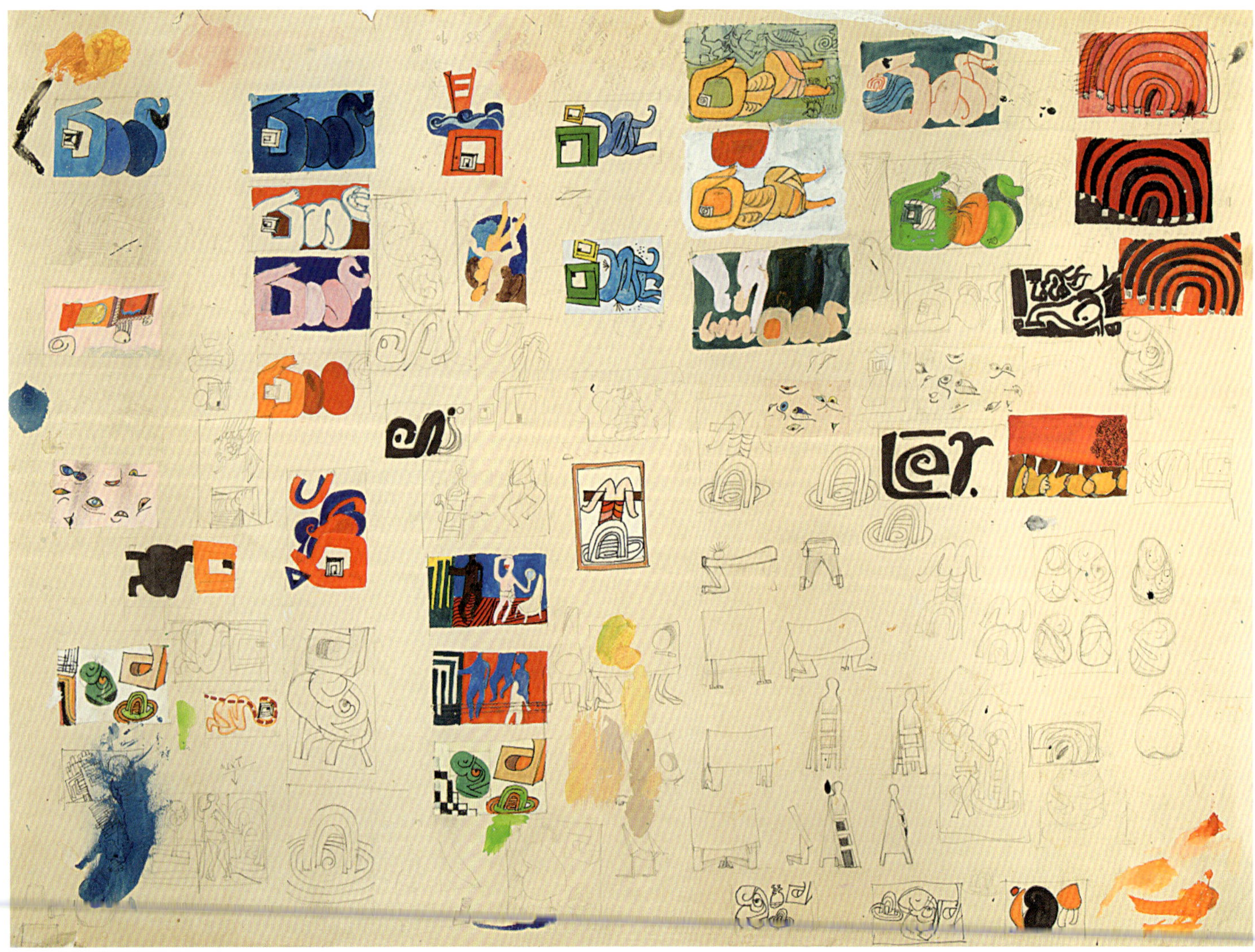

Un entretien avec Faustino Quintanilla

Dr. Faustino Quintanilla
Directeur du QCC Art Gallery, The City University of New York

Gemma Cirignano
Historienne d'art

Faustino Quintanilla dirige la galerie d'art du Queensborough Community College, dans le Queens, à New York. La QCC Gallery détient une collection permanente éclectique, centrée sur les objets cérémoniels africains, sur les œuvres américaines sur papier de l'après-Seconde Guerre mondiale, sur la photographie contemporaine, et sur l'art précolombien. En 2007, M. Quintanilla a acquis, pour la collection permanente de la QCC Gallery, le plus grand ensemble d'œuvres de Nat Shapiro, comprenant 74 peintures et dessins, 940 esquisses et études, 433 diapositives et cinq carnets à dessin. En 2014, il a organisé une exposition à partir de cette collection, intitulée « Nat Shapiro: Selected Works from the Permanent Collection » (Nat Shapiro : une sélection d'œuvres de la collection permanente).
Le 18 juillet 2022, Gemma Cirignano a rencontré M. Quintanilla à la QCC Gallery, pour en savoir plus sur l'impact de Nat Shapiro sur leur collection permanente.

Pour commencer, pourriez-vous nous expliquer comment vous vous êtes intéressé à l'œuvre de Nat Shapiro ?
Mirella m'a appelé, puis elle est venue visiter la QCC Gallery. Comme Nat était décédé depuis quelques années, je ne l'ai jamais rencontré, mais j'ai tout de suite été intéressé par son travail. C'était dans mes premières années en tant que directeur, et j'ai tout de suite saisi que son œuvre serait instructive pour nos étudiants, et qu'elle devait être préservée. Si vous parcourez les œuvres

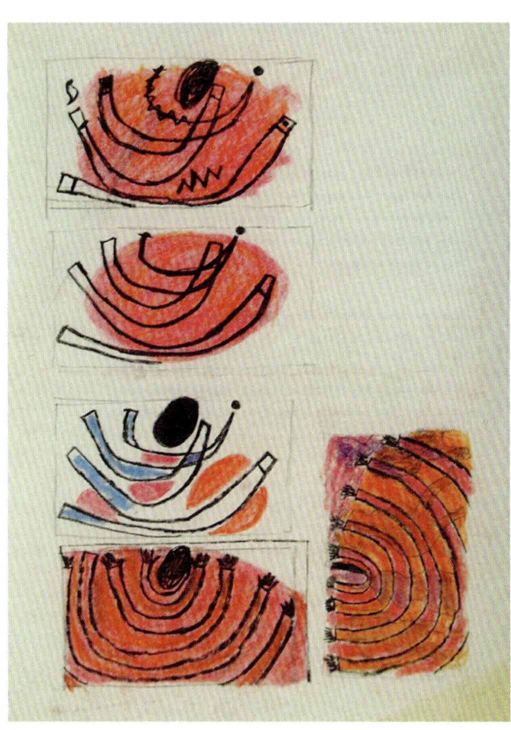

39. *Page of thumbnail sketches*, undated / *Page de croquis miniatures*, s.d.

40. *Page of thumbnail sketches*, undated / *Page de croquis miniatures*, s.d.

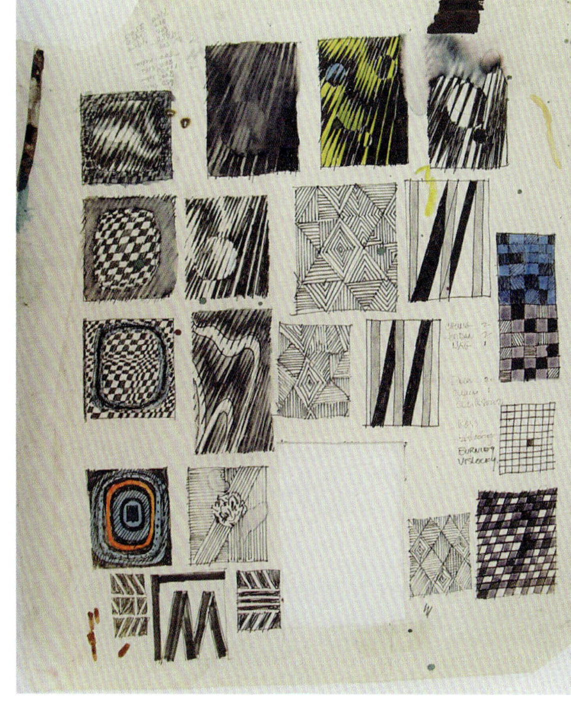

To begin with, could you please talk about how you formed a relationship with Nat Shapiro's artwork?

Mirella called me and visited the QCC Gallery. Nat had passed away a couple of years earlier, so I never met him, but I was immediately interested in his work. It was one of my first years as the director, and I knew his work would be educational for the students and should be preserved. If you go through our collection, most of the art we have is for study purposes or represents the beginning of an artist's process. Works on paper are much more interesting to me, probably because my background is in drawing and printmaking. I believe drawing is where you develop the ideas you then portray on the canvas.

You visited Shapiro's studio in Yonkers to select the works you acquired. What captivated you about his studio practice?

The most important aspect of Nat's practice is his drawings and the development of his work. When I went to his studio, I selected all the sketches, drawings, and little geometrical things which eventually became parts of different painting (Figs. 38–40). Normally, nobody wants those things, but I believe that is where you see how the artist thinks.

I agree that drawings reveal a lot about an artist. Shapiro greatly admired the artist Paul Klee and his approach to drawings reminds me of Klee's diagrams that investigate the origins of forms. Did any drawings or paintings stand out to you when you visited his studio in Yonkers?

A particularly memorable painting for me was *The Burial* (Fig. 41), made with acrylic, sand, and pebbles on untreated linen. It is black, sepia, and white and illustrates a simple drawing of people carrying another human. I fell in love with it.

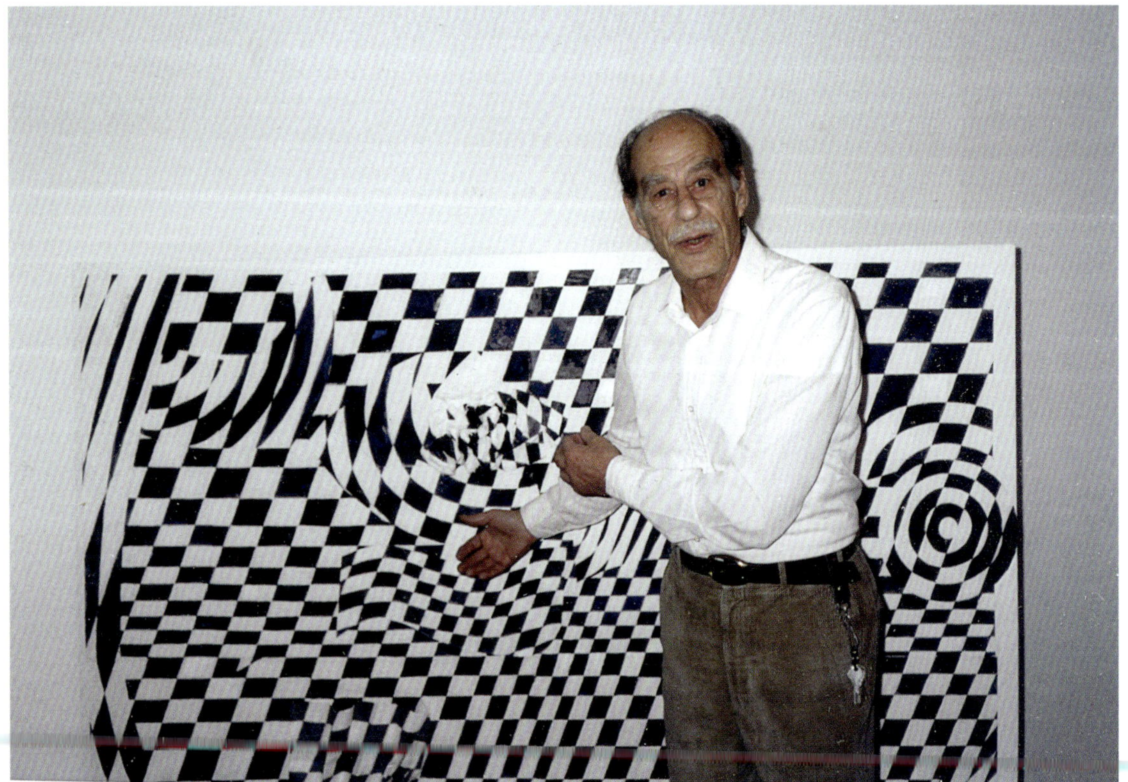

Exhibit / Exposition
Upstream Gallery,
Dobbs Ferry, NY, 1991.
Nat showing *Optical Checkerboard* (Fig. 55)
/ Nat montre *Optical Checkerboard* (fig. 55)

de notre collection, vous verrez que la plupart ont une valeur formative, ou bien représentent le début du cheminement d'un artiste. Je m'intéresse particulièrement aux œuvres sur papier, sans doute parce que je viens du dessin et de la gravure. Je pense que c'est par le dessin que l'on développe ses idées, et c'est dans un deuxième temps qu'on les présente sur la toile.

Vous avez visité l'atelier de Shapiro à Yonkers pour sélectionner les œuvres que vous alliez acquérir. Qu'est-ce qui vous a captivé dans sa pratique de l'atelier ?
L'aspect le plus important de la pratique de Nat, ce sont ses dessins et le cheminement de son travail. Quand je suis allé à l'atelier, j'ai sélectionné les croquis, les dessins et ces petits trucs géométriques qui ont fini par faire partie de différents tableau (fig. 38-40). Normalement, ce sont des choses dont personne ne veut, mais à mon avis, c'est là qu'on voit comment l'artiste pense.

Oui, c'est vrai, les croquis sont très révélateurs de l'artiste. Shapiro avait de l'admiration pour Klee, et son approche du dessin me rappelle les diagrammes de Klee, où celui-ci questionnait l'origine des formes. Y a-t-il un dessin ou une peinture qui vous a particulièrement frappé pendant votre visite ?
Une peinture particulièrement marquante pour moi, c'est *The Burial* (*L'Enterrement,* fig. 41). Elle est peinte à l'acrylique, avec du sable et des cailloux, sur un lin non traité, en noir, sépia et blanc. C'est un dessin très simple, des personnes qui portent un autre être humain. J'ai eu le coup de cœur.

Vous avez organisé une exposition solo de ses œuvres en 2014 à la QCC Gallery. La cohésion de son œuvre est manifeste malgré une diversité de styles. Le travail de Shapiro se démarque aussi par l'utilisation des matériaux, de la couleur et de son sens de l'humour. Quelle a été votre démarche pour organiser cette exposition, et avez-vous rencontré des difficultés ?
J'ai tout sorti et, petit à petit, j'ai commencé à établir des liens entre les œuvres, et à retirer celles qui ne s'intégraient pas. Souvent, un commissaire d'exposition choisit une œuvre parce qu'elle est de qualité, mais après, elles ne vont pas forcément bien ensemble. C'est le risque du métier. Dans le cas de Nat, c'était facile, parce que je savais ce que je voulais montrer : le processus de création de l'artiste. J'avais suffisamment de matériau pour le faire et remplir la galerie. J'ai sélectionné quarante ou cinquante dessins et quelques œuvres majeures.

En-dehors de votre travail d'historien de l'art et de directeur de la QCC Gallery, vous êtes prêtre de l'Église syriaque orthodoxe. Je trouve intéressant votre intérêt personnel et académique pour la théologie, étant donné l'impertinence de Shapiro à l'égard de la religion. Il se revendiquait athée, et pourtant, son œuvre fait souvent référence à l'imagerie biblique et aborde des thèmes spirituels.
Je ne savais pas que Nat était athée, mais à vrai dire, je préfère les gens qui sont contre la religion à ceux qui sont croyants. La foi, c'est quelque chose qu'il faut étudier par soi-même. Si vous allez à l'école, et que vous écoutez le professeur, vous commencez à penser que c'est lui la seule autorité. Tant que vous ne faites pas de la foi une partie de vous-même, et que vous n'avez pas questionné ce qui est bien et ce qui est mal, la religion, c'est juste une information. Pour moi, la valeur de ça, c'est zéro.
C'est quoi l'athéisme pour Nat ? Il se dit athée, mais en même temps, il cherche quelque chose à travers son œuvre. Il se demande : d'où je viens ? où est-ce que je vais ? L'univers, les gens qui l'habitent, comment est-ce qu'ils influencent mes décisions ? Alors, quand les gens disent qu'ils sont athées, je ne les crois pas vraiment.

You curated a solo exhibition of his works in 2014 at the QCC Gallery, and the cohesion of his oeuvre is evident despite his different styles. His use of materials, color, and humor all make Shapiro's work stand out. What was your process in curating this exhibition, and did you encounter any challenges?

I brought everything out and, little by little, I started to create relationships between the works or remove works that did not relate. Curators frequently select work because it is good, but the works may not fit well together. That is the risk of being a curator. In the case of Nat's show, it was easy because I knew what I wanted to show: the artist's process. I had enough materials to do it and to fill up the gallery. I selected forty or fifty drawings and a couple of major works.

In addition to your work as an art historian and director of the QCC Gallery, you are a priest in the Syrian Orthodox Church. I find your personal and academic interest in theology notable given Shapiro's cynicism towards religion. He was a self-proclaimed atheist, and yet, his work often references biblical imagery and investigates spiritual themes.

I did not know Nat was an atheist, but truthfully, I prefer people who are against religion to religious people. Faith is something you must study for yourself. If you go to school and listen to the teacher, you start to think your teacher is the only authority of the information that is given to you. Until you make faith part of yourself, and you scrutinize what is right and wrong, religion is just information, nothing else. The value of that is zero to me.

What is atheism to Nat? He says he is an atheist, but at the same time, he is searching for something in his work. He is asking: where do I come from? Where am I going? How do the universe and everybody in it affect my decisions? So, when people say they are atheists, I do not believe them.

Shapiro's curiosity and perhaps his search for something as you put it, reveals itself in the diversity of styles present in his oeuvre. The vast collection of works on paper at the QCC Gallery represents his range of biblical, op art, cubist, color field, and expressionist themes. How do you interpret his exploratory approach to creating art?

He arrives at his different styles unconsciously. He starts to draw, sees something, and then tries to answer all the questions in his head. Drawing is important because an artist can start with a cow and finish with an elephant. He knew a lot and that is a sign of a good, true artist. The work is influenced by his upbringing, his religion, the society he lived in, his schooling, his friends, his family, and his social empowerment as he grew. Everything influenced him, from the moment he was born until his death. To put him in a category would be an error. Nat was much more interested in the process of thinking and developing his art and his feelings. His work becomes art later because we take it, put it in a frame, and hang it on the wall. I never spoke to the man, but based on what has passed through my hands, that is what I believe.

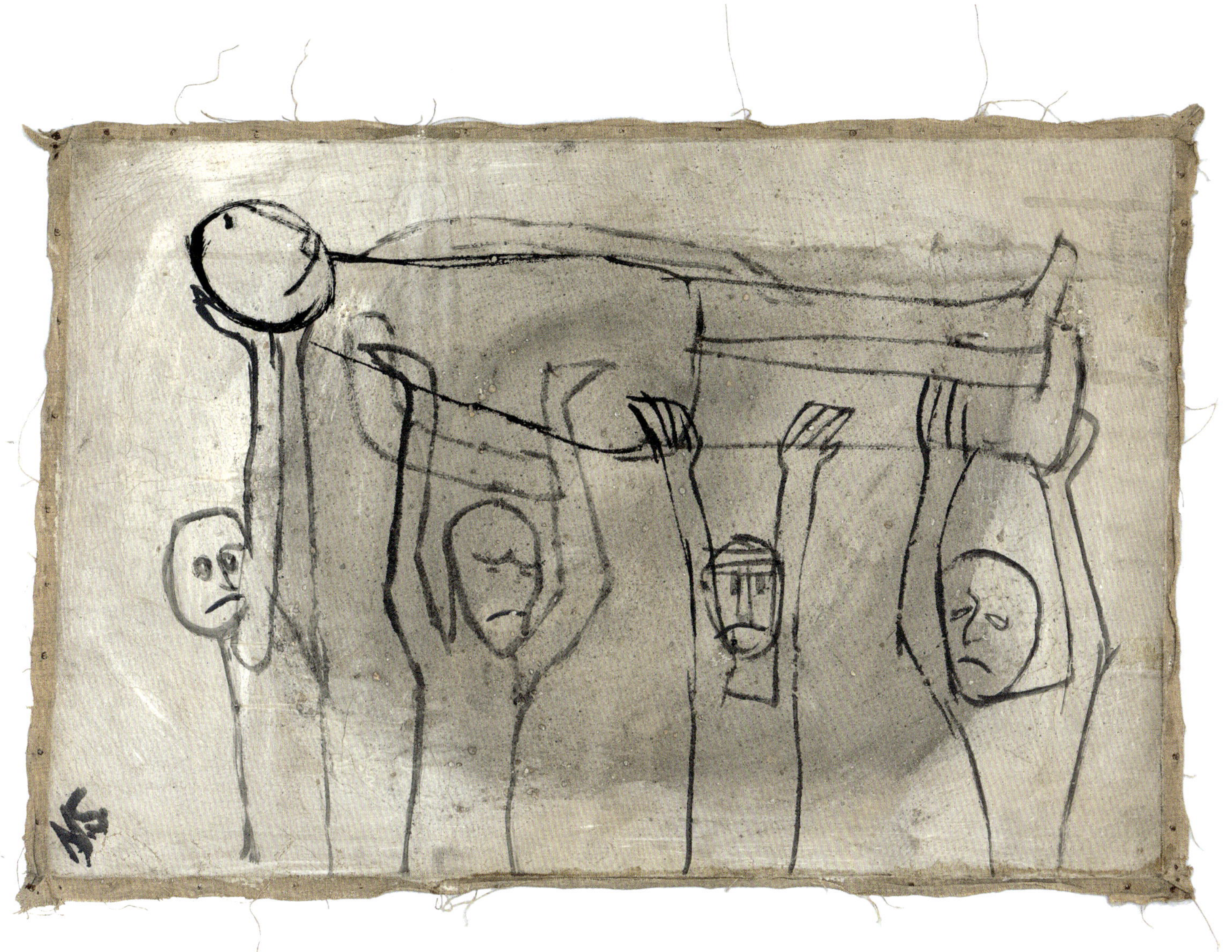

41. *Burial*, ca. 1993

La curiosité de Shapiro, et peut-être sa recherche de quelque chose, comme vous dites, se manifeste dans la diversité des styles présents dans son œuvre. La vaste collection d'œuvres sur papier de la QCC Gallery est représentative de son éventail de thèmes bibliques, cubistes, expressionnistes, d'op art et de recherche sur les couleurs. Comment est-ce que vous interprétez son approche exploratrice de la création artistique ?

Il arrive à ses différents styles de manière inconsciente. Il commence à dessiner, voit quelque chose, et essaie ensuite de répondre à toutes les questions dans sa tête. Le croquis c'est important, car l'artiste peut commencer avec une vache et finir avec un éléphant. Il été très cultivé ; c'est le signe d'un bon artiste, un vrai. L'œuvre est influencée par son éducation, sa religion, la société dans laquelle il vit, son parcours scolaire, ses amis, sa famille et son émancipation sociale. Tout ça l'a influencé, depuis sa naissance jusqu'à sa mort. Le classer dans une catégorie serait une erreur. Nal était beaucoup plus intéressé par le cheminement de la réflexion, de l'épanouissement de son art, et de son ressenti. C'est seulement après coup que son travail devient de l'art, parce que nous le prenons, nous l'encadrons, et nous l'accrochons au mur. Je ne lui ai jamais parlé, mais d'après ce qui m'est passé entre les mains, c'est ce que je crois.

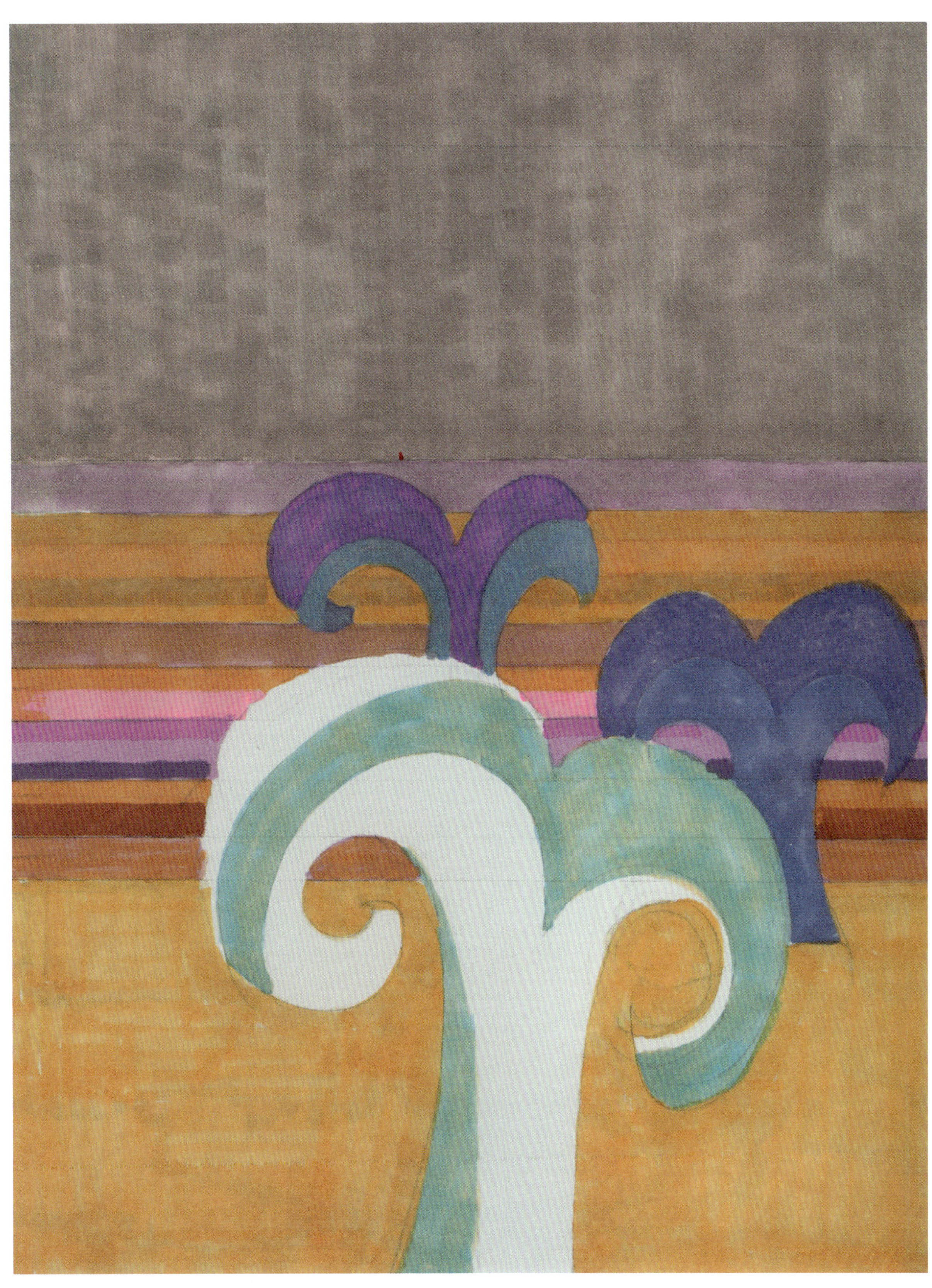

42. *Palm Trees*, undated / s.d.

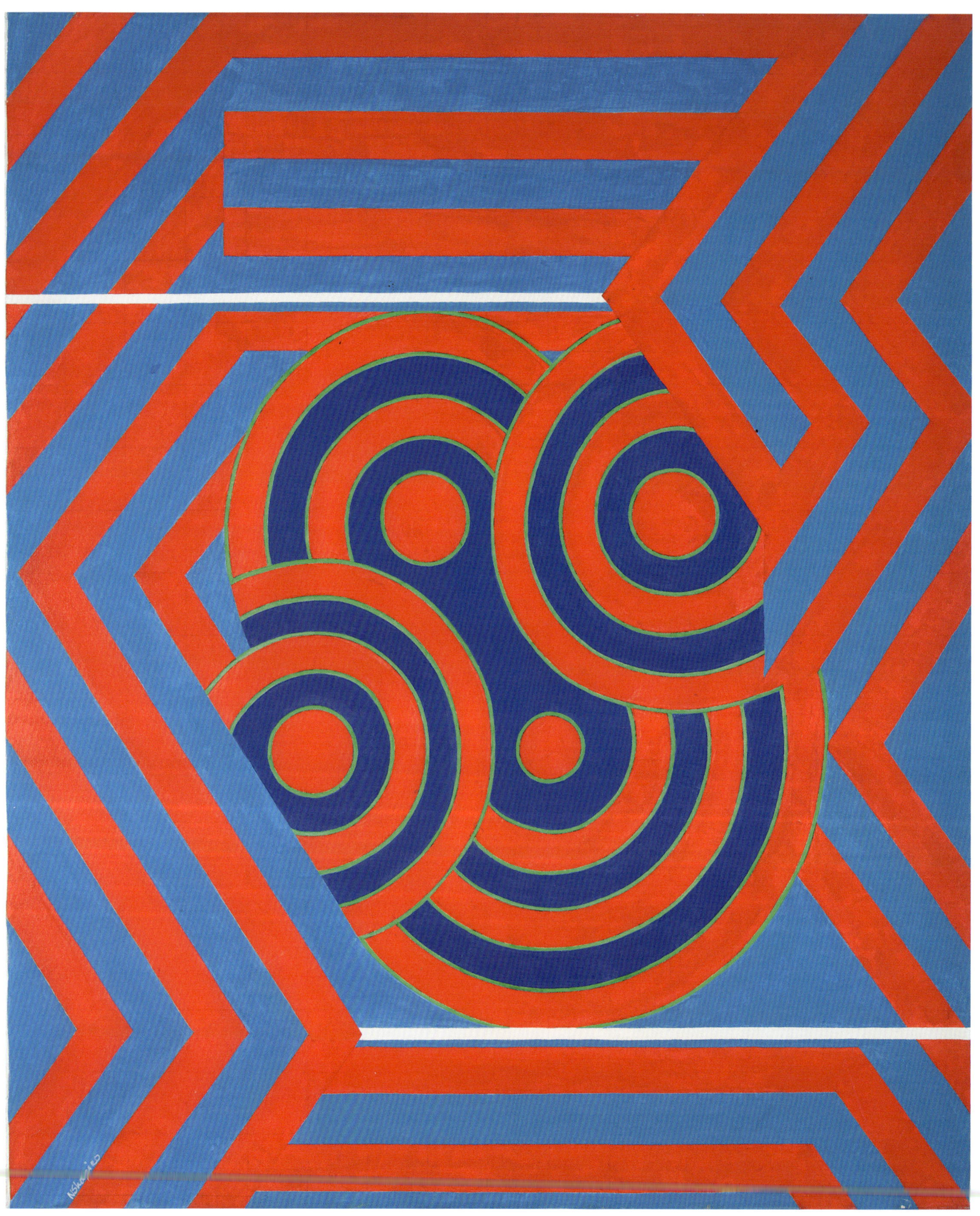

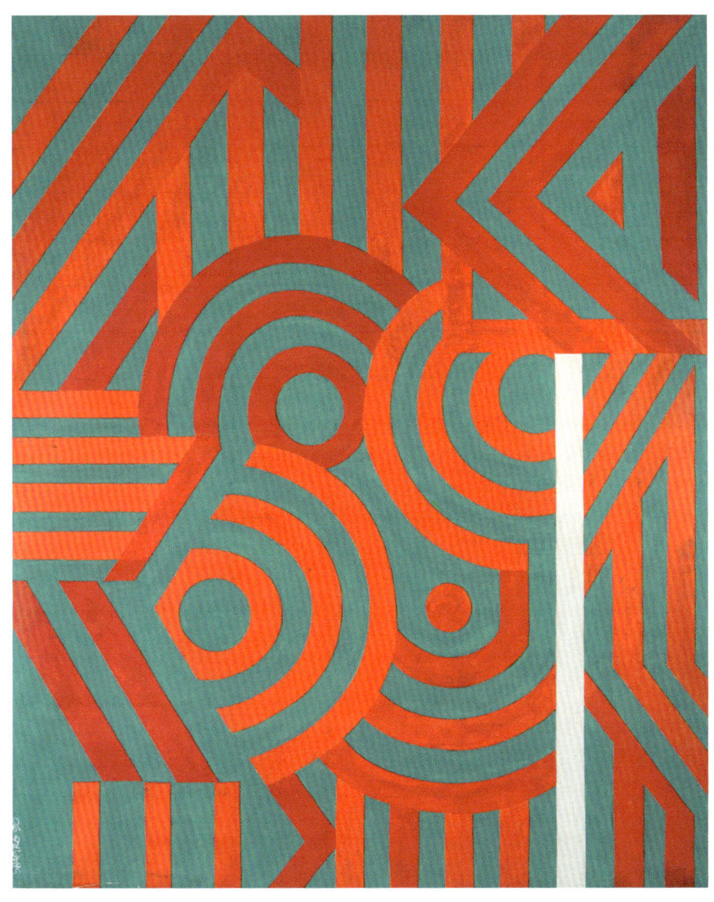

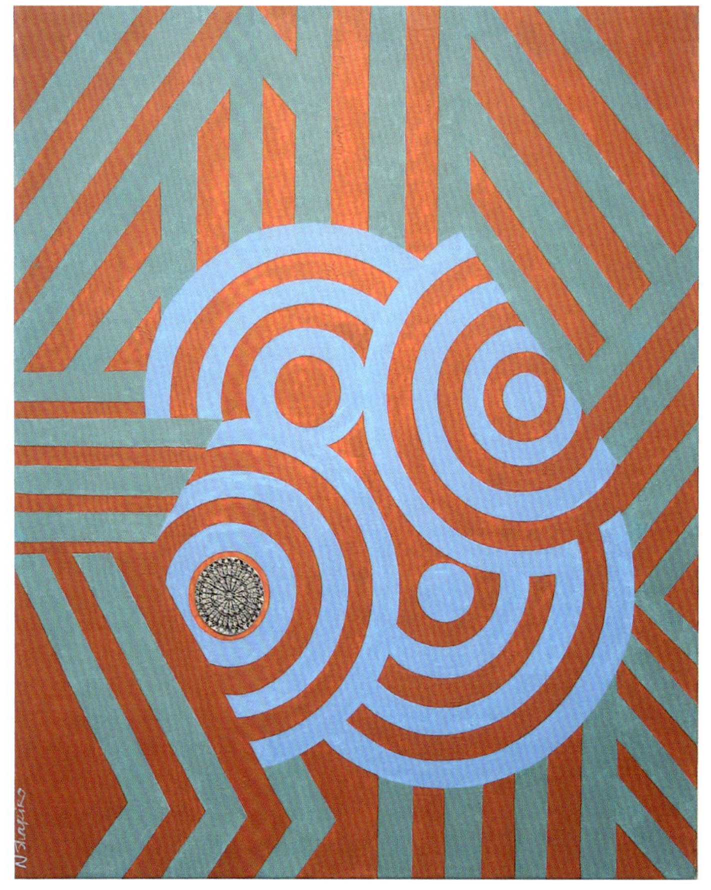

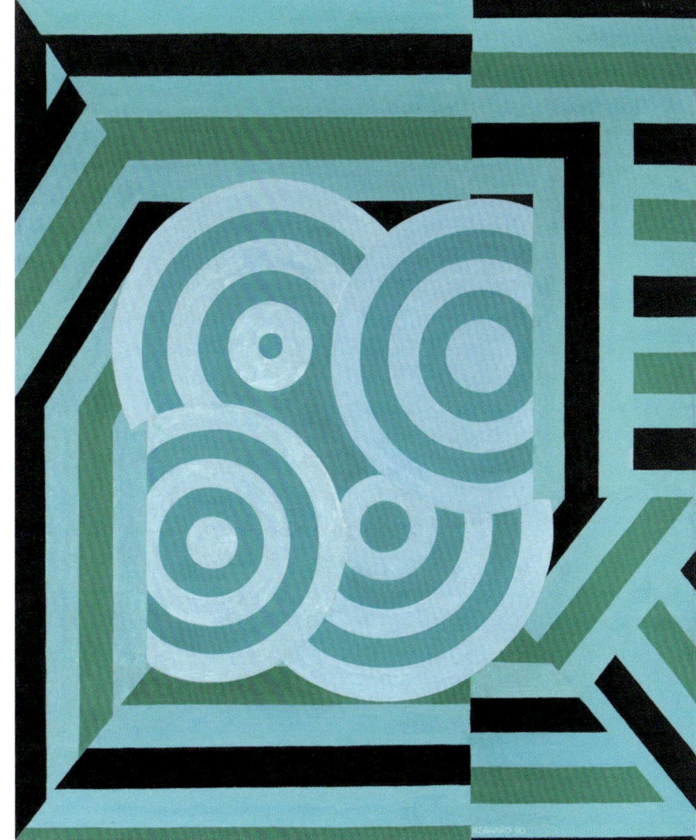

43. *Chartres, Rose Window*, 1990

44. *Amiens, Rose Window*, 1990

45. *Notre-Dame, Rose Window*, 1990

46. *Reims, Rose Window*, 1990

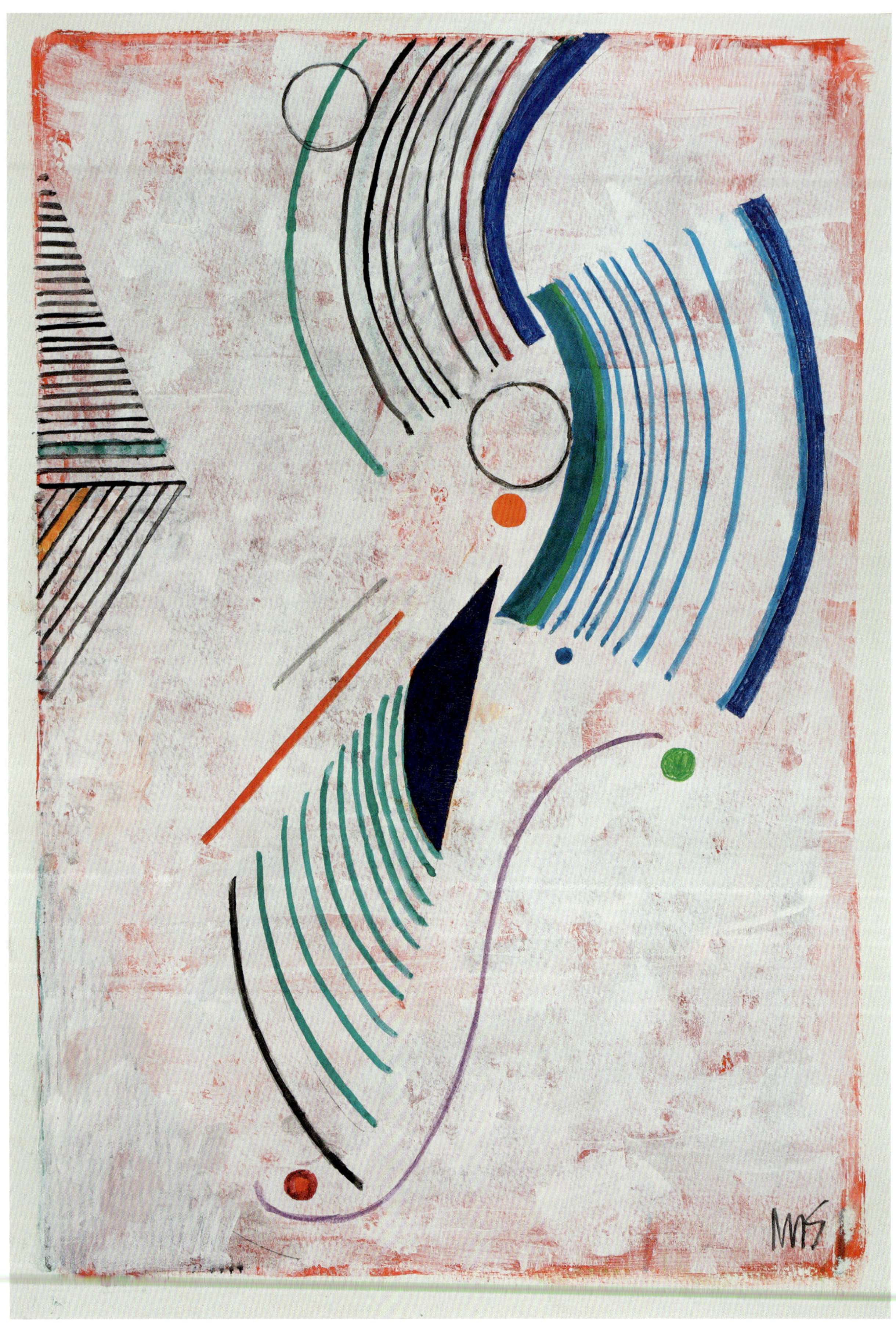

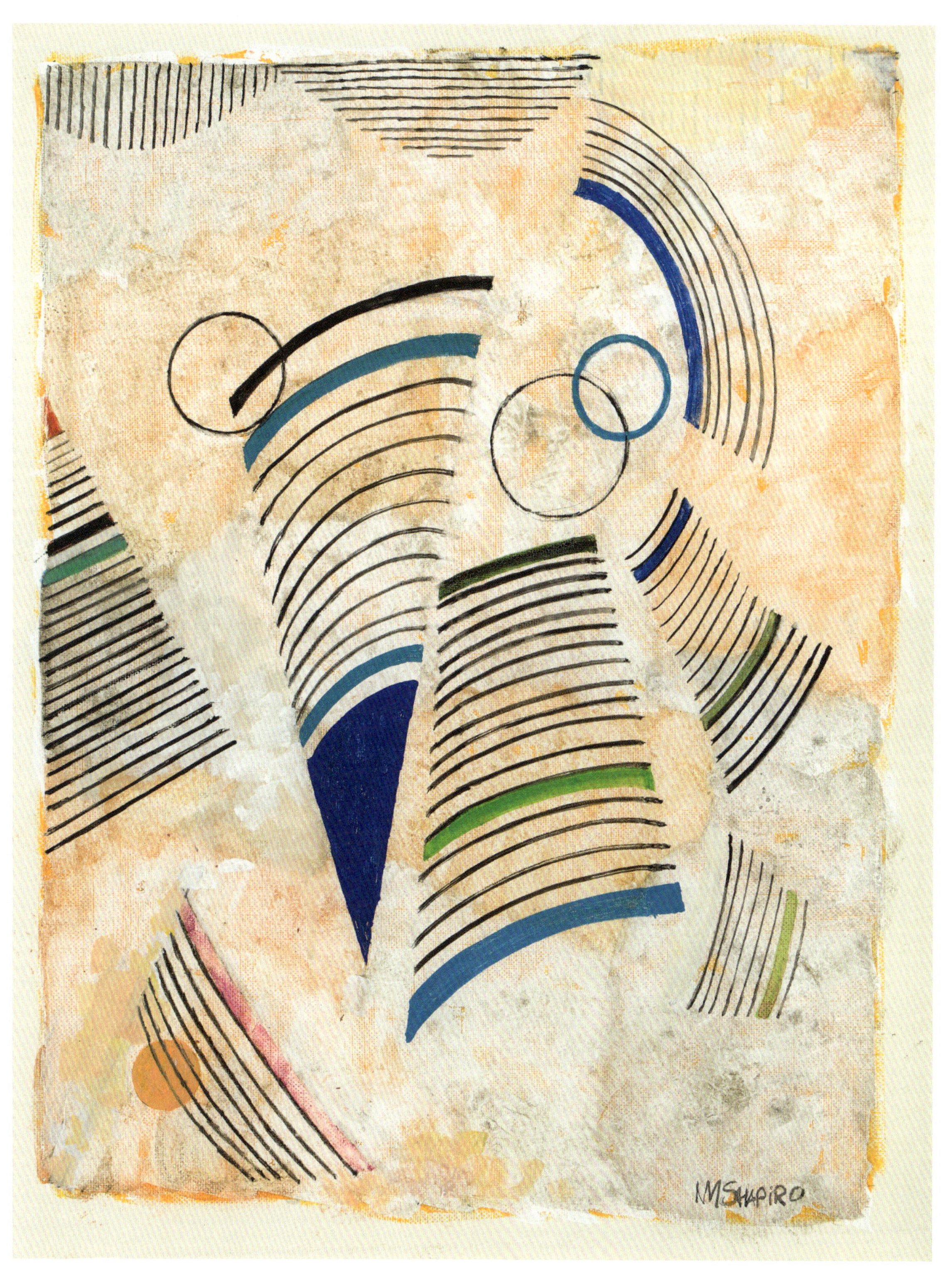

47. *Reverberation III*, 2004

48. *Sound Waves II*, 2004

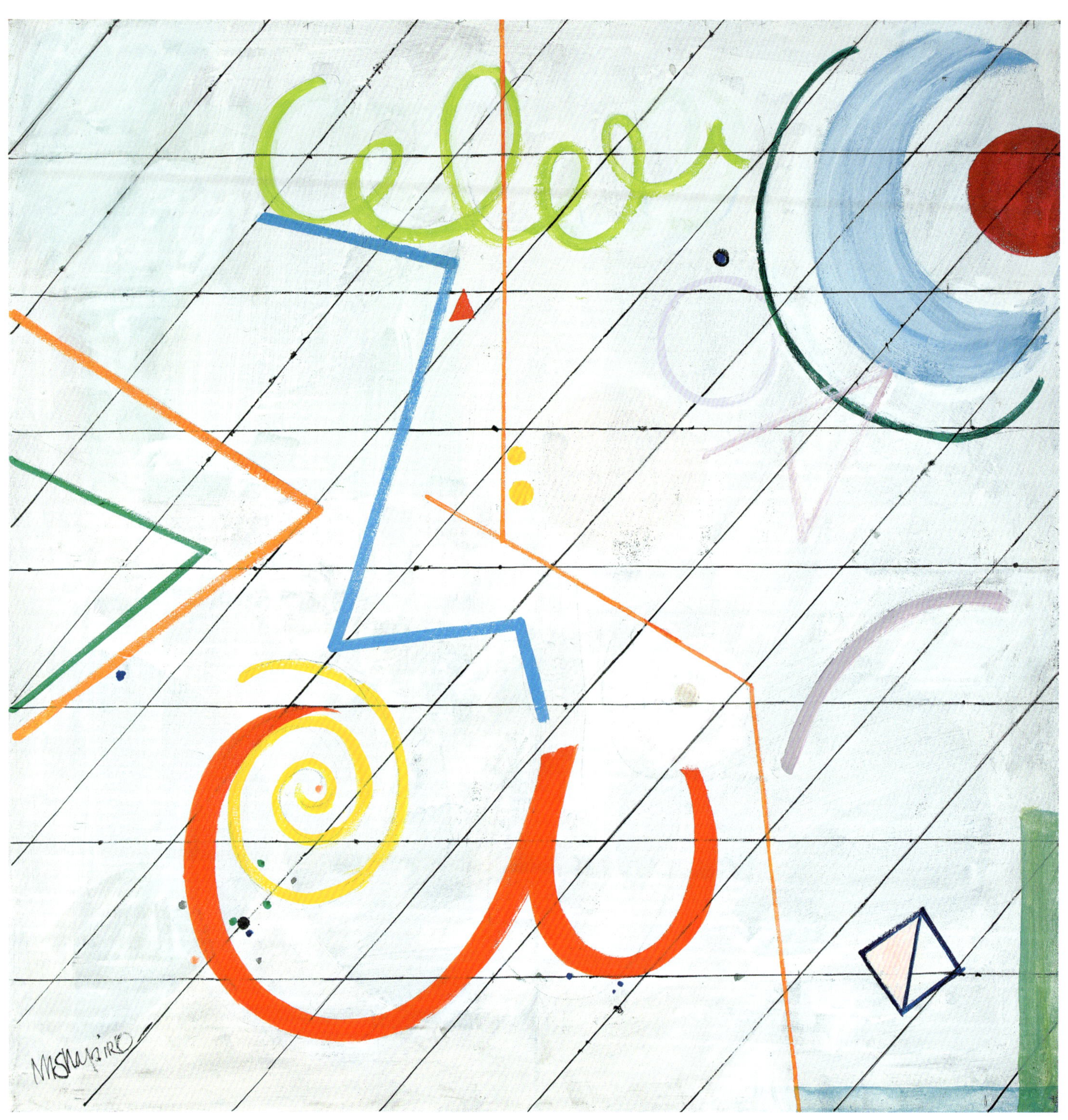

49. *Fine Forms*, 1995

50. *Joie*, 1998

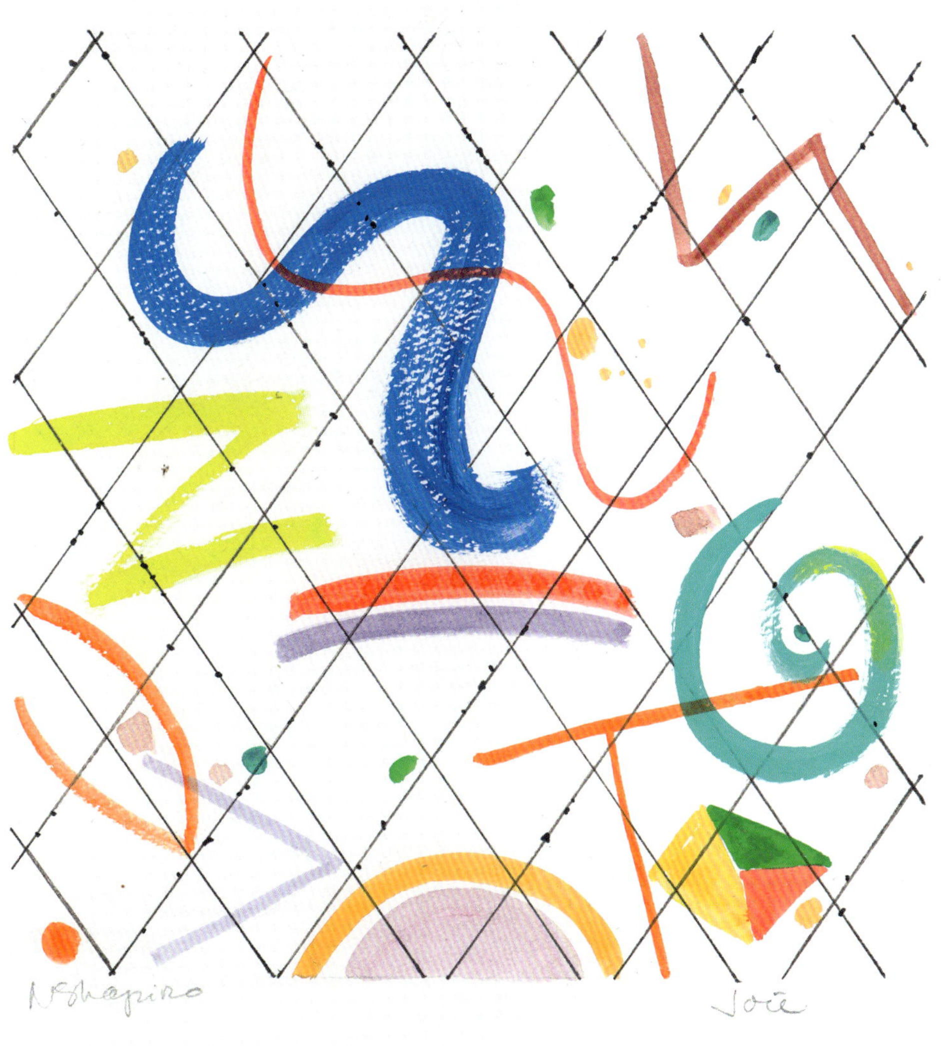
NShapiro
Joie

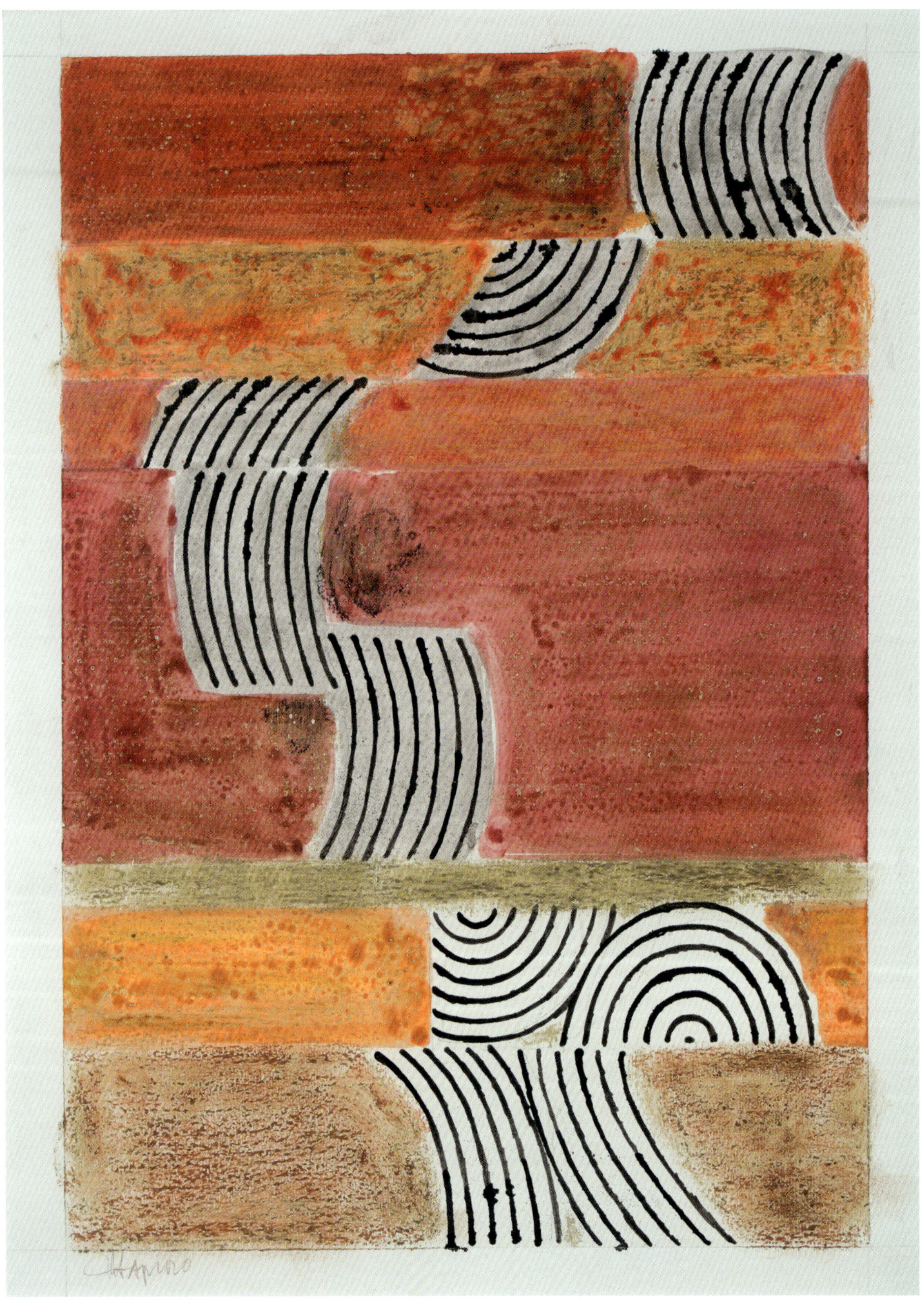

51. [illegible], 2001

52. *Cathedral*, 1985

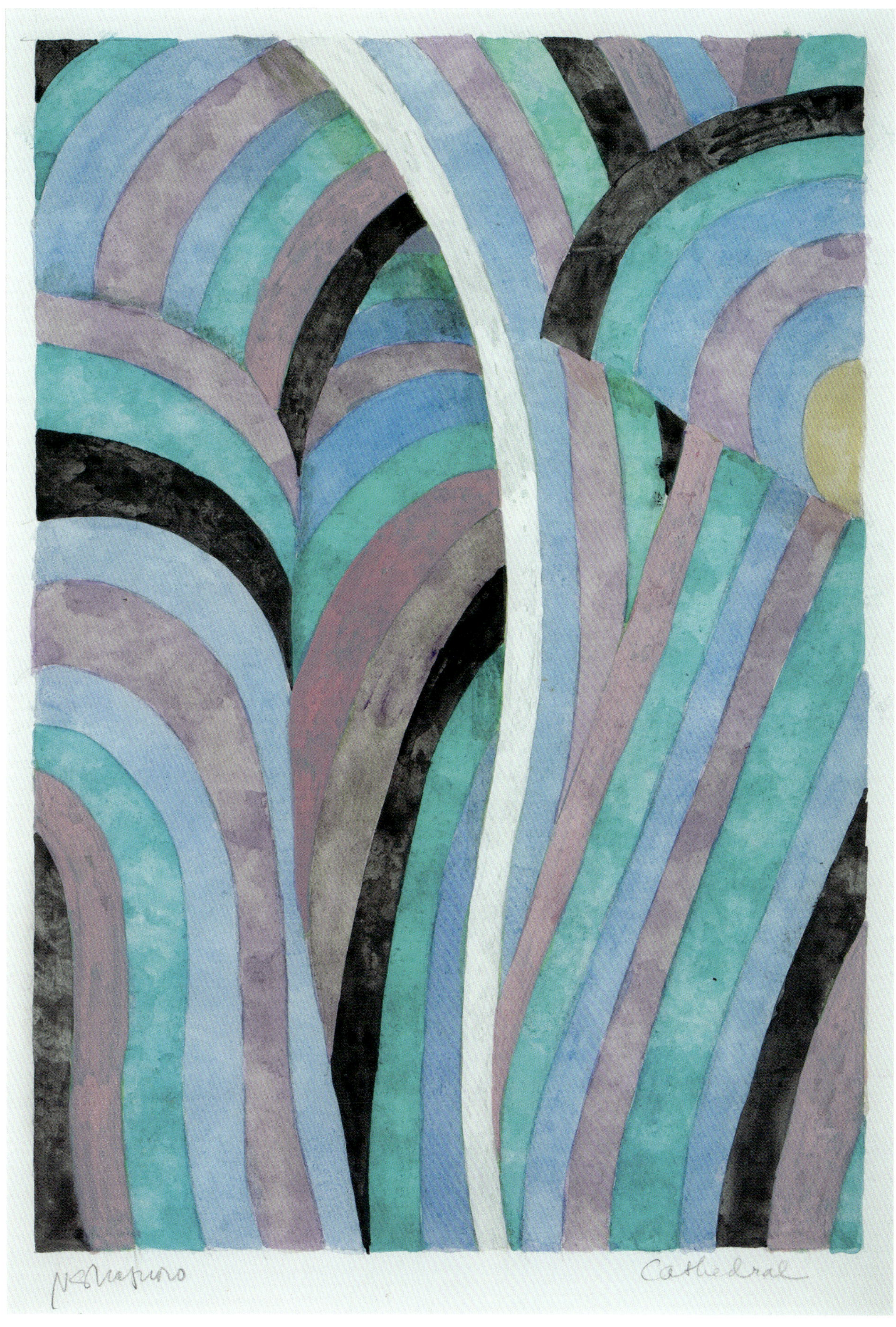

Cathedral

A Rare Imagination

Barry McCallion
Artist

Nat Shapiro was a friend and a fellow artist, a man I respected and admired. Nat had a rare imagination and a fluid ability to transfer that imagination to paper and canvas. Liking Nat was easy. He loved to question things that others took for granted. A wry wit and an incisive intelligence informed his conversation, but one always had the sense, no matter how widely topics ranged, that art was never far away.

In his work Nat explored worlds of line and color, new places and spaces: the geometry of chance and impulse. We have one of his drawings in our living room (Fig. 53). It is a piece we see every day. In it, a small boat balances on a rolling sea under an undulating sky. Everything, sea, sky, and boat, are formed with fine, parallel, pen and ink lines. Each line edges incrementally forward, then drops back, giving the line a "tooth" like the pawls of a clock gear. An upturned crescent forms the boat's hull; a narrow vertical serves as the mast. Everywhere there is an economy of line that says, "boat" and "buoyancy."

For most artists, attention is in short supply. But whether he was in the spotlight or not, Nat was a steady worker committed to his art, a man who was in the studio early and worked late. A professional.

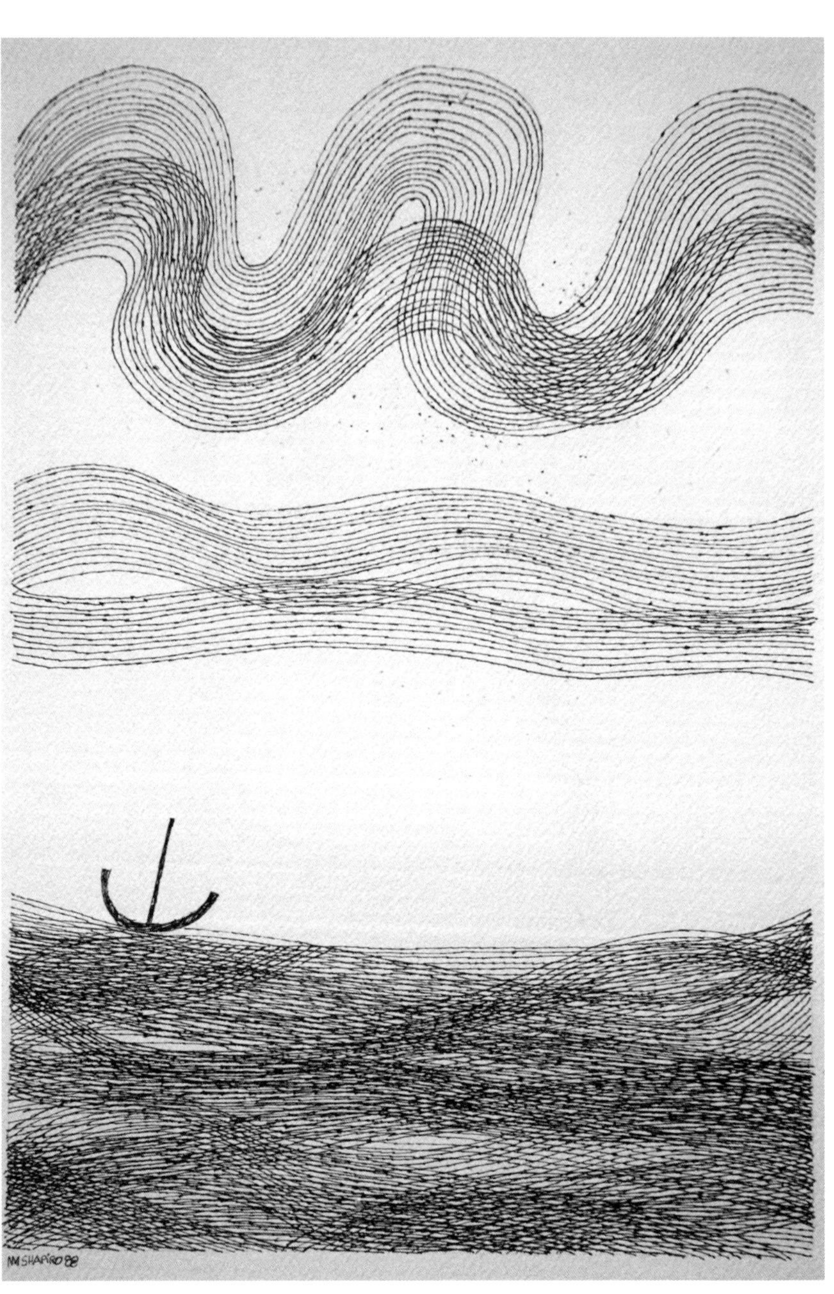

53. *Dinghy's Voyage / Calm Seas*, 1980

Une imagination hors du commun

Barry McCallion
Artiste

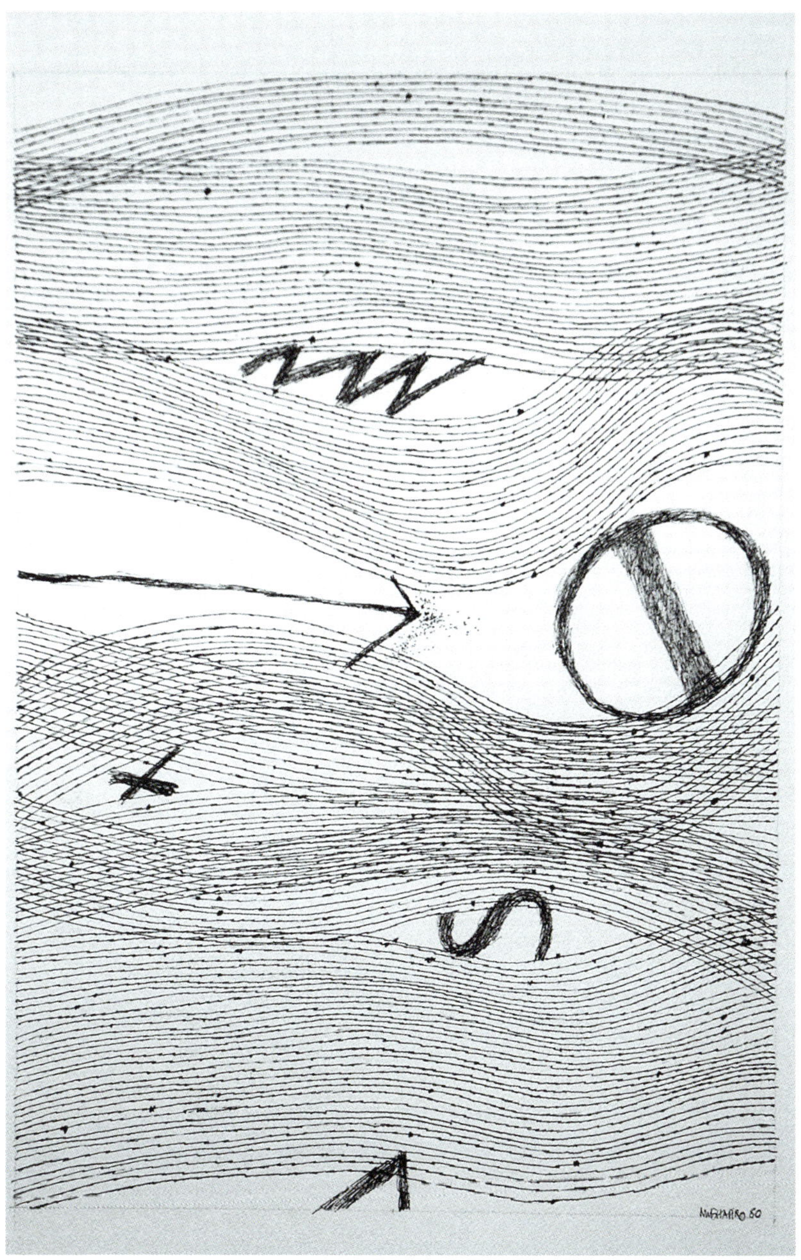

54. *Seascape I*, 1980

Nat Shapiro était un ami, un artiste comme moi, un homme que je respectais et que j'admirais. Il était doué d'une imagination rare et avait un talent naturel pour la projeter sur le papier ou sur la toile. On sympathisait facilement avec Nat. Il adorait remettre en question ce que d'autres considéraient comme acquis. Sa conversation était empreinte d'un humour acéré et d'une intelligence incisive, mais on sentait que l'art n'était jamais loin, quelle que soit la diversité des sujets abordés.

Le travail de Nat explore des mondes de lignes et de couleurs, des lieux et des espaces nouveaux : une géométrie du hasard et de l'impulsion. Il y a un de ses dessins dans notre séjour (fig. 53) ; tous les jours, nous l'avons sous les yeux : un fragile esquif tangue en équilibre sur une mer démontée ; le ciel tournoie. Ciel, mer, bateau – tout est fait de fines lignes parallèles, à la plume et à l'encre. Chaque ligne progresse peu à peu, puis retombe, lui donnant une « dent » comme celles d'un engrenage. Un croissant renversé forme la coque du bateau ; une étroite verticale figure le mât. Avec une grande économie de ligne, tout dit « bateau », tout dit « tangage, roulis, jaillissement ».

Pour un artiste, il n'est pas facile de se faire reconnaître. Mais, centre de l'attention ou pas, Nat était un travailleur engagé, dévoué à son art ; il était là à l'atelier tôt le matin, et travaillait tard. Un pro.

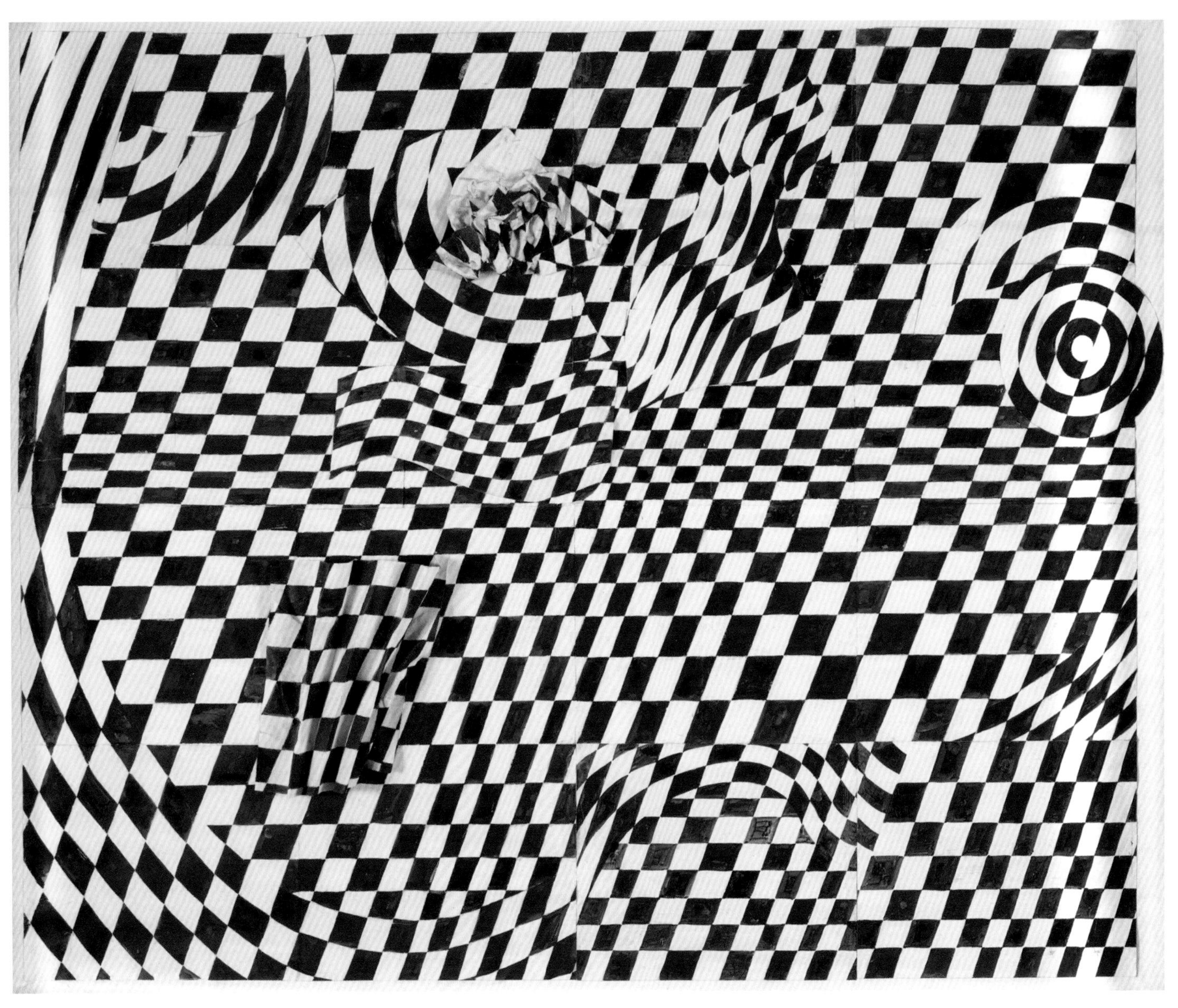

55. *Optical Checkerboard*, 1991

56. *Black and White Checkerboard,* undated / s.d.

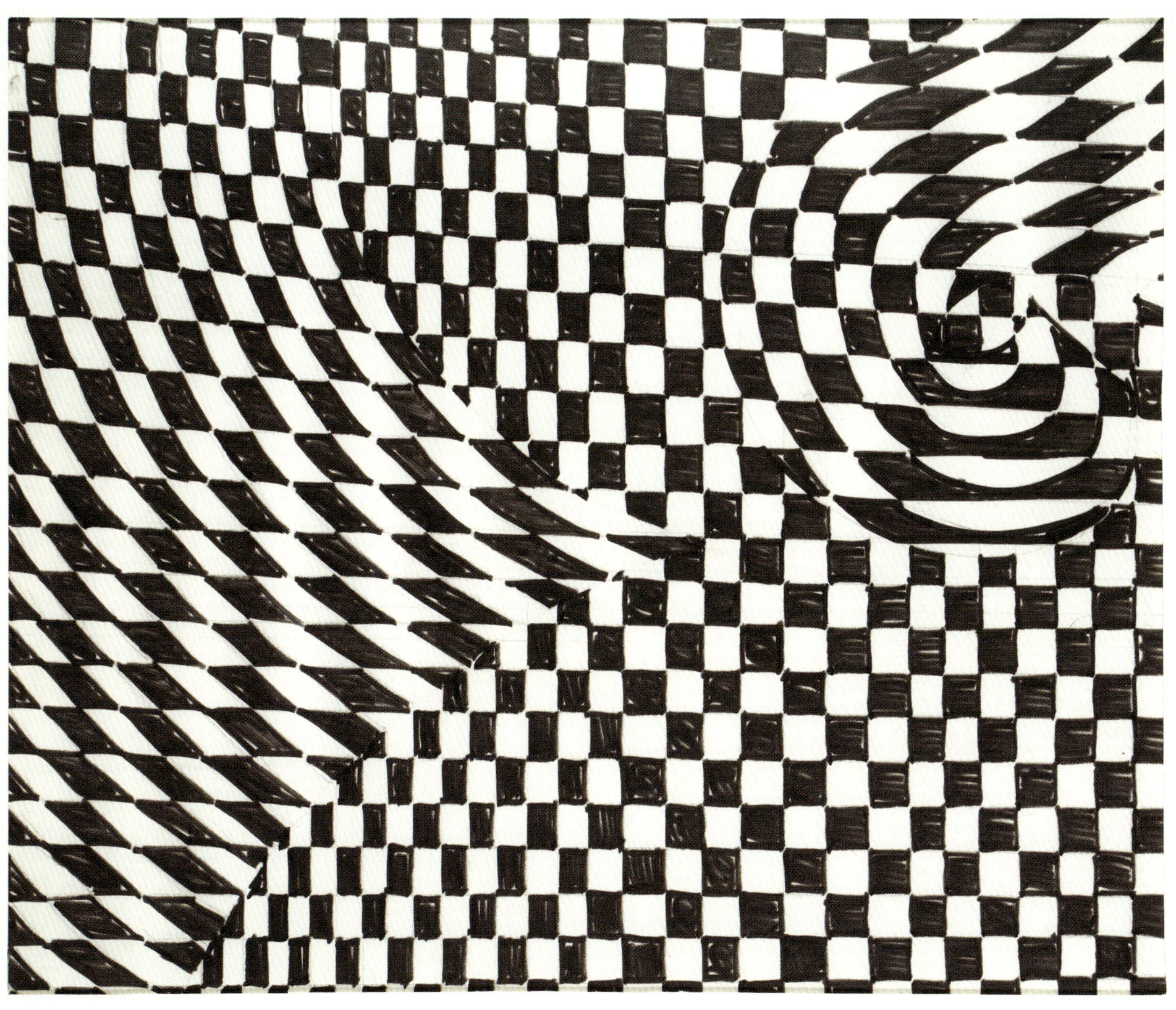

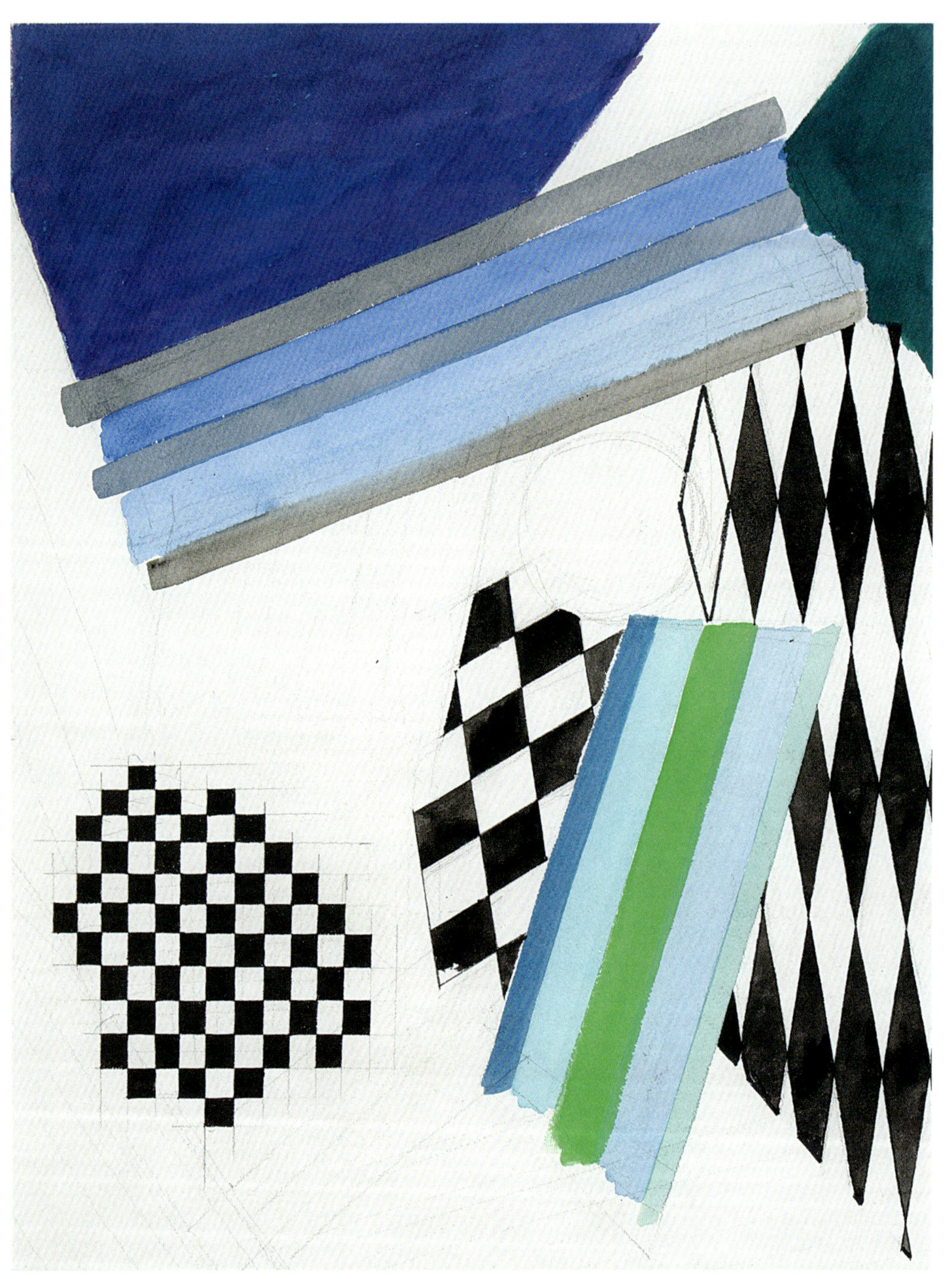

57. *Untitled*, 1992

58. *Nonna / Ancestors,*
1992

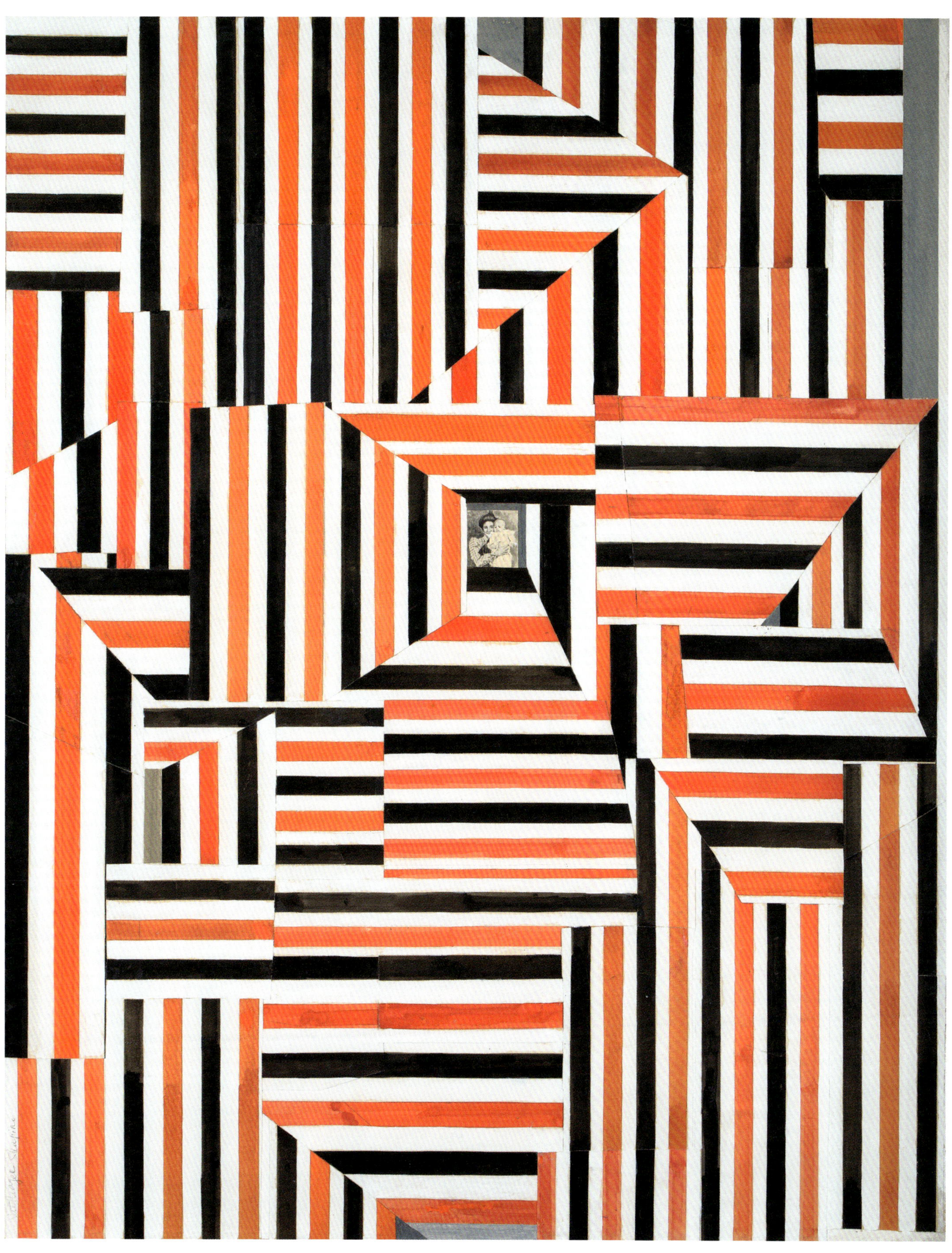

A Contemplation of Identity
Exploring Jewish Motifs in Nat Shapiro's Art

Catherine Baker-Wingfield
Lecturer, Johns Hopkins University, Krieger School of Arts And Sciences

Although Nat Shapiro was an atheist, his Jewish heritage was integral to his identity, provoking his intellectual curiosity and inspiring a significant portion of his artwork. Shapiro was especially interested in painting Judaism's lore, history, and symbols, and he interpreted them freely through the lens and imagination of a non-believer. His visually striking illustration of biblical stories prove particularly fertile ground for his skeptic's humor but also his deep contemplation of the Jewish people and their history. Shapiro's exploration of Jewish themes and motifs capture a relationship with the religion that is by turns playful, irreverent, and intensely existential.

The 20th Century Jewish-American Experience

Shapiro's parents were among the estimated two million Russian Jews who immigrated to the United States in the late nineteenth century through early twentieth century to escape poverty and violent antisemitic pogroms. After meeting in New York City, his parents married and moved to the then-Jewish neighborhood of Harlem, where Shapiro was born in 1919. The family later relocated to Brooklyn, where Shapiro lived with his sister and parents until joining the Army in 1941. Like many first-generation American Jews, Shapiro was a bridge between worlds. At home, his parents spoke Yiddish and observed Jewish traditions as they sought to assimilate, while Shapiro came of age as a born and bred New Yorker, steeped in American values and its concomitant

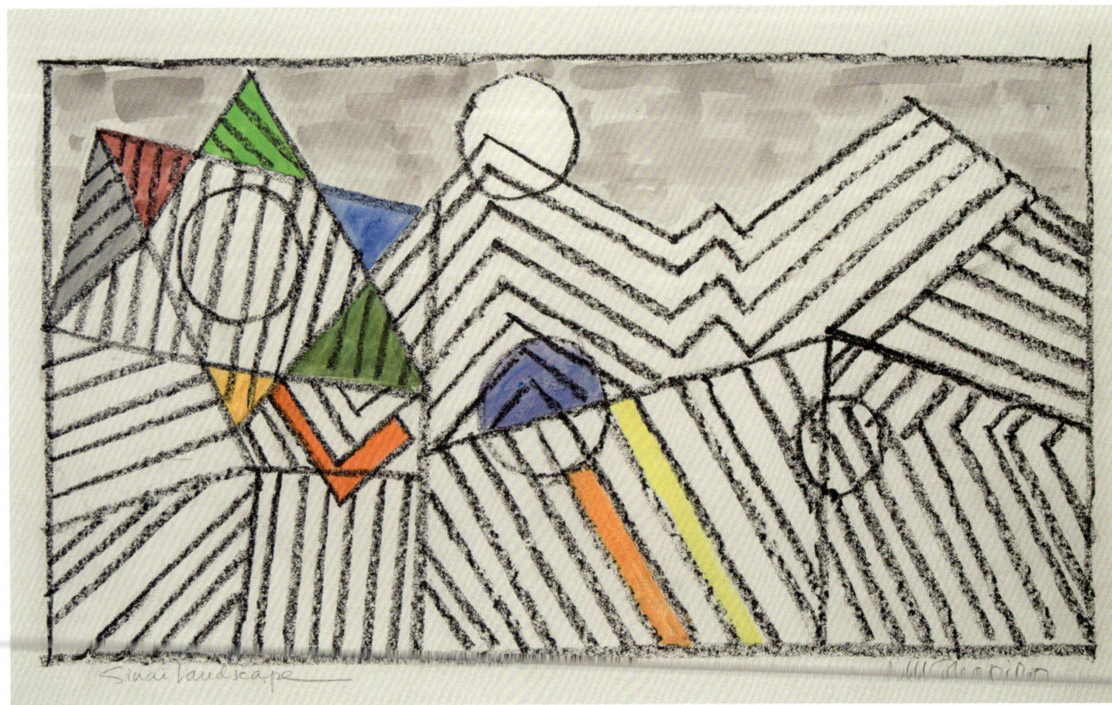

59. *Sinai Landscape,* ca. 2000

"

Considérations sur l'identité
Une exploration des thèmes judaïques dans l'art de Nat Shapiro

Catherine Baker-Wingfield
Enseignante, Université Johns Hopkins, Krieger School of Arts and Sciences

Nat Shapiro avait beau être athée, l'héritage juif fait partie intégrante de son identité et d'une curiosité intellectuelle qui irrigue une grande partie de son œuvre. Shapiro était particulièrement intéressé par les traditions, l'histoire et la symbolique du judaïsme ; il les interprète à sa façon, à travers les lunettes et l'imaginaire d'un incroyant. Ses étonnantes illustrations des histoires bibliques offrent un terrain particulièrement fertile à l'humour teinté de scepticisme qui le caractérise, mais aussi à la réflexion profonde qu'il menait sur le peuple juif et son histoire. Son exploration de thèmes et de motifs juifs traduit une relation à la fois ludique, irrévérencieuse et intensément existentielle à la religion.

L'expérience juive américaine au XXe siècle

Ses parents faisaient partie des quelque deux millions de Juifs russes qui ont immigré aux États-Unis à la fin du XIXe et au début du XXe siècle, cherchant à échapper à la pauvreté et à la violence des pogroms antisémites. S'étant rencontrés et mariés à New York, ils s'installent dans le quartier alors juif de Harlem, où Shapiro naît en 1919. Puis la famille déménage à Brooklyn ; Shapiro y vivra avec sa sœur et ses parents jusqu'à 1941, année de son engagement dans l'armée.
Comme beaucoup de juifs américains de la première génération, Shapiro fait le pont entre deux mondes. À la maison, ses parents parlent le yiddish et respectent les traditions juives, tout en cherchant à s'assimiler ; tandis que le jeune Shapiro grandit en vrai New-Yorkais, imprégné des valeurs américaines, et des libertés qui en découlent. Loin de l'Europe de l'Est et de l'oppression qu'on pouvait y subir, il avait la liberté de pratiquer ouvertement le judaïsme, aussi bien que de remettre en question ses principes. Comme beaucoup d'enfants d'émigrés juifs russes, arrivé à l'âge adulte, il en rejette les croyances, tout en conservant des liens culturels et intellectuels forts.
Malgré son athéisme, Shapiro s'identifie fortement aux Juifs en tant que peuple. Ayant beaucoup lu sur l'histoire juive et l'antisémitisme[1], il médite sur les horreurs de l'Holocauste et sur ses ramifications. Dans une lettre adressée à sa nièce en 1971, Shapiro écrit :

> Tout ce dont nous avions rêvé pour l'humanité, toutes ses erreurs passées que nous avions pardonnées et que nous étions fermement décidés à changer à l'avenir, tous nos espoirs d'une morale nouvelle, toute notre foi dans une victoire finale de l'humanité par la voie d'un inéluctable processus d'évolution mentale : tout cela a été complètement, irrévocablement fracassé par l'inconcevable barbarie des nazis[2].

Shapiro fut marqué par ces circonstances ; son art en porte l'empreinte. C'est pendant les trois décennies après la Seconde Guerre mondiale que la thématique juive l'a plus particulièrement occupé.

freedoms. Far from the danger and oppression of Eastern Europe, he could choose to practice Judaism openly, but he was also free to question its religious tenets. Like many children of Russian Jewish emigrees, by adulthood he had rejected the belief system while maintaining strong cultural and intellectual ties.

Despite his atheism, Shapiro strongly identified with Jews as a people. He read extensively on Jewish history and antisemitism,[1] and contemplated the horrors of the Holocaust and its ramifications. In a 1971 letter to his niece, Shapiro wrote:

> Everything we had dreamed of for mankind, everything we had excused him for in his past mistakes and firmly decided to change in the future, all hopes for a new morality, and faith in the ultimate victory of mankind through an inevitable mental evolutionary process was completely, irrevocably shattered by the unimaginable barbary of the Nazis.[2]

Together, these many influences informed Shapiro's life and found expression in his art. He became notably interested in Jewish themes during the three decades following WWII.

Painting the Hebrew Bible – the Exodus and Genesis Series

Shapiro expresses some of his strongest connections to Judaism through his interpretations of the Hebrew Bible. However, these paintings offer a visual and symbolic lexicon free from the cultural and religious constraints of Shapiro's Eastern European heritage. Art historian Samantha Baskind describes the mindset of artists of his generation:

> By making art based on biblical narrative, the Jew demonstrated that he was not a slave to Judaism. The creation of biblical images stands as the most secular act of the Jewish artist… The Jewish contribution to a pictorial tradition flourished in America, borne of a need to be related to one's Jewish past along with the autonomy to create such art.[3]

Shapiro's biblical works also align with Baskind's suggestion that these Jewish artists were engaged in a kind of *midrash*—the Jewish tradition of seeking answers through extensive interpretations of biblical text. She explains that, for these artists "[A] postmodern mentality imbues the interpreter with enormous imaginative power over a book that can never reach limits."[4]

The Exodus Series

Shapiro produced his first biblical series between 1966 and 1967, consisting of seven black-and-white acrylic paintings on canvas (Figs. 20–26) illustrating the escape of the Israelites from their bondage in Egypt. As Shapiro creates the narrative, he uses abstract renderings of Jewish motifs and symbols to move the scenes beyond the story itself into a host of interpretations.

In *Worshipping False Gods* (Fig. 20), for example, Shapiro dominates the scene with a six-pointed Star of David, a meta perspective that immediately transcends the literal.[5] In the blackened center of the star, a man looks impassively down on a contorted, chimeric figure, while above them another figure appears in the star's topmost triangle. Outside the star, a floating head radiates black lines. In one reading, the figure near the apex is Moses receiving God's word atop Mount Sinai while his brother Aaron contemplates the golden calf, its horns or plinth represented by the

Peindre la Bible hébraïque – les séries de l'Exode et de la Genèse

Shapiro exprime certains de ses liens les plus forts avec le judaïsme à travers ses interprétations de la Bible hébraïque. Cependant, ces peintures offrent un lexique visuel et symbolique libéré des contraintes culturelles et religieuses héritées des pays de l'Est. L'historienne de l'art Samantha Baskind décrit l'état d'esprit des artistes de sa génération :

> En créant des œuvres basées sur des récits bibliques, le Juif démontrait qu'il n'était pas esclave du judaïsme. La création d'images bibliques est l'acte le plus séculier de l'artiste juif... La contribution juive à une tradition picturale s'est épanouie en Amérique, née à la fois d'un besoin d'être lié à son passé juif et de l'exercice de l'autonomie nécessaire pour créer un tel art.[3]

Les œuvres de Shapiro inspirées de la Bible correspondent aussi à ce qui, pour Baskind, est un engagement des artistes juifs dans une sorte de *midrash*, la tradition juive de l'interprétation minutieuse du texte sacré. Elle explique que, pour ces artistes, « la mentalité postmoderne confère à l'interprète un pouvoir d'imagination énorme sur un Livre qui ne connaît aucune limite.[4] »

La série de l'Exode

Shapiro réalise sa première série biblique, *Exodus (l'Exode)* entre 1966 et 1967 (fig. 20-26). Il s'agit de sept peintures acryliques sur toile, en noir et blanc, illustrant la fuite d'Égypte des Israélites, qui y étaient réduits en esclavage. Il crée un récit au moyen de représentations abstraites de motifs et de symboles juifs, proposant ainsi une multitude d'interprétations qui vont bien au-delà de l'histoire elle-même.

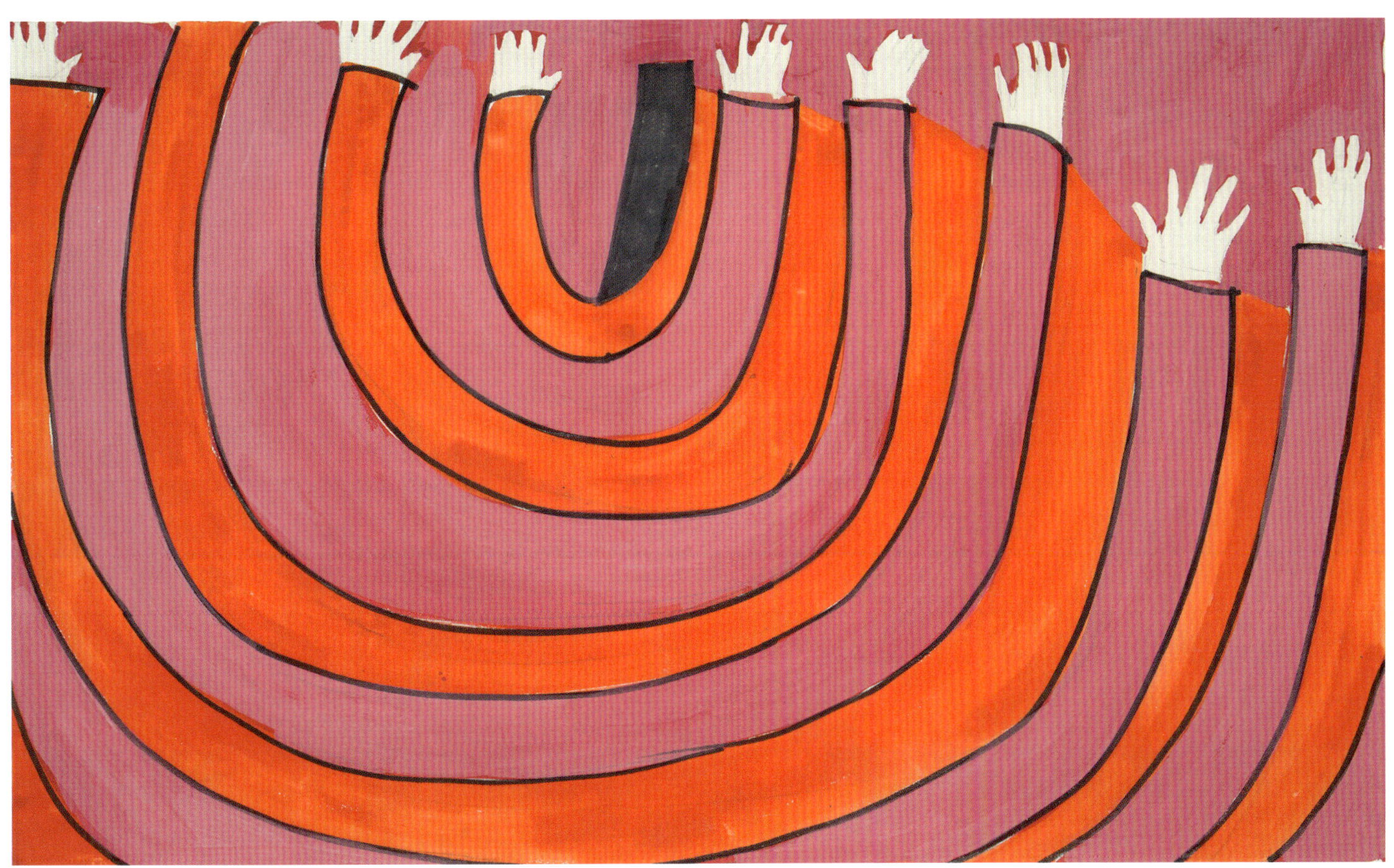

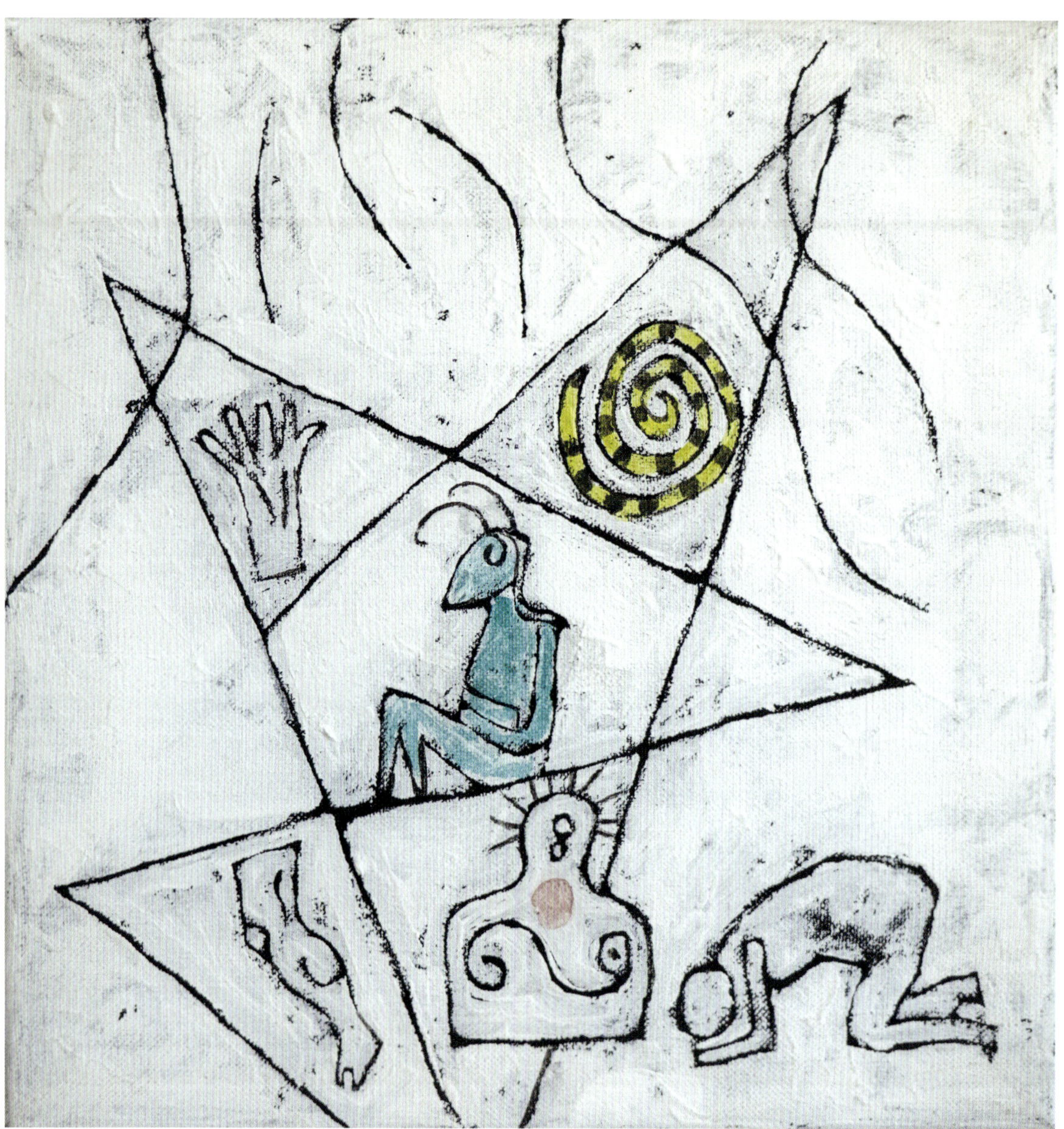

bar above its head. In another view, the topmost figure is the calf on its plinth, while the onlooker below is Moses. In both interpretations, the prone figure appears to embody turmoil, suggesting perhaps the Jewish people as they struggle from ignorance into knowledge and the acceptance of Mosaic law. Even the black background of the star offers multiple interpretations: the darkness of ignorance, but also the scene of an earthen burial suggesting God's impending punishment.[6] Finally, the star itself can be viewed as a pyramid, reflecting the escape from Egypt and the influence of its culture on the freed Jews.[7]

The Genesis series

In his later series *Genesis*, painted in 1998, Shapiro created thirty-two canvas tiles (Figs. 2, 4, 61 and 62), designed to hang in a grid (Fig. 4). In this re-telling of the creation story, Shapiro returns to his characteristically bold abstractions, this time bringing a wittier, more whimsical mood to the interpretation.

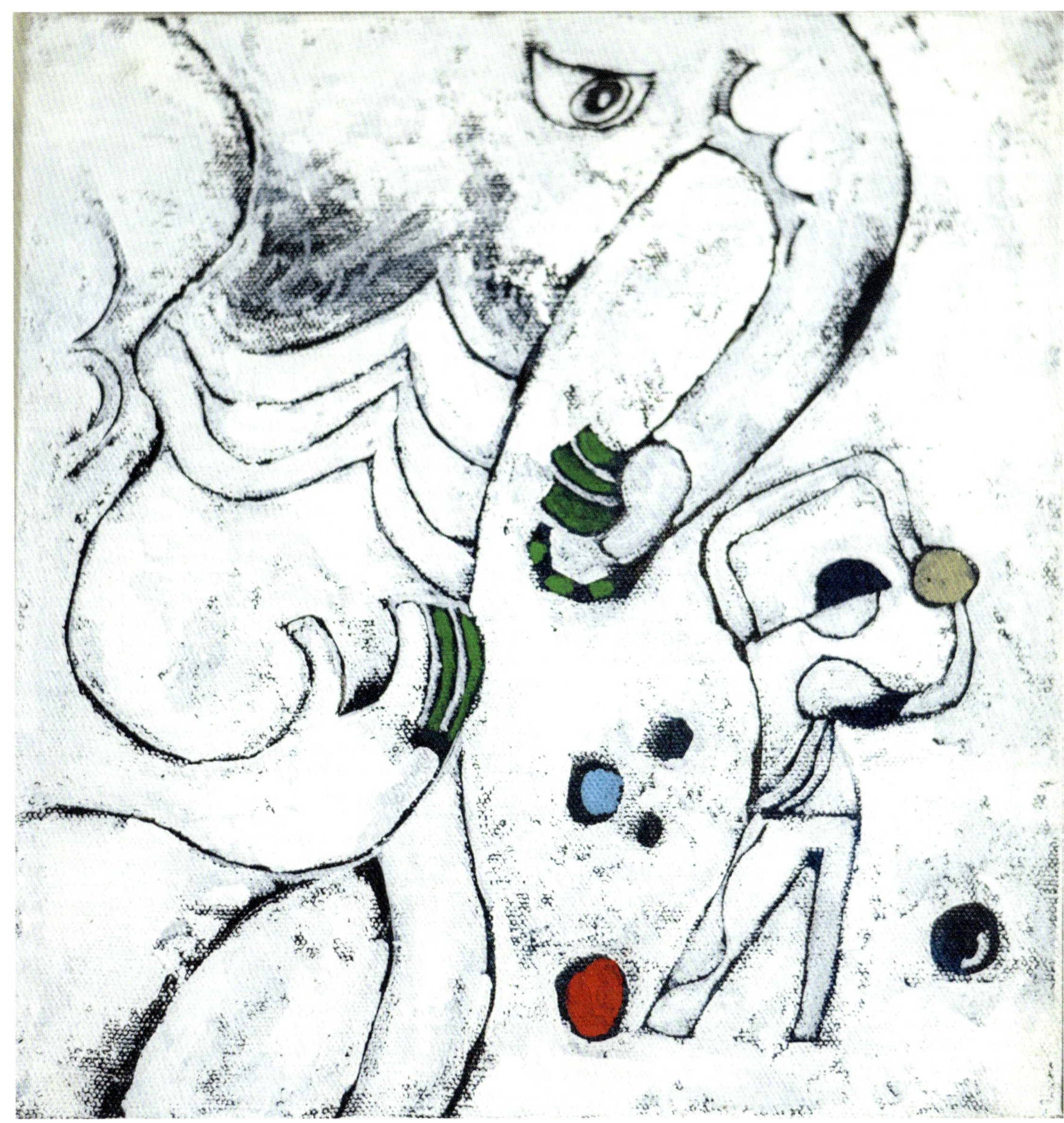

Dans *Worshipping False Gods* (*L'Adoration des faux dieux*, fig. 20), par exemple, la scène est dominée par une étoile de David à six branches, une méta-perspective qui en transcende aussitôt la littéralité[5]. Au centre noir de l'étoile, un homme regarde, impassible, un être chimérique qui se contorsionne, tandis qu'un autre personnage occupe le triangle supérieur. À l'extérieur de l'étoile flotte une tête, d'où rayonnent des lignes noires. On peut voir le personnage supérieur comme étant Moïse recevant la parole de Dieu au sommet du mont Sinaï, tandis que son frère Aaron contemple le veau d'or. Une autre possibilité est de voir l'être du haut comme le veau sur son socle, tandis que le spectateur du bas est Moïse. Dans les deux cas, l'être rampant central incarne l'émoi et la confusion, suggérant peut-être le peuple juif qui lutte pour passer de l'ignorance à la connaissance et à l'acceptation de la loi mosaïque. Le fond noir de l'étoile lui-même permet des interprétations multiples : l'obscurité de l'ignorance, ou encore une mise en terre qui dit l'imminence de la punition divine[6]. Enfin, l'étoile est peut-être une pyramide, représentant la fuite d'Égypte et l'influence de la culture du pays sur les Juifs libérés[7].

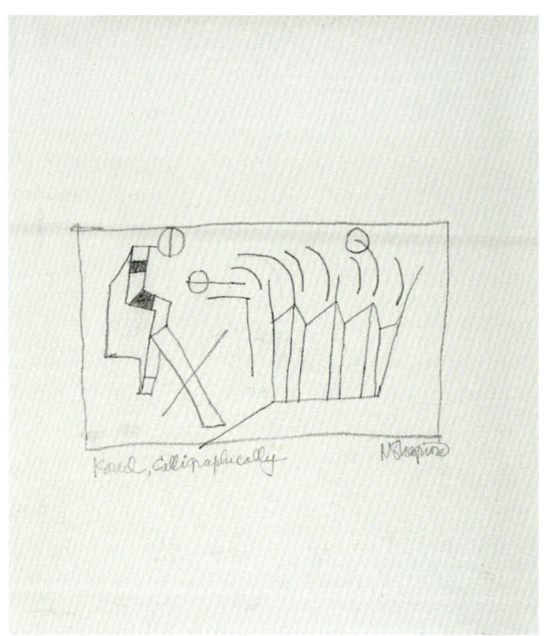

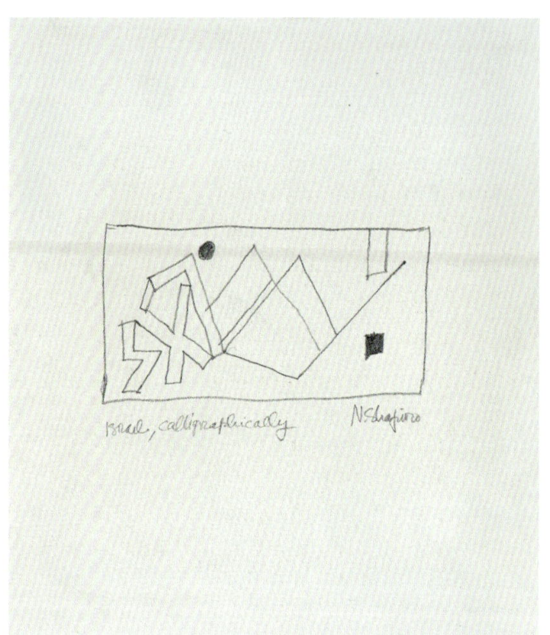

63. *Israel, Calligraphically,*
undated / s.d.

64. *Israel, Calligraphically II,*
undated / s.d.

65. *Israel, Calligraphically III,*
undated / s.d.

In *False God / The Plagues of Egypt* (Fig. 61), for example, a green locust sits crossed-armed in the middle of a Star of David, like an anxious antennaed man. And in *David & Goliath* (Fig. 62), Goliath looms like a chimerical beast in the foreground, wide body stripes suggesting a grinning mouth, an arm curling like an elephant's trunk. Its single eye glares malevolently at David who stands with his back to the giant, a stone in his raised hands.[8] Shapiro's choice to place David in visual balance with the giant, hip pushed out in contrapposto, evokes the boy's certainty that God is on his side. Considering Shapiro's interest in antisemitism, the scene might also make mocking reference to the Nazis while suggesting Jewish resilience.[9]

Although Shapiro's interest in bible stories was concerted, it was a channel for imagination, not religious observance. As noted by Baskind:

> Because Judaism is a religiocultural heritage, it is essential not to analogize the Jewish "religion" to the more one-dimensional meaning it has for Christians. Jews can make biblical art that does not believe and is not celebrating God or assisting rituals.[10]

Other works reflecting a Jewish identity

Shapiro returned to Jewish themes throughout his career, applying his characteristically cerebral and exploratory approach to these works.

In Israel, *Calligraphically I–III* (Figs. 63–65), for example, Shapiro created three graphite works on paper, each using the Hebrew word for "Israel" as a basis for abstract expression.[11] Although Shapiro found the letters inherently beautiful, it is also possible he was aware of the historical Jewish edict against the making of "graven images" of God which resulted in a tradition of calligraphic and non-figurative art.[12] As such, Shapiro appears to engage with this edict—literally—by using the Hebrew letters *yud*, *sin*, *rash*, *aleph*, and *lamed*, to evoke imaginary human figures and topographies suggesting Israel's landscape.[13] As in other works incorporating Jewish motifs, Shapiro interprets Jewish tradition and tenets by stepping outside of them in a way that brings an entirely new dimension.

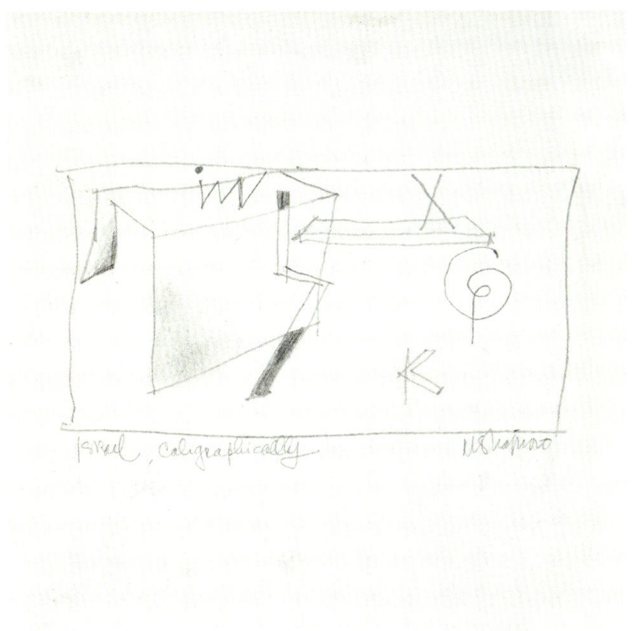

La série de la Genèse

Dans une autre série, *Genesis* (*la Genèse*, fig. 2, 4, 61 et 62), peinte en 1998, Shapiro a créé 32 toiles carrées, conçues pour être accrochées ensembleen damier (fig. 4). Dans cette relecture de l'histoire de la Création, Shapiro revient aux abstractions audacieuses qui sont sa marque de fabrique, en y apportant cette fois une humeur plus spirituelle, plus fantaisiste.

Dans *False Gods / The Plagues of Egypt* (*Faux dieux / Les Plaies de l'Égypte*, fig. 61), par exemple, on voit une sauterelle verte assise les bras croisés, au milieu d'une étoile de David, comme un homme inquiet couronné d'antennes. Dans *David and Goliath* (*David et Goliath*, fig. 62), Goliath se dresse au premier plan, tel une bête chimérique, les larges rayures de son corps évoquant une bouche grimaçante, avec un bras qui se recourbe comme une trompe d'éléphant. Son œil unique jette un regard mauvais sur David, qui, dos au géant, tient une pierre dans ses mains levées[8]. Le choix de Shapiro de placer David en équilibre visuel avec le géant, hanche à l'extérieur en *contrapposto*, évoque la certitude du garçon que Dieu est à ses côtés. Étant donné la préoccupation de Shapiro pour l'antisémitisme, la scène pourrait également être une référence moqueuse aux nazis, tout en suggérant la résilience juive[9].

Si Shapiro manifestait un intérêt aussi fort pour les histoires de la Bible, c'est qu'il y trouvait un stimulant pour son imaginaire, loin d'une d'observance religieuse. Comme le note Baskind :

> Parce que le judaïsme est un héritage à la fois religieux et culturel, il est essentiel de ne pas assimiler la "religion" juive à la signification plutôt unidimensionnelle qu'elle revêt pour les chrétiens. Les juifs peuvent faire de l'art biblique sans croire et sans célébrer Dieu ni prendre part à des rituels[10].

Autres œuvres reflétant une identité juive

Tout au long de sa carrière Shapiro revient aux thèmes juifs, appliquant à ces œuvres l'approche cérébrale et exploratoire qui est la sienne.

Dans *Israel, Calligraphically I–III* (*Israël calligraphiquement I–III,* fig. 63-65), par exemple, Shapiro a créé trois œuvres au crayon sur papier, chacune utilisant la graphie hébraïque du mot « Israël » comme base d'une expression abstraite[11]. Si Shapiro a vu dans ces lettres leur beauté intrinsèque, il a également pu avoir à l'esprit le commandement historique fait aux Juifs de ne pas faire « d'images taillées » de Dieu, qui a donné lieu à une tradition d'art calligraphique, non figuratif[12]. Ainsi, il semble prendre l'édit à bras-le-corps de manière littérale, en s'emparant des lettres hébraïques *yod*, *sin*, *rash, aleph* et *lamed,* pour évoquer des formes humaines imaginaires et des topographies évocatrices des paysages d'Israël[13]. Comme dans d'autres œuvres incorporant des motifs juifs, Shapiro interprète la tradition et les principes du judaïsme, tout en s'en détachant, d'une manière qui leur confère une dimension entièrement nouvelle.

Avec le tableau *Menorah* (fig. 60) Shapiro prend une toute autre direction. Il ré-interprète le candélabre de la fête juive de Hanoukka, emplissant la toile de bras oranges et roses en

Moving in another direction with his painting *Menorah* (Fig. 60), Shapiro interprets the candelabra central to the Jewish holiday of Hanukkah, filling the canvas with orange and pink arms instead of candles. Shapiro creates an optical illusion by painting the arms to appear without beginning or end, while each candle sprouts not a flame, but a small hand reaching towards the sky.[14] In this vision, Shapiro appears to use the Menorah to express the Jewish experience of endlessly seeking light in a dark history.

An Enduring Conversation

Shapiro's art is reflective of his singular relationship with his Jewish heritage, but it is also an invitation to share in the humor, sincerity, and unbounded imagination of his interpretations. As he wrote of the *Genesis* series (Fig. 4):

> I'm not sinking into late-life religious fervor, but my latest art project is illustrating the Bible, somewhat irreverently to be sure … The interesting feature of this method [of using a grid] is that I count on people to remain glued to the canvasses, deciphering and trying to decipher the meaning behind the work.[15]

Throughout his career, Shapiro returned to Judaism's stories, symbols and motifs – engaging in his own unique and enduring midrash.

[1] Shapiro read the Torah, Kabbalah, and the writings of the Jewish historian Flavius Josephus. He explored antisemitism through French historian Léon Poliakov's *Histoire de l'antisémitisme* and Primo Levi's books on his experiences in the Auschwitz concentration camp, among others, and corresponded extensively with friends on its causes. He was well-traveled, living 23 years in Paris and visiting Europe and Israel, among other countries, where he sought out religious and historical landmarks. Interview with Mirella Shapiro, September 2022.

[2] Letter to his niece Claudia Davidson, January 23, 1971.

[3] Samantha Baskind, Larry Silver, *Jewish Artists and the Bible in Twentieth-Century America* (University Park: The Pennsylvania State University Press, 2014), 177.

[4] Baskind, *Jewish Artists*, 4.

[5] The title refers to a Jewish prohibition against worshipping false gods: "Thou shalt have no other gods before on my face," (Exodus 20:2 and Deuteronomy 5:6). In the biblical story, God gives Moses the Commandment on Mount Sinai after the Israelites' escape from slavery in Egypt. The Israelites drew God's wrath when they worshipped a golden calf made by Moses' brother Aaron.

[6] In the biblical story, God punished the newly-freed Israelites for their recalcitrance: "Your children shall wander in the desert for forty years and bear your defection until the last of your corpses has fallen in the desert" (Numbers 14:33).

[7] The Golden Calf imitated idols worshipped by the Egyptians.

[8] The story of David and Goliath is in the first book of Samuel, chapter 17; the young Israelite David downs a large, heavily armored Philistine named Goliath with merely a stone.

[9] And possibly the irony that the Nazis considered modern art "degenerate." Benedetta Ricci, "The Shows That Made Contemporary Art History: Nazi Censorship And The 'Degenerate Art' Exhibition of 1937", *Artland Magazine*, https://magazine.artland.com/the-shows-that-made-contemporary-art-history-the-degenerate-art-exhibition/ Accessed Feb. 2, 2023.

[10] Baskind, *Jewish Artists*, 7.

[11] The word "Israel" can refer to the nation state of Israel and separately the Jewish people. Since the biblical patriarch Jacob was given the name Israel after wrestling an angel, it is often interpreted as "wrestles with God."

[12] Interview with Mirella Shapiro, September 2022. "You shall not make yourself a graven image, or any likeness of anything that is in heaven above…," (Exodus 20:4; Deuteronomy 5:8). Marc Michael Epstein, "Jews, Judaism, and the Visual Arts," in *The Cambridge History of Judaism*, edited by Jonathan Karp and Adam Sutcliffe. (Cambridge: Cambridge University Press, 2017), 706-17. Ranana Dine, "A Religion Without Visual Art? The Rav and the Myth of Jewish Art," *The Lehrhaus*, (September 11, 2017).

[13] Compare with Shapiro's Sinai Landscape, an oil pastel and gouache on paper (Fig. 59).

[14] Sometimes called impossible object art. See L.S. Penrose and R. Penrose, *Impossible Objects: A Special Type of Visual Illusion*, https://bpspsychub.onlinelibrary.wiley.com/doi/10.1111/j.2044-8295.1958.tb00634.x. M.C. Escher applied the concepts described by Penrose in such works as *Study of Regular Division of the Plane with Reptiles* (1939).

[15] Letter to Shapiro's friend Charles Abele, undated.

lieu et place des bougies. Il crée une illusion d'optique, peignant des bras sans début ni fin[14], tandis que de chaque bougie jaillit non pas une flamme, mais une petite main tendue vers le ciel. Cette vision de la menorah semble représenter, pour Shapiro, l'une des dimensions de l'expérience juive : la quête inlassable de la lumière à travers les ténèbres de l'histoire.

Une recherche sans fin

L'art de Shapiro reflète la relation singulière qu'il entretient avec son héritage juif, mais c'est également une invitation à partager l'humour, la sincérité et l'imagination débordante de ses interprétations. Comme il l'écrit à propos de la série *Genesis* (fig. 4) :

> Je ne sombre pas dans une ferveur religieuse de fin de vie, mais mon dernier projet artistique consiste à illustrer la Bible, de manière quelque peu irrévérencieuse, il est vrai… L'intérêt de cette méthode [celle du damier] est que je compte sur le fait que les gens restent collés aux toiles, déchiffrant et tentant de déchiffrer le sens de l'œuvre[15].

Tout au long de sa carrière, Shapiro est revenu aux histoires, aux symboles et aux motifs du judaïsme, s'engageant dans son midrash personnel, unique et constant.

[1] Shapiro a lu la Torah, la Kabbale et les écrits de l'historien juif Flavius Josèphe. Ses lectures, que ce soit *Histoire de l'antisémitisme* de l'historien français Léon Poliakov, ou les ouvrages de Primo Levi sur son expérience dans le camp d'Auschwitz notamment, sont l'occasion de réfléchir à l'antisémitisme, et dans sa correspondance avec ses amis, de s'interroger sur ses causes. Il a beaucoup voyagé, en Europe, en Israël, entre autres, en quête de monuments religieux et historiques, et vécut vingt-trois ans à Paris. (Entretien avec Mirella Shapiro, septembre 2022.)

[2] Lettre à sa nièce Claudia Davidson, du 23 janvier 1971.

[3] Samantha Baskind, *Jewish Artists and the Bible in Twentieth-Century America*, University Park, The Pennsylvania State University Press, 2014, p. 177.

[4] *Ibid.*, p. 4.

[5] Le titre fait référence à l'interdiction faite aux Juifs d'adorer de faux dieux : « Tu n'auras pas d'autres dieux devant ma face » (Exode 20:2 et Deutéronome 5:6). Selon la Bible, Moïse reçoit de Dieu les Dix Commandements sur le mont Sinaï après la sortie d'Egypte, qui vit les Israélites se libérer de l'esclavage. Les Israélites se sont attirés la colère de Dieu en adorant un veau d'or.

[6] Dans le récit biblique, Dieu punit les Israélites nouvellement libérés pour leur insoumission: « Vos enfants erreront quarante années dans le désert et porteront la peine de vos infidélités, jusqu'à ce que vos cadavres soient tous tombés dans le désert. » (Nombres 14:33).

[7] Le Veau d'or était une imitation d'idoles adorées par les Égyptiens.

[8] On lit l'histoire de David et Goliath au chapitre 17 du Premier livre de Samuel. C'est d'un simple jet de pierre que David, un jeune Israélite, abat Goliath, un Philistin géant lourdement armé.

[9] Peut-être aussi une référence narquoise au fait que les nazis considéraient l'art moderne comme « dégénéré ». Benedetta Ricci, « The Shows That Made Contemporary Art History: Nazi Censorship And The "Degenerate Art" Exhibition of 1937 », *Artland Magazine*, https://magazine.artland.com/the-shows-that-made-contemporary-art-history-the-degenerate-art-exhibition/. Consulté le 2 février 2023.

[10] Baskind, *op. cit.*, p. 7.

[11] Le mot Israël peut désigner soit l'État-nation moderne d'Israël, soit le peuple juif. Le patriarche biblique Jacob ayant reçu le nom Israël après avoir lutté avec un ange, le mot est souvent interprété comme « celui qui lutte avec Dieu ».

[12] Entretien avec Mirella Shapiro, septembre 2022. « Tu ne te feras point d'image taillée, ni aucune ressemblance des choses qui sont là-haut aux cieux … » (Exode 20:4 ; Deutéronome 5:8). Marc Michael Epstein, « Jews, Judaism, and the Visual Arts », in Jonathan Karp et Adam Sutcliffe (dir.), *The Cambridge History of Judaism*, Cambridge, Cambridge University Press, 2017, p. 706-717. Ranana Dine, « A Religion Without Visual Art? The Rav and the Myth of Jewish Art », *The Lehrhaus* (11 septembre 2017).

[13] Voir le Sinaï Landscape de Shapiro, un pastel à l'huile et gouache sur papier (fig. 59).

[14] On appelle ce type de représentation un « objet impossible ». Voir L.S. Penrose et R. Penrose, *Impossible Objects: A Special Type of Visual Illusion*, https://bpspsychub.onlinelibrary.wiley.com/doi/10.1111/j.2044-8295.1958.tb00634.x. M.C. Escher a appliqué les concepts décrits par Penrose dans des œuvres telles que *Study of Regular Division of the Plane with Reptiles* (1939).

[15] Lettre de Shapiro à son ami Charles Abele, non datée.

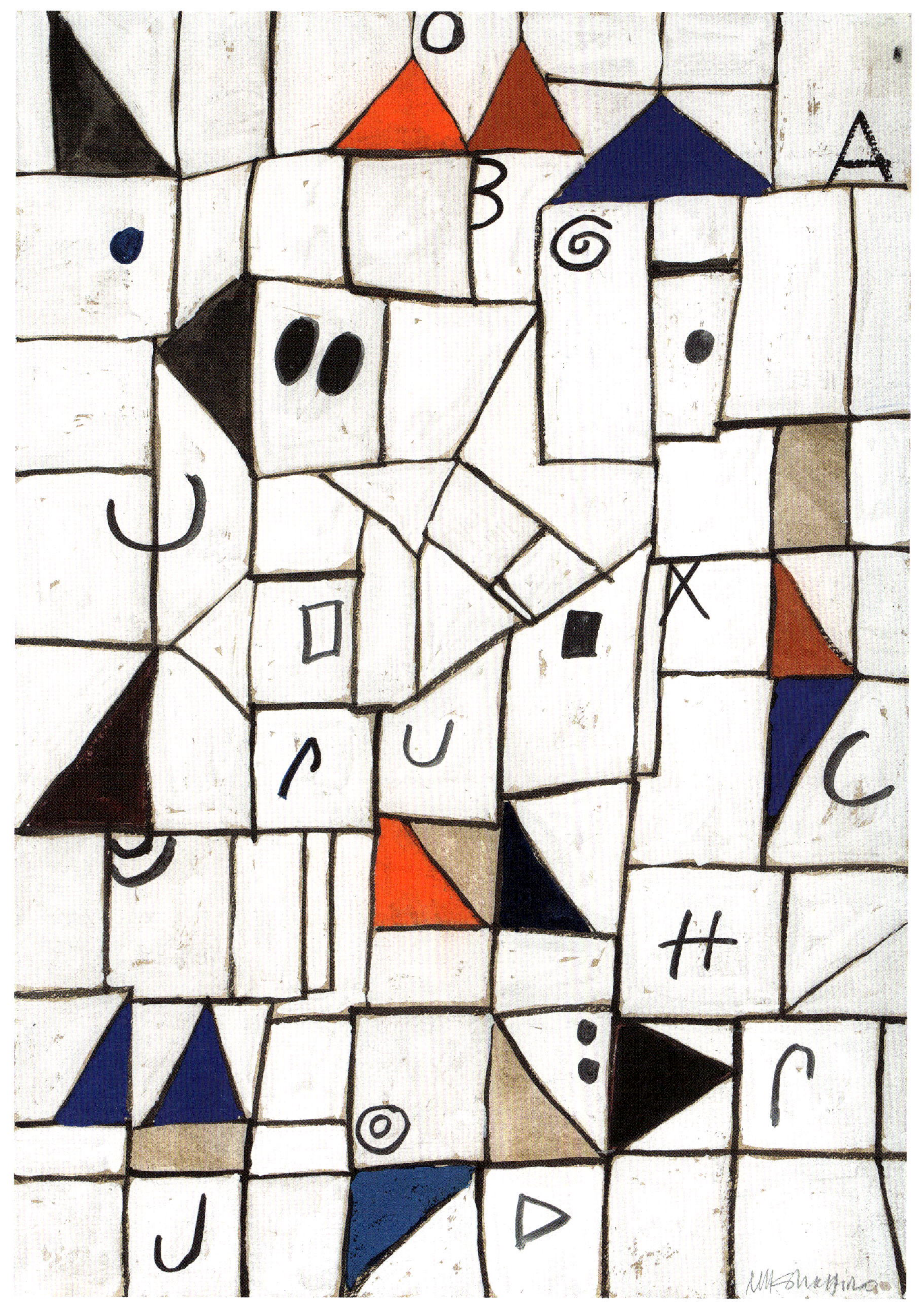

66. *A, B, C*, 1993

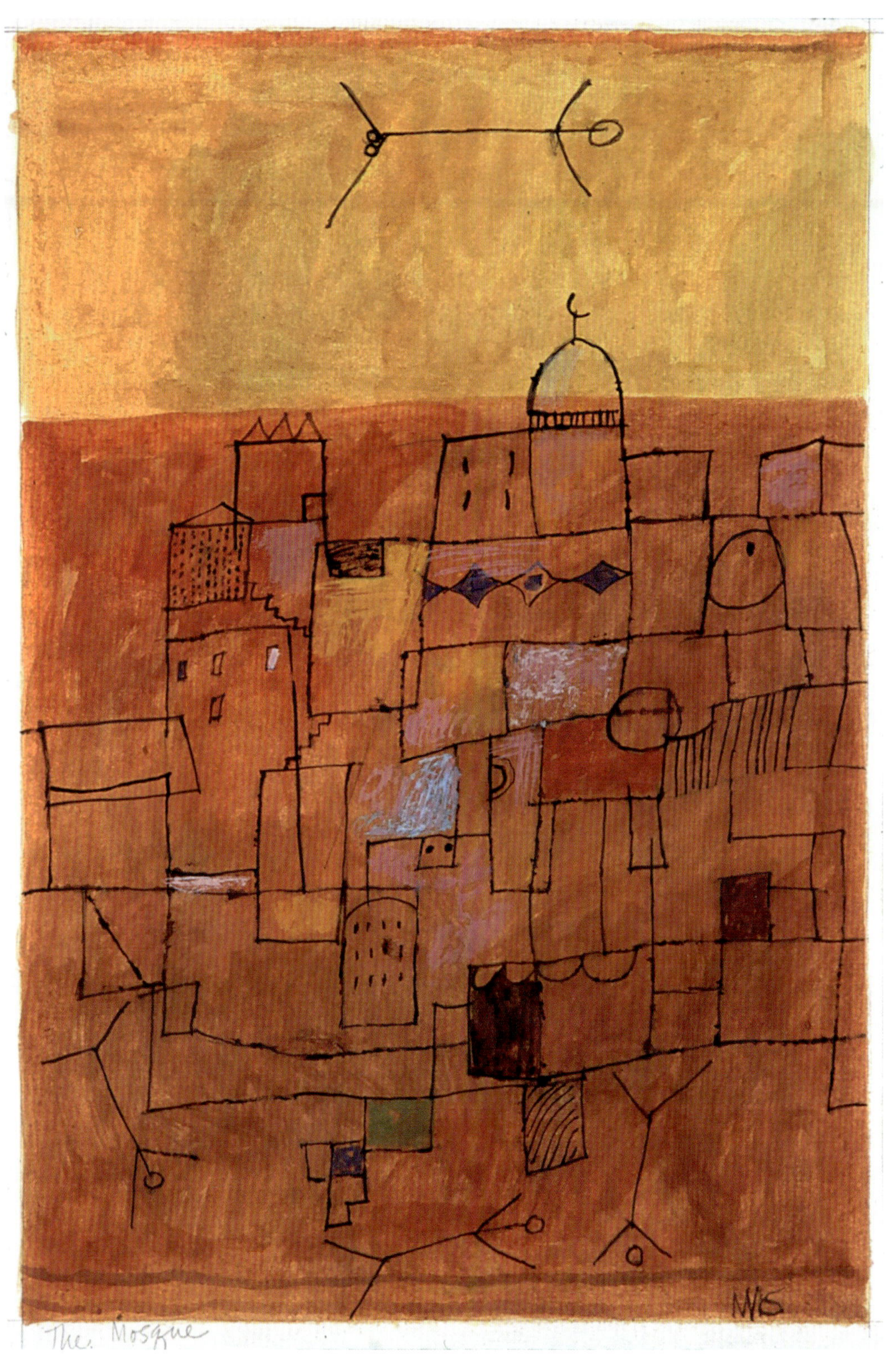

67. *The Mosque*, undated / s.d.

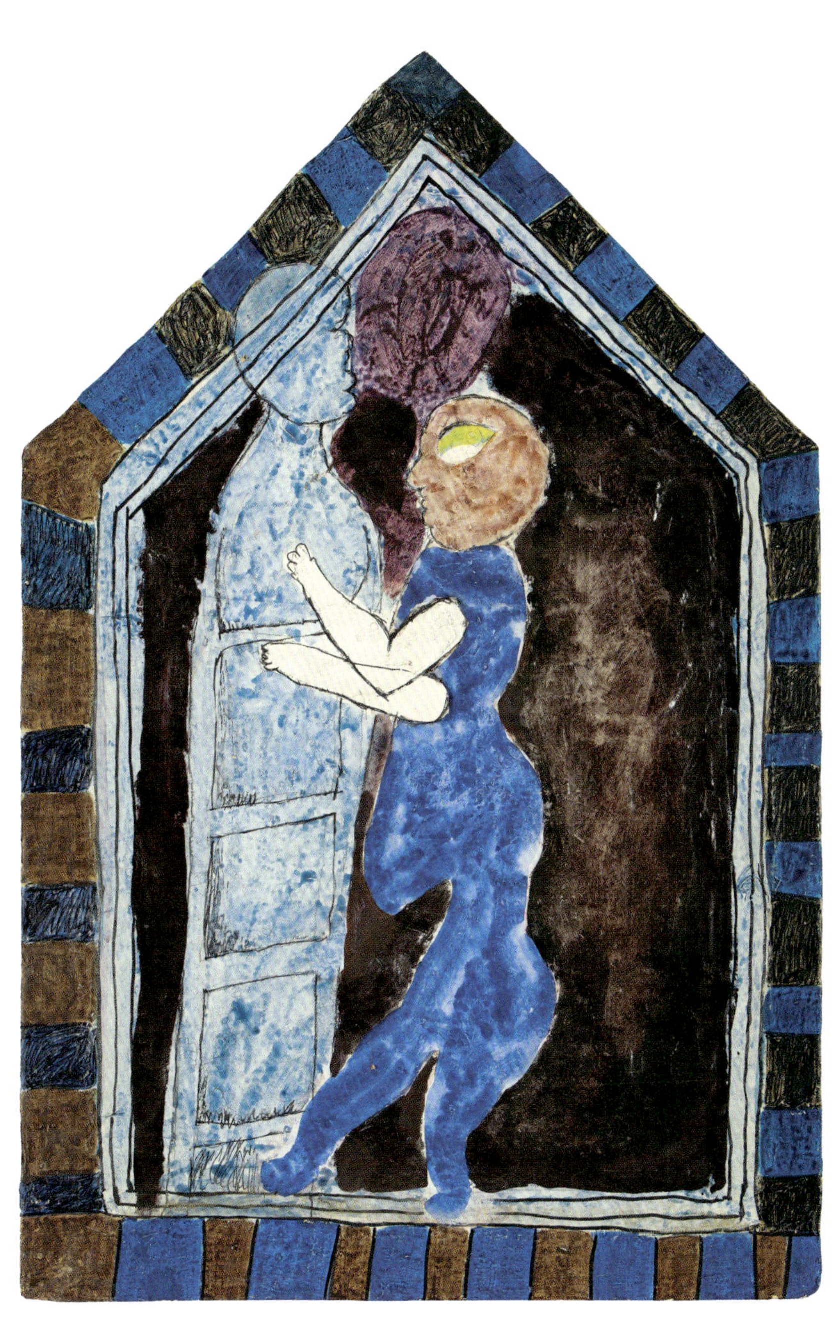

68. *Meeting*, 1976

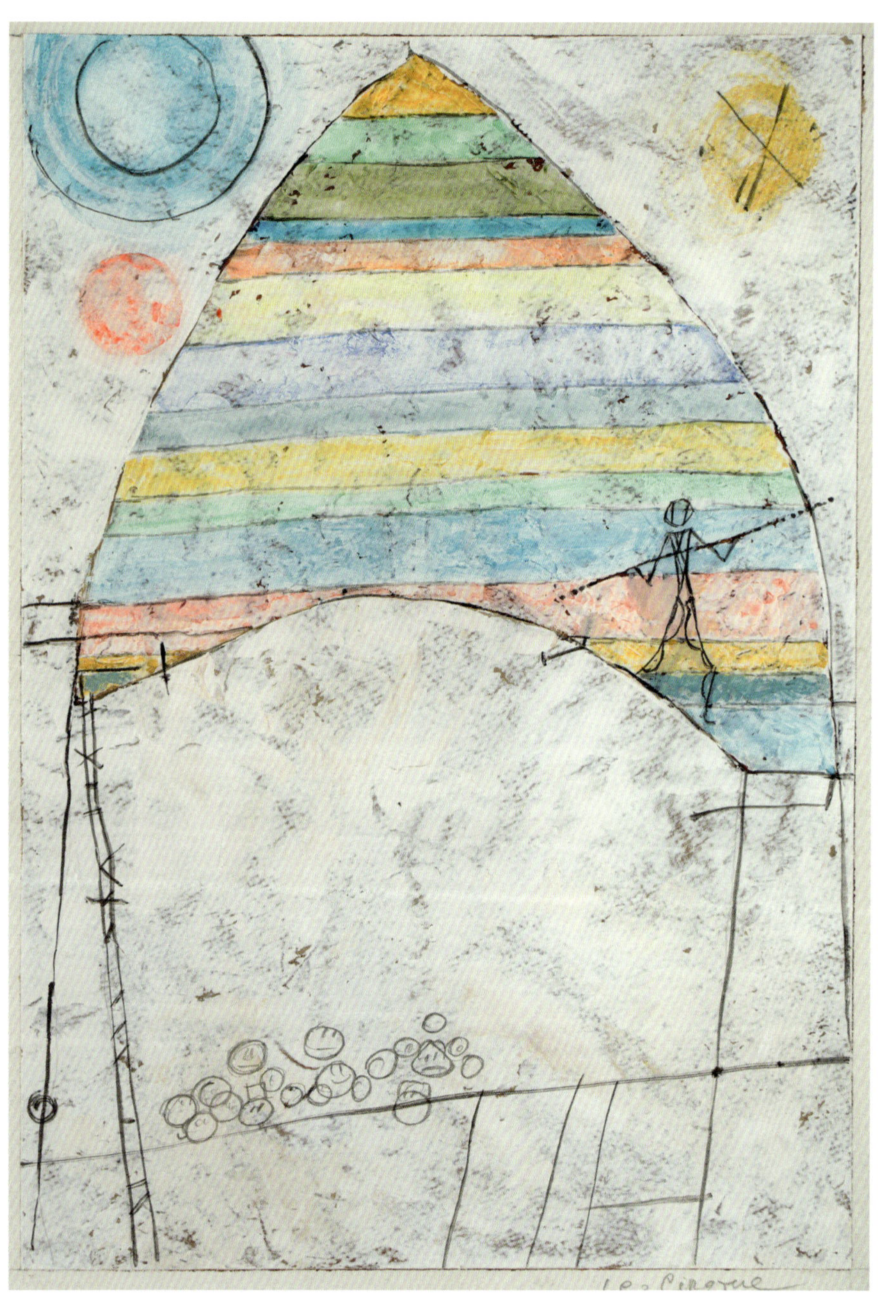

69. *Le Cirque*, undated / s.d.

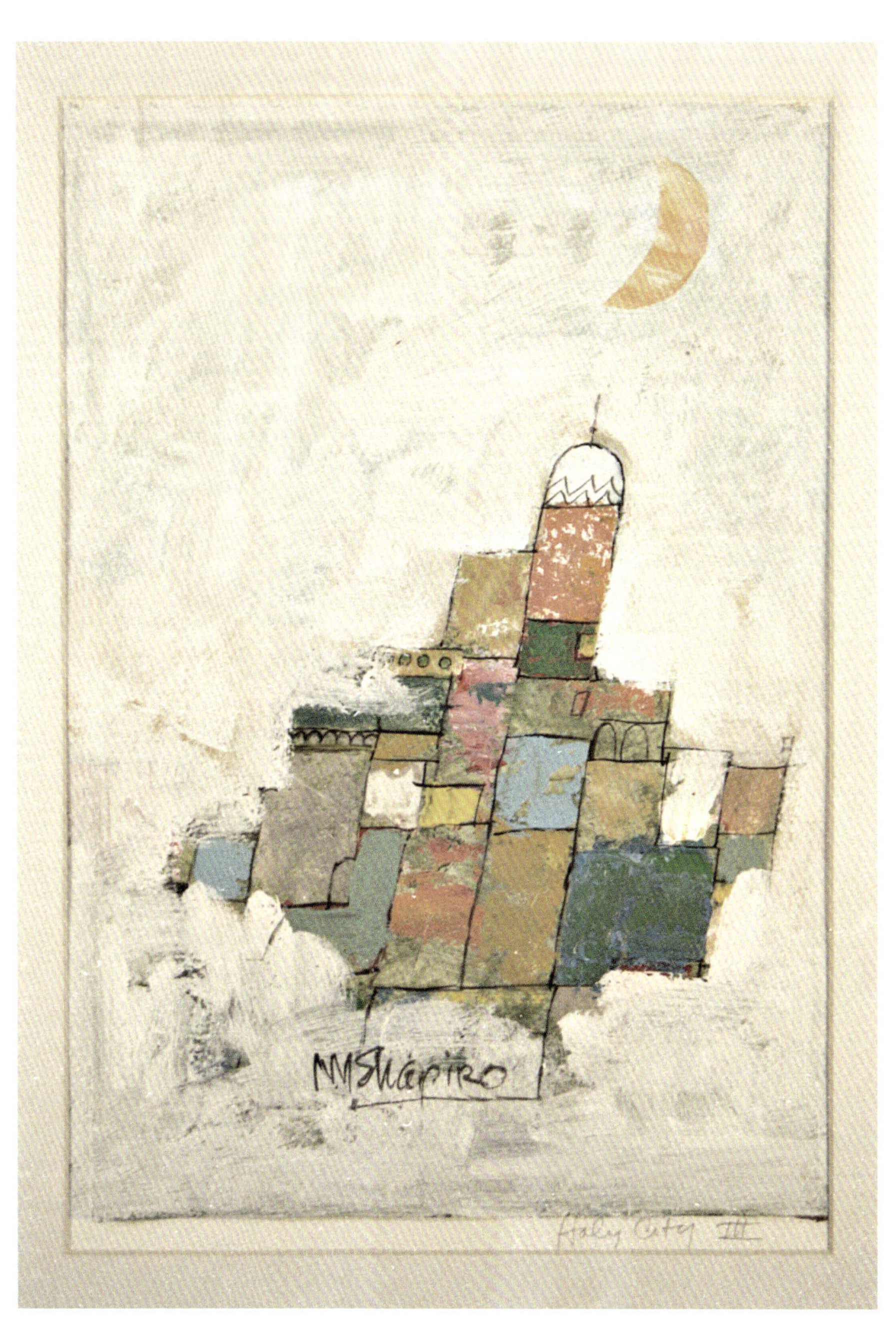

70. *Holy City III*, undated / s.d.

Look at the Kites, Look!

Yves Kobry
Art historian, art critic, member of the International Association of Art Critics (AICA)

Nat Shapiro is an American artist who, like many of his fellow citizens, writers or painters, including Henry Miller, Sam Francis, Joan Mitchell, or the Canadian Riopelle, decided to settle for a time or for good in Paris, which was then the cosmopolitan capital of culture and creativity. Shapiro arrived in 1961, later than the others, and lived there for a quarter of a century, long enough to thoroughly absorb European culture, a major influence on his art.

Shapiro adhered to both cultures, as well as to the dual activity of artist and illustrator, which he pursued until his return to the United States in 1985. As an independent painter, liberated from the constraints of the commercial world, he was able to give free rein to his sensitivity and imagination. From his expertise as a graphic artist, he kept the use of flat colors hues, dynamics and clarity of composition, the interaction of color and line and modulation of the chromatic palette.

Although he painted on canvas, it is primarily in his works on paper that he excels and where his talent comes out the best. Water-based paint, acrylic or gouache, which he uses as a medium, gives his work its lightness and fluidity, but also nuances of colors as well as a very great subtlety of tone. It is therefore not at all surprising that he was inspired by Klee as well as by Kandinsky's Bauhaus period, influences that sometimes went as far as borrowing some of their thematic elements, although always retaining his own creative style and personality.

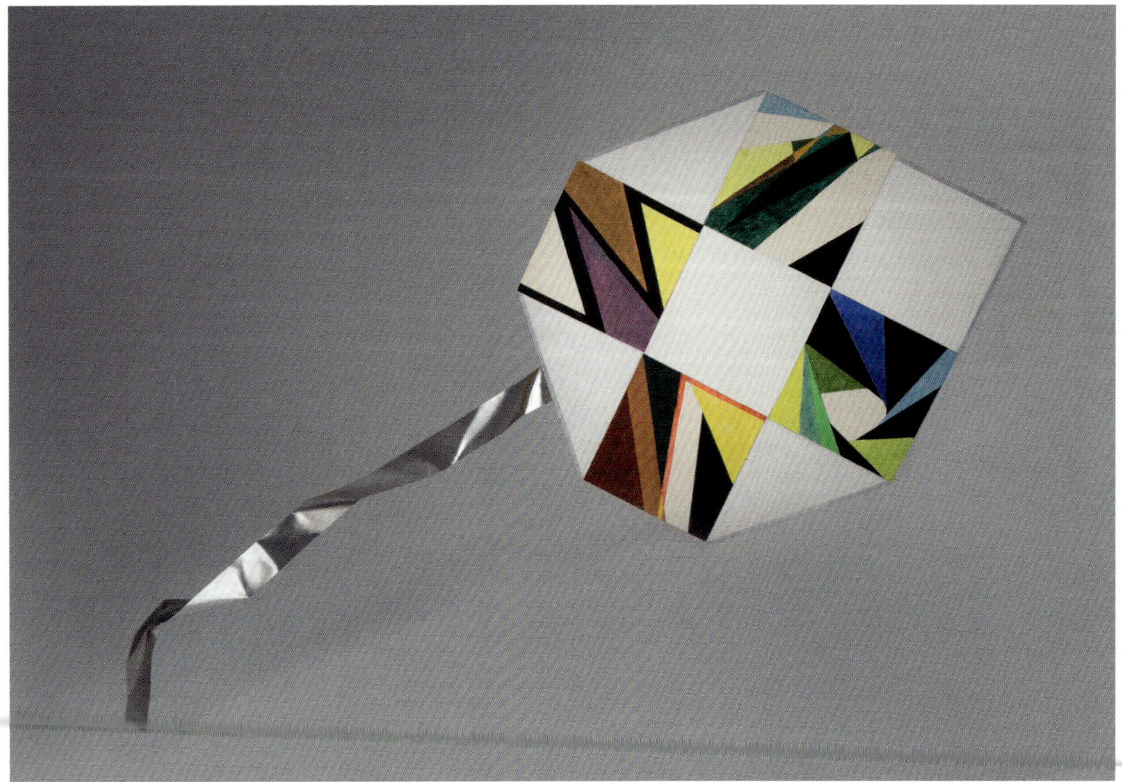

71. *White Kite,*
undated / s.d.

Regarde, regarde les cerfs-volants !

YVES KOBRY
Historien d'art, critique d'art, membre de l'Association internationale des critiques d'art (AICA)

Nat Shapiro est un artiste américain qui, comme nombre de ses compatriotes, écrivains ou peintres, tels Henry Miller, Sam Francis, Joan Mitchell ou encore le canadien Riopelle, ont décidé de s'établir pour un temps ou définitivement à Paris, alors capitale cosmopolite de la culture et de la créativité. Nat Shapiro y arriva un peu plus tard que les autres, en 1961, et y demeura un quart de siècle, suffisamment pour s'imprégner profondément de la culture européenne dont son art garde l'empreinte.

L'artiste porta donc cette double appartenance, comme il conjugua la double activité d'illustrateur, qu'il poursuivit jusqu'à son retour aux États-Unis en 1985, et de peintre indépendant qui, en s'émancipant de la commande, a pu donner libre cours à sa sensibilité et à son imagination. De son savoir-faire de graphiste, le peintre a su conserver le traitement en aplat, la dynamique et la clarté de la composition, l'interaction de la couleur et de la ligne et la modulation de la gamme chromatique.

À vrai dire, si Nat Shapiro a aussi peint des tableaux sur toile, c'est dans les œuvres sur papier qu'il excelle et qu'il offre le meilleur de son talent. La peinture à l'eau, qu'il se serve comme medium de l'acrylique ou de la gouache, lui permet cette légèreté, cette fluidité, mais aussi ce dégradé de la couleur, cette très grande subtilité de ton. Rien d'étonnant donc à ce qu'il ait été inspiré par Paul Klee ainsi que par Kandinsky, de la période du Bauhaus, une influence qui va parfois jusqu'à la citation ou l'emprunt, l'artiste conservant cependant son style et sa personnalité.

Les thèmes de sa peinture, qu'il s'agisse des cerfs-volants, du cosmos (galaxies) ou de la forêt ne sont que prétextes, leviers à son inspiration. Il varie ensuite le thème à l'infini sur un mode sériel.

Si la série des cerfs-volants (fig. 71-78) est sans doute une des plus réussies c'est parce qu'il peut y déployer son imaginaire, son sens poétique, un humour, une légèreté presque enfantine. On le sait, les virtuoses du cerf-volant se laissent porter par le vent, en même temps qu'ils le maîtrisent par un mouvement imperceptible du poignet, qui leur permet de diriger la voilure à l'aide d'un fil et de se livrer à toutes sortes d'acrobaties dans le ciel. Voilà sans doute une métaphore de l'art de Shapiro : se laisser porter par son inspiration poétique

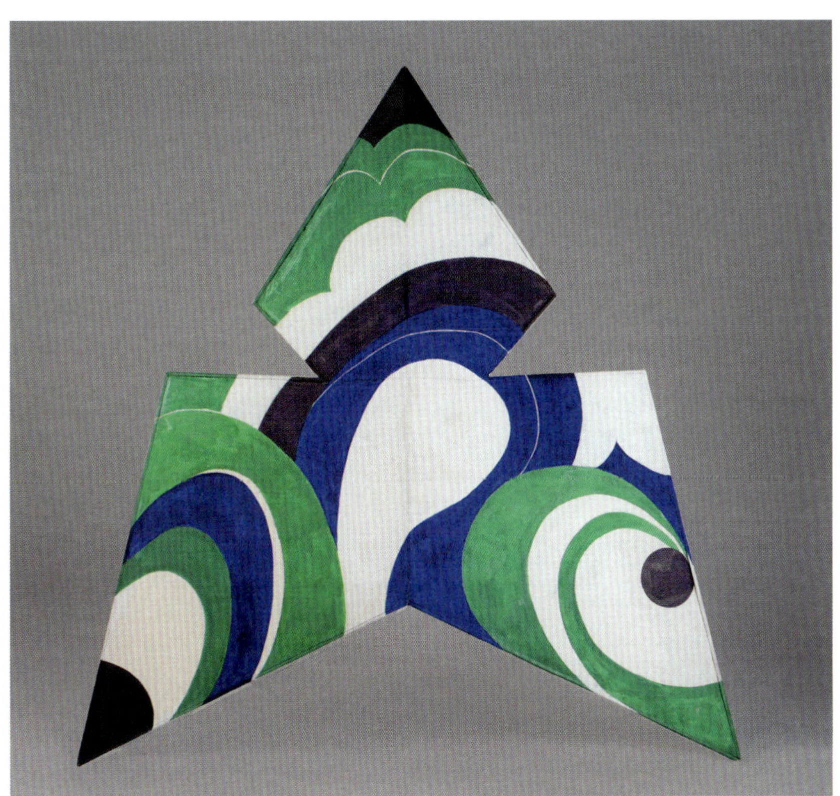

72. *Green Kite*, 1998

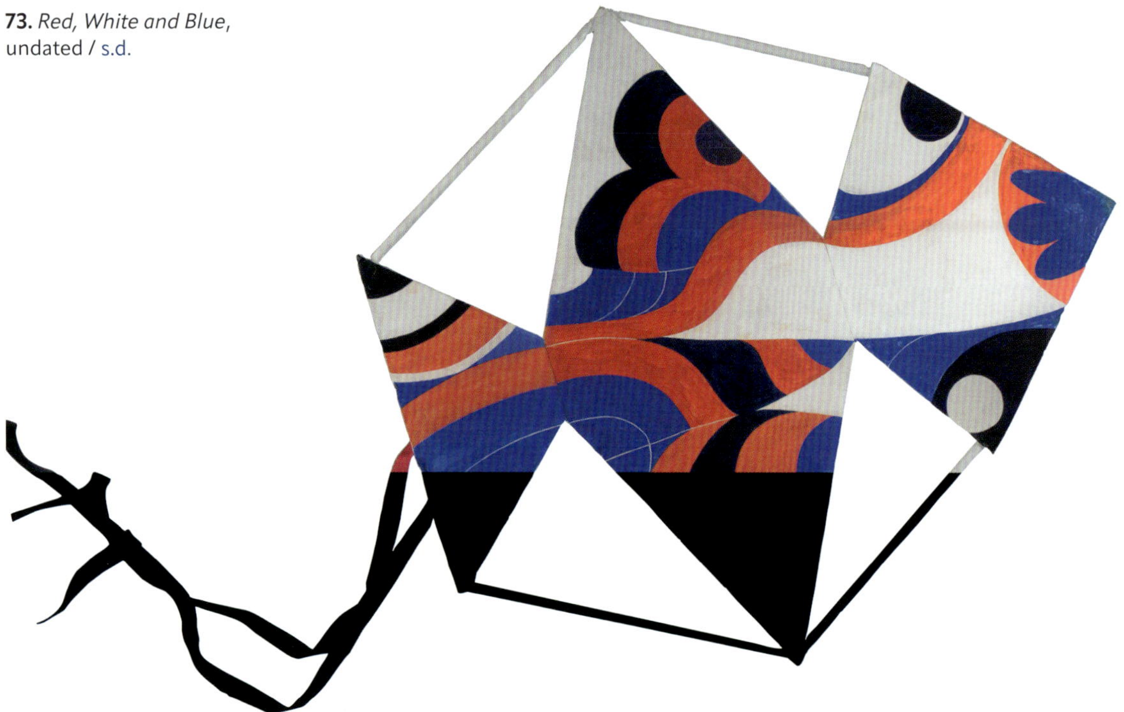

His paintings' themes, be they kites, the cosmos (Galaxy) or the forest are only an excuse, a springboard to his inspiration, which he then uses to create infinite variations based on a serial model.

If the Kite Series (Figs. 71–78) is unquestionably one of the most successful, it is because he uses it to deploy his imagination, his poetic sense, and his humor, with an almost childlike lightness. As we know kite virtuosi let the wind carry it, while they master its flight through an imperceptible movement of the wrist enabling them to direct the kite by means of a string and perform all sorts of aerial acrobatics. This is undoubtedly a metaphor of Shapiro's art: letting himself be carried by his poetic inspiration while simultaneously controlling it, directing it through straight, curved or broken lines. Line draws motif, arranges the composition, and gives its dynamics, and color acts as a complement. Furthermore, Shapiro's work, regardless of theme, is most often vertical, as though drawn upwards in an ascending movement.

The artist also made kite-objects; virtual kites that have the shape and appearance of kites but without the frame that enables them to fly. This reveals a curious and whimsical spirit and perhaps also sheds a light on Shapiro's stylistic eclecticism.

Although he sometimes created figurative drawings inspired by his trips to Italy, Greece, or Morocco, Shapiro also painted canvas and paper works that demonstrate a rigorous geometric abstraction akin to Op-art.

It is perhaps in his illustrations of the Bible that the artist reveals the most intimate facet of his personality, using stripped-down scenes and stylized figures with angular features, curiously recalling Chagall's stage set drawings of the 1920s, for the Jewish Theater of Moscow. The same blend of humor and tenderness appears when the artist expresses his Judaism, but in an aloof manner, combining empathy and irony.

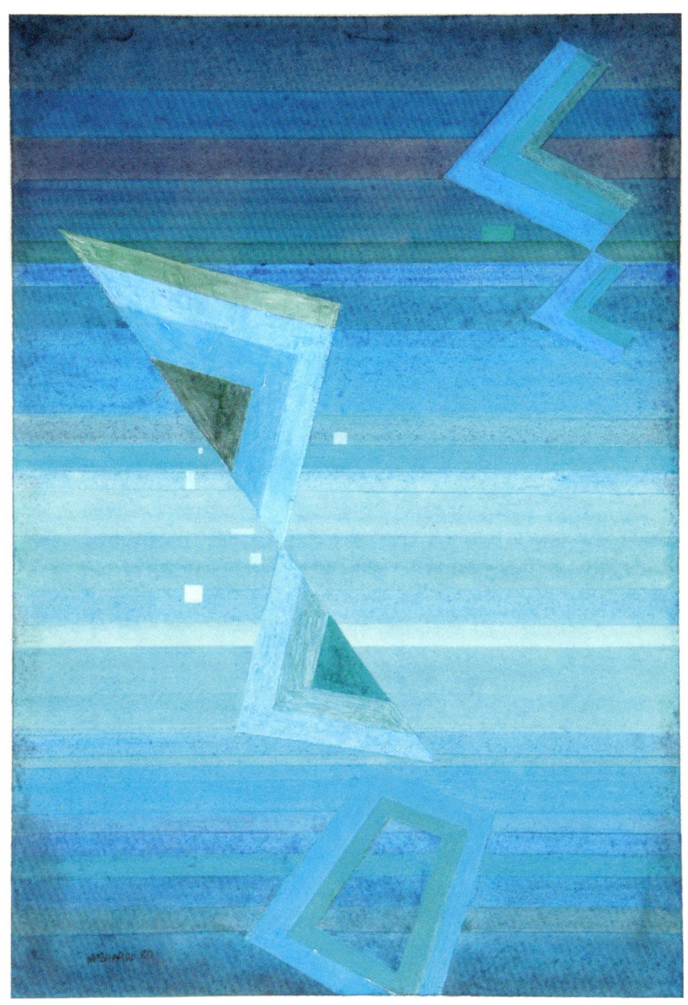

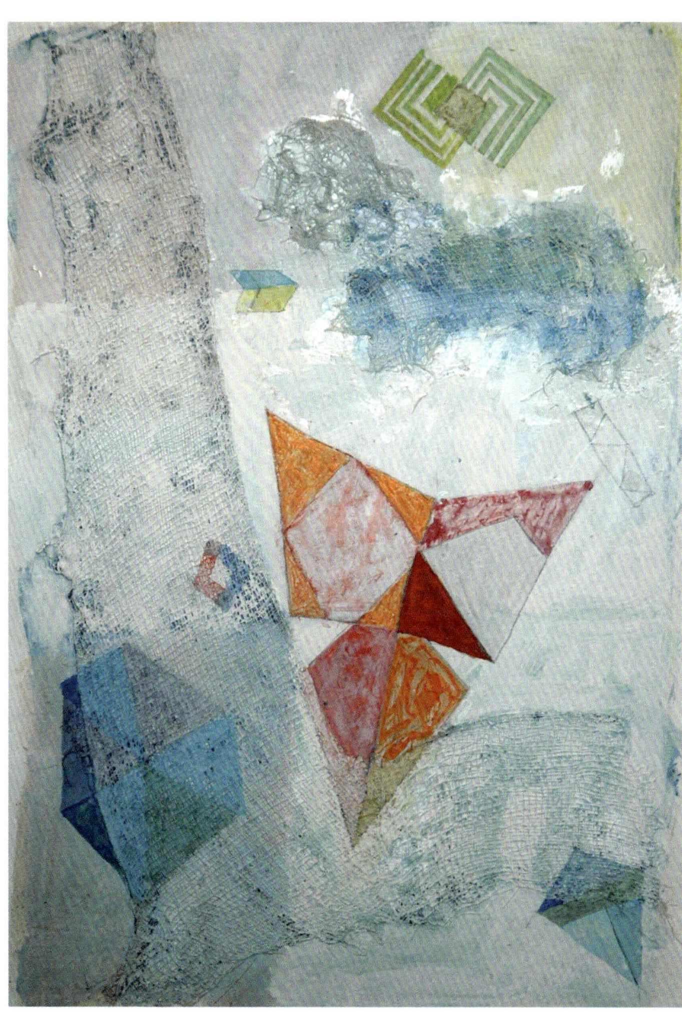

74. *Blue Kites*, 1979–80

75. *Kites V*, undated / s.d.

et en même temps la contrôler, la diriger au moyen de lignes droites, courbes ou brisées. C'est toujours la ligne qui dessine le motif, ordonne la composition et lui confère sa dynamique, la couleur venant en complément. Par ailleurs les œuvres du peintre, quel qu'en soit le thème, sont le plus souvent verticales et comme aspirées par un mouvement ascensionnel.

L'artiste a aussi confectionné des cerfs-volants objets ou plutôt des cerfs-volants virtuels qui en ont la forme et l'apparence mais ne sont pas dotés de l'armature qui leur permettrait de voler. Voilà qui témoigne d'un esprit curieux et facétieux et éclaire aussi peut-être son éclectisme stylistique.

Car si Shapiro a parfois réalisé des dessins figuratifs inspirés par ses souvenirs de voyage en Italie, en Grèce ou au Maroc, il a par ailleurs exécuté sur toile ou sur papier des compositions qui relèvent d'une abstraction géométrique rigoureuse et s'apparentent à l'op art.

Mais c'est peut-être dans ses illustrations de la Bible que l'artiste révèle le plus intime de sa personnalité. Des scènes dépouillées, des personnages stylisés aux traits anguleux qui curieusement rappellent les dessins de Chagall des années 1920, ceux destinés aux décors du théâtre juif de Moscou. On y retrouve ce même humour mêlé de tendresse. Nat Shapiro exprime ainsi sa judéité, mais sur un mode distancié où l'empathie se conjugue avec l'ironie.

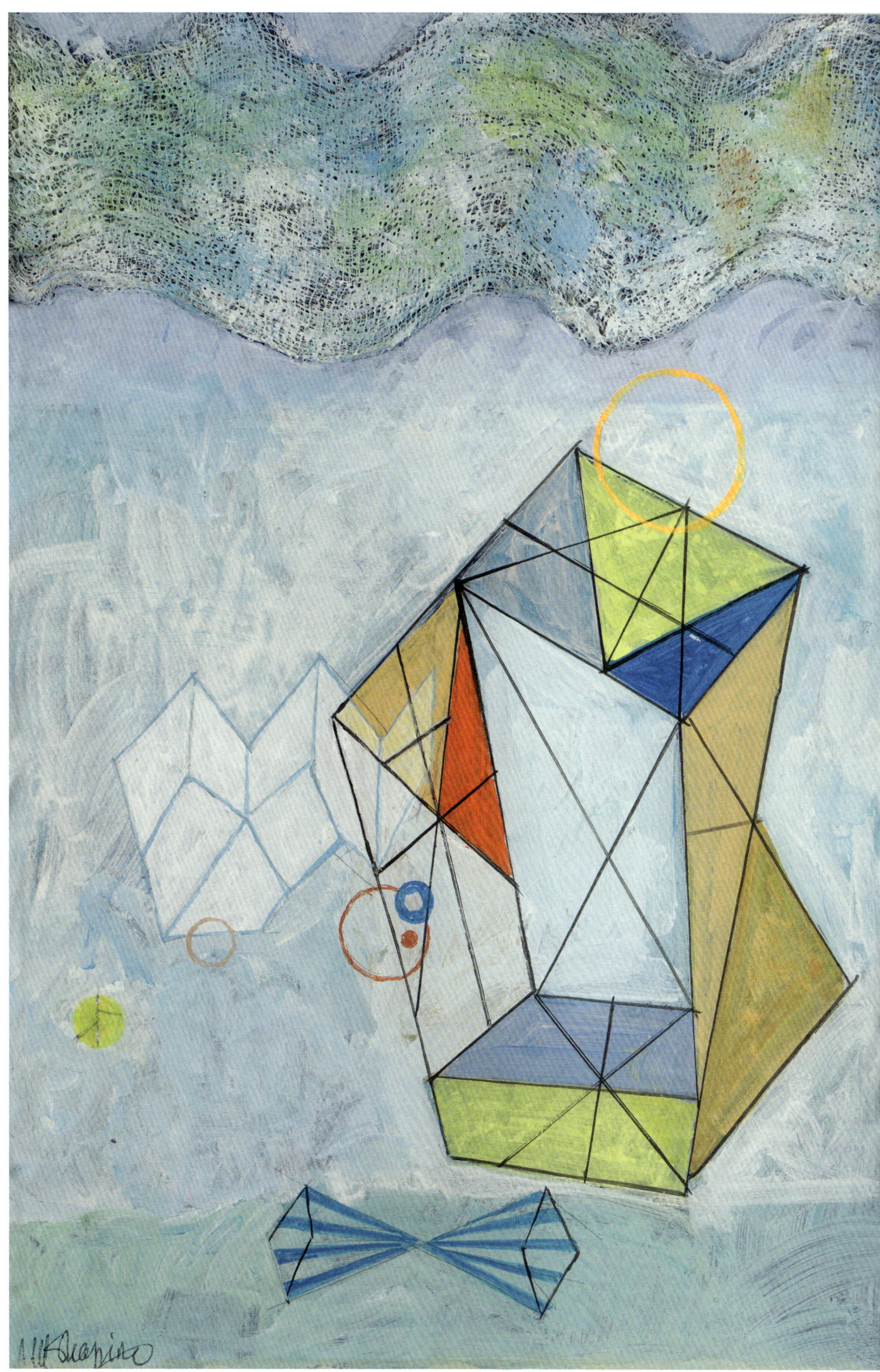

76. *Three Dimensional
Kite*, 1999

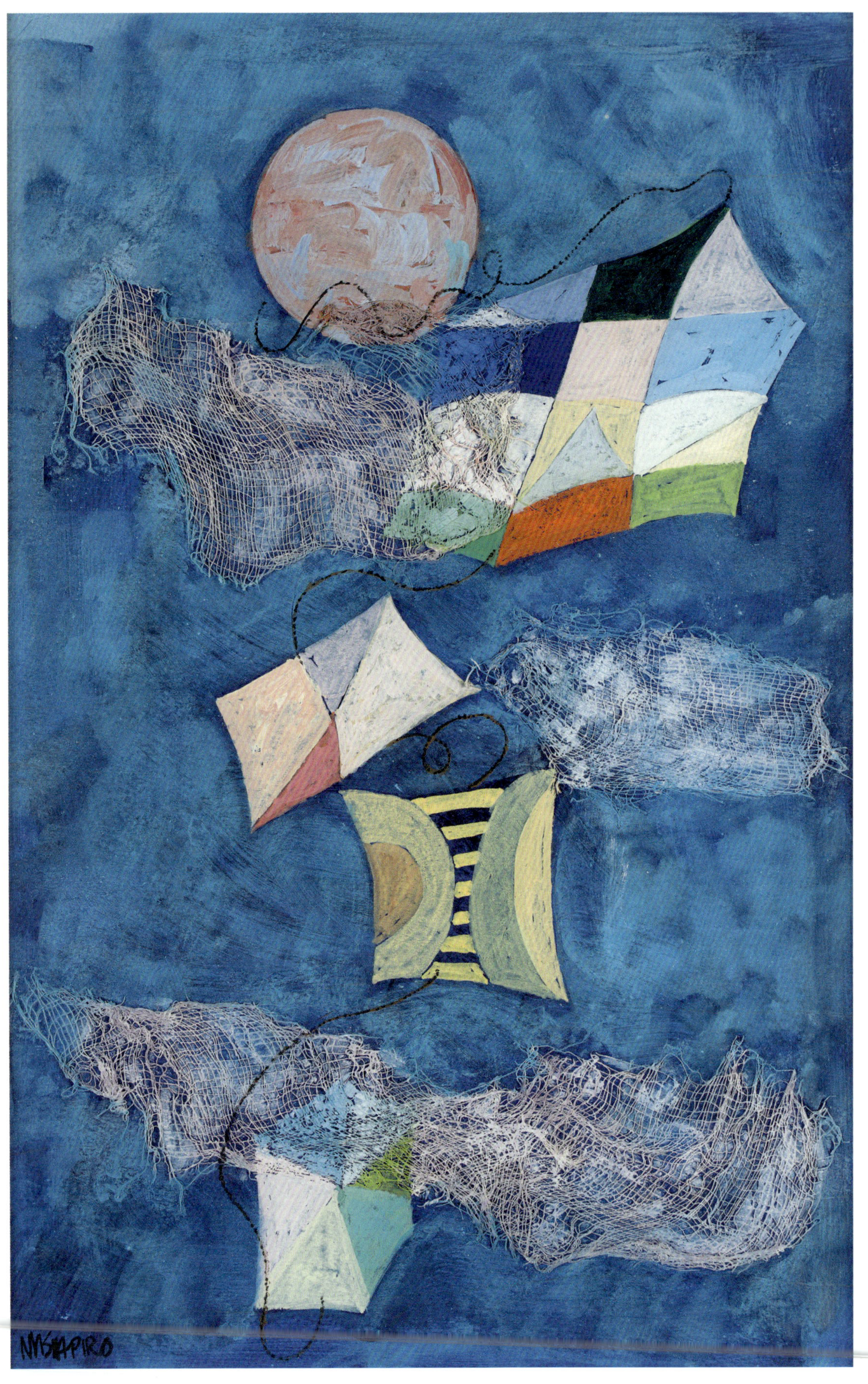

77. *Night Kites, ca. 1998*

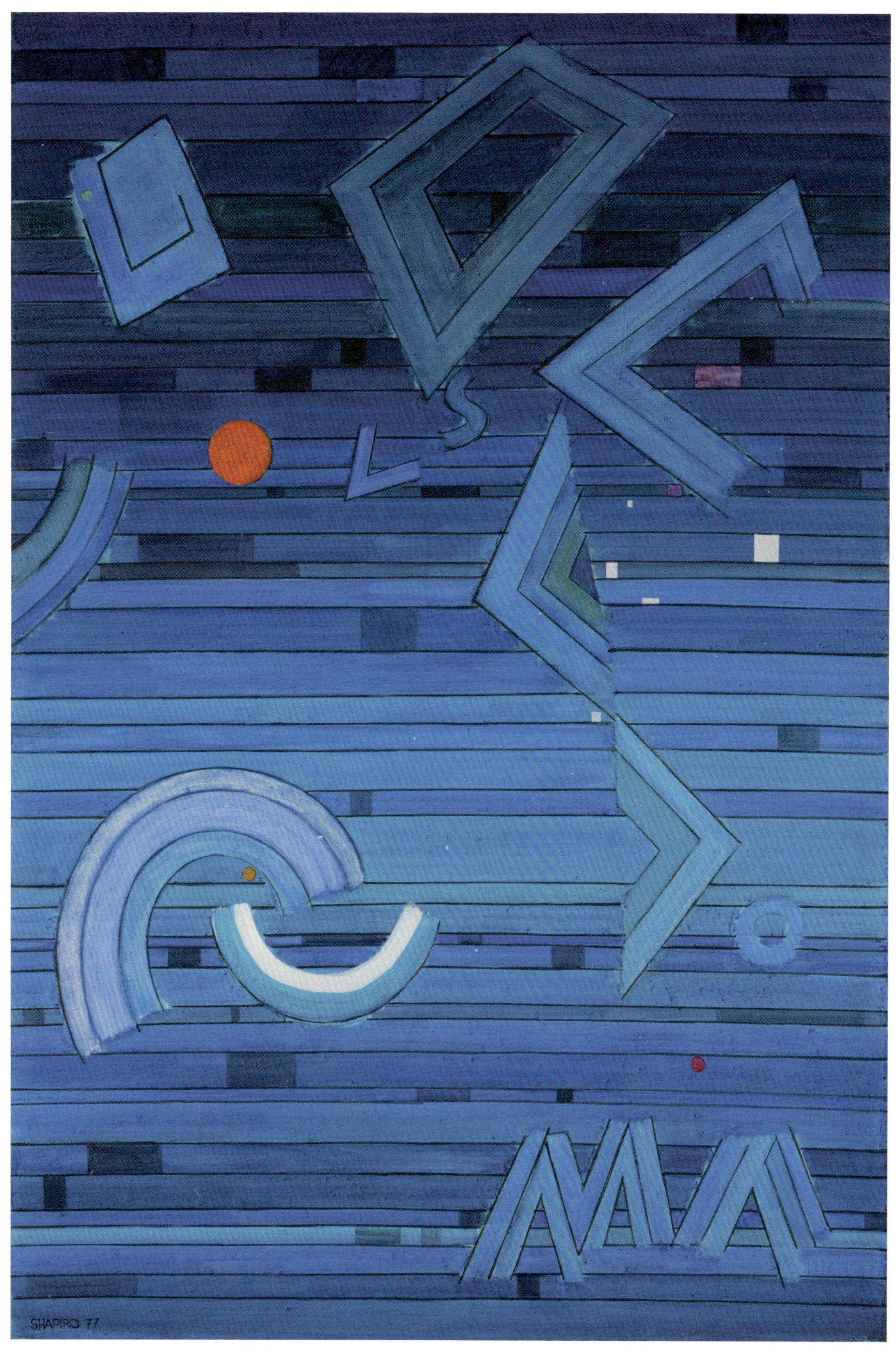

78. *Untitled*, 1977

From New York to Paris and Back Again:
an Artist's Life

Mirella Shapiro

Interview by Eric Rosenberg
*Principal at EMR Content and Communications Inc.,
and former opinion editor at Hearst Newspapers*

Mirella Shapiro, Nat Shapiro's wife of fifty-seven years, talks about life with her artist husband. Her answers are based on a series of conversations in 2022 and her memoir essays.

When and where did you and Nat meet?

I emigrated to New York with my sister at the end of 1946 after spending the war years in Tangier. My family had left Italy when Mussolini enacted anti-Semitic laws and my father lost his position as head surgeon of a municipal hospital. My sister and I lived in a boarding house in New York City, and I befriended a young woman from Oklahoma who was studying voice. Her boyfriend shared an apartment with Nat on 92nd Street. We would all go to the Rockaway or Jones beaches together. Then Nat came to my birthday party, and we all went dancing at Tavern-on-the-Green, which back then was just an outdoor café with a dance floor. Nat and I danced all night and then he said, "I'll call you one of these days." We started having lunch together as our offices were quite close. He pretended he wasn't interested in a serious relationship, but we had a big attraction to each other.

Did you and Nat get married soon after?

When I had left Tangier for New York, my father came to see us off at the boat and said, "I'll never see you again." I was so upset about this that as soon as I started working, I ate apples for lunch for almost a whole year, to save enough money for a ticket back to Tangier for the summer.
Nat came to see me off at the pier, but because he was so aloof, I expected he would forget all about me. Instead, he started writing letters: it was one, two, three letters a week. And one day his letter said: "I'm coming to Tangier for one week vacation."
So, I said, "Whoa. That's not possible." I wrote back and told him: "Look, Tangier is a small town. They all know me. They all know my father, my mother. And if you come, you are committing yourself. So, think it over." And he wrote back, "I don't have to think it over. I want to marry you." So, he proposed by letter. He took all his savings to buy a plane ticket and we got married in Tangier. That was 1948. The noncommittal man ended up married for fifty-seven years.

Had Nat already conveyed to you that his life's passion was his art by then?

Oh, absolutely. When I met him, he was going to The Art Students League. At that time, it was the best art school in New York. For the rest of my life, I have been surrounded by Nat's paintings and sculptures. Our apartments were a revolving gallery. As soon as Nat finished a painting, he would bring it home and hang it, so that he could study it and decide if it was finished or not, if it needed corrections, if he liked it or not.

What was your experience with the FBI and J. Edgar Hoover?

This was one of the most traumatizing events in my life. At that time in the 1950s, we were living in a garden apartment in New Jersey, where our neighbors were mostly young couples with little

De New York à Paris et retour : une vie d'artiste

M IRELLA S HAPIRO

P ROPOS RECUEILLIS PAR E RIC R OSENBERG
Directeur chez EMR Content and Communications Inc.,
ancien rédacteur d'éditoriaux chez Hearst Newspapers

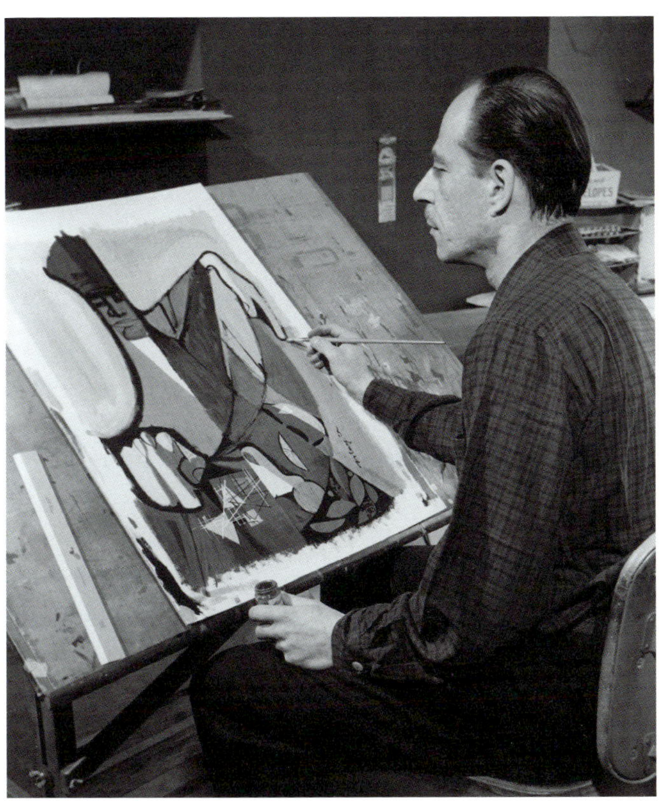

Nat at drawing board
with an early work
Nat travaillant sur une de
ses premières œuvres

Mirella Shapiro, épouse de Nat Shapiro pendant cinquante-sept ans, parle de la vie avec son artiste de mari. Le texte est tiré de ses conversations avec Eric Rosenberg en 2022 et de ses mémoires.

Où et quand Nat et vous vous êtes-vous rencontrés ?

J'ai émigré à New York avec ma sœur à la fin de l'année 1946, après avoir passé les années de guerre à Tanger, au Maroc. Ma famille a quitté l'Italie quand Mussolini a promulgué ses lois antisémites, et que mon père a donc perdu son poste de chirurgien principal de l'hôpital municipal.

À New York, ma sœur et moi, nous vivions dans une pension ; là, je me suis liée d'amitié avec une jeune femme de l'Oklahoma qui étudiait le chant. Son petit ami partageait un appartement avec Nat sur la 92e rue. Nous allions tous ensemble sur les plages de Rockaway ou de Jones Beach.

Puis Nat est venu à mon anniversaire et nous sommes tous allés danser à la *Tavern-on-the-Green*. À l'époque, ce n'était qu'un café en plein air avec une piste de danse. Nat et moi, nous avons dansé toute la nuit et il m'a dit : « Je t'appellerai un de ces quatre. » Nous avons commencé à déjeuner ensemble, car nos bureaux étaient assez proches. Il faisait celui qui n'est pas intéressé par une relation sérieuse, mais nous étions très attirés l'un par l'autre.

Nat et vous, vous vous êtes mariés peu de temps après ?

Lorsque j'ai quitté Tanger pour New York, mon père nous a accompagnées, ma sœur et moi, au départ du bateau. Là, il nous a dit : « Je ne vous reverrai jamais. » Cela m'a tellement bouleversée que, quand j'ai commencé à travailler, je n'ai mangé que des pommes à déjeuner – cela a duré presque une année – afin d'économiser pour le voyage à Tanger.

Nat m'a accompagnée sur le quai pour mon départ. Comme il était un peu distant, je pensais qu'il allait m'oublier. Au lieu de cela, il a commencé à m'écrire : une, deux, trois lettres par semaine. Et un jour il a écrit : « Je viens à Tanger pour une semaine de vacances. »

Alors, j'ai pensé : « Ouh là là, ce n'est pas possible. » Je lui ai répondu en lui disant : « Écoute, Tanger est une petite ville. Tout le monde me connaît. Ils connaissent tous mon père, ma mère. Si tu viens, tu t'engages. Alors, réfléchis bien. » Et il m'a répondu : « Je n'ai pas besoin d'y réfléchir. Je veux t'épouser. » Il m'a donc demandée en mariage par lettre. Il a utilisé toutes ses économies pour s'acheter un billet d'avion, et nous nous sommes mariés à Tanger. C'était en 1948. L'homme qui ne voulait pas s'engager a fini par être marié pendant cinquante-sept ans.

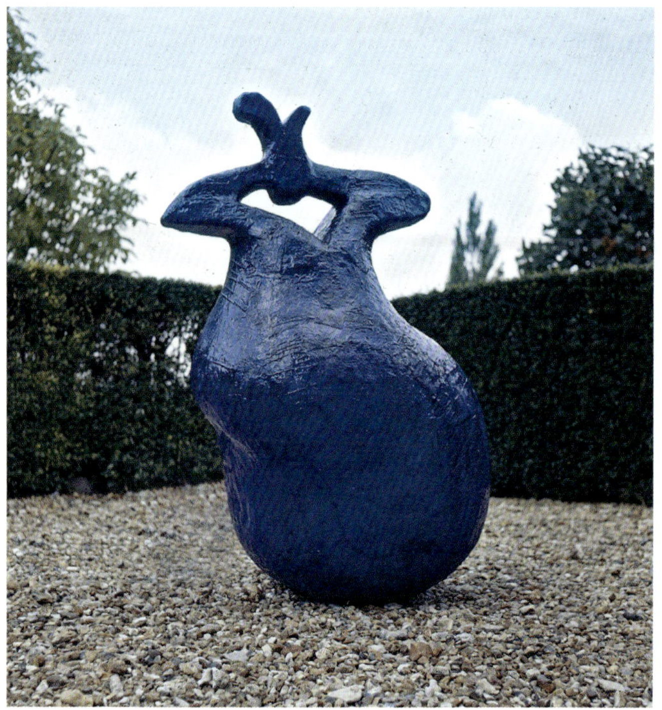

children. We all knew each other; we were all friends. It was then that I was called to the immigration office as I was seeking American citizenship.

I had studied for the citizenship test, and I thought I knew everything by heart. While the officer was out of the room, I saw a paper on his desk that caught my attention, and I started reading it upside-down. A friend and neighbor had reported to the FBI that Nat was a communist and that we had communist cell meetings in our apartment. It was the McCarthy era and accusing someone of being a communist was serious. Of course, it was ludicrous.

Later, I was called in by the FBI and the agent just kept drilling me, "Are you a communist? Is your husband a communist? Do you have friends who are communists?" They went to my workplace, and I lost that job because of it. It took me seven years to get my citizenship, when it should have been three. In 1990, I used the Freedom of Information Act to get the FBI file and there are memos from J. Edgar Hoover (p. 142). He was furious that the confidential informant's name had leaked out, while he didn't seem very worried that the Shapiros may be a threat to the security of the USA. We were later exonerated, as they obviously could not find any incriminating evidence of us being communists.

Did you ever find out why you were reported?
Nat was very open about his ideas and did not hide the fact that he was against the Korean War. He was, I would say, a liberal, but he never joined any party. His views may have upset the neighbor, but I also think it was because we had a New Year's Eve party where we included our Black friends, one of whom was Nat's best friend at the time. It upset people.

How did you end up in Europe?
One day in 1962, Nat said, "I want to see what's happening in Europe." We decided that he should go alone to "inspect the terrain," while I remained in Chicago with the two children, waiting to hear whether we should follow him or not. He went by ship to Naples, then drove to Milano, and then

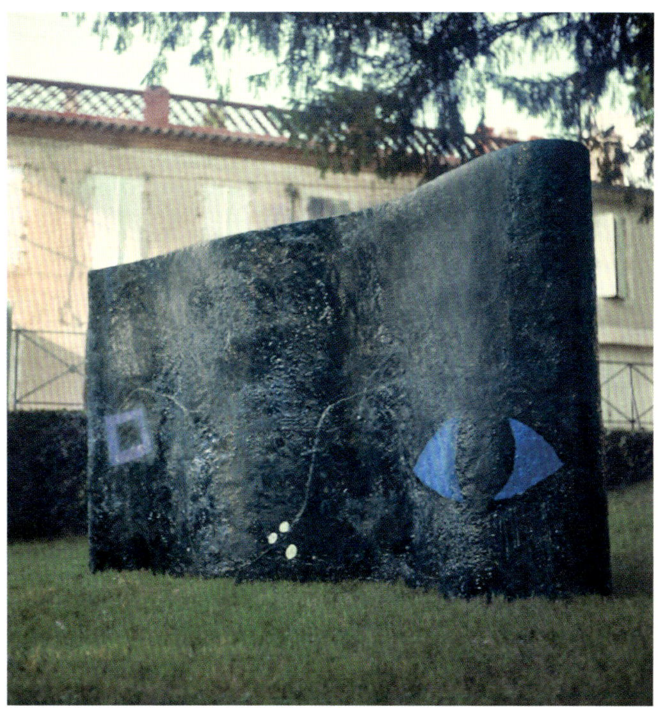

Nat vous avait-il déjà fait comprendre que l'art était la passion de sa vie ?
Absolument. Lorsque je l'ai rencontré, il étudiait à l'Art Students League. À l'époque, c'était la meilleure école d'art de New York. Toute ma vie, j'ai été entourée par les peintures et les sculptures de Nat. Nos appartements successifs ont servi de galerie tournante. Dès que Nat terminait une peinture, il la ramenait à la maison et l'accrochait, afin de pouvoir l'étudier et décider si elle était terminée ou non, si elle avait besoin de corrections, si elle lui plaisait ou non.

Quelle a été votre expérience avec le FBI et J. Edgar Hoover ?
Ça a été un des événements les plus traumatisants de ma vie. À l'époque, dans les années 1950, nous habitions un appartement dans le New Jersey. Nous partagions un jardin collectif, et nos voisins étaient pour la plupart de jeunes couples avec des jeunes enfants. On se connaissait tous ; nous étions tous amis.
C'est à cette époque que j'ai été convoquée au bureau de l'immigration, puisque j'avais demandé la citoyenneté américaine. J'avais étudié pour l'examen de citoyenneté, et je pensais tout savoir parfaitement. Alors que l'agent était sorti de la pièce, un papier sur son bureau a attiré mon attention ; j'ai commencé à le lire à l'envers. Un ami et voisin avait dénoncé Nat au FBI comme communiste, disant que nous tenions des réunions de cellule dans notre appartement ! C'était l'époque de McCarthy et accuser quelqu'un d'être communiste, c'était grave. Bien sûr, c'était ridicule.
Quelque temps après, j'ai été convoquée par le FBI, et l'agent n'a pas arrêté de m'interroger : « Êtes-vous communiste ? Votre mari est-il communiste ? Avez-vous des amis communistes ? » Ils se sont rendus à mon lieu de travail et j'ai perdu mon emploi. Il m'a fallu sept ans pour obtenir enfin la citoyenneté américaine, alors que cela aurait dû se faire en trois ans.
En 1990, j'ai eu recours à la Freedom of Information Act (loi sur la liberté de l'information) pour obtenir le dossier du FBI ; il contient des mémos de J. Edgar Hoover ! (p. 142) Il était furieux que le nom de l'informateur ait été divulgué, mais ne semblait pas très inquiet que les Shapiro puissent constituer une

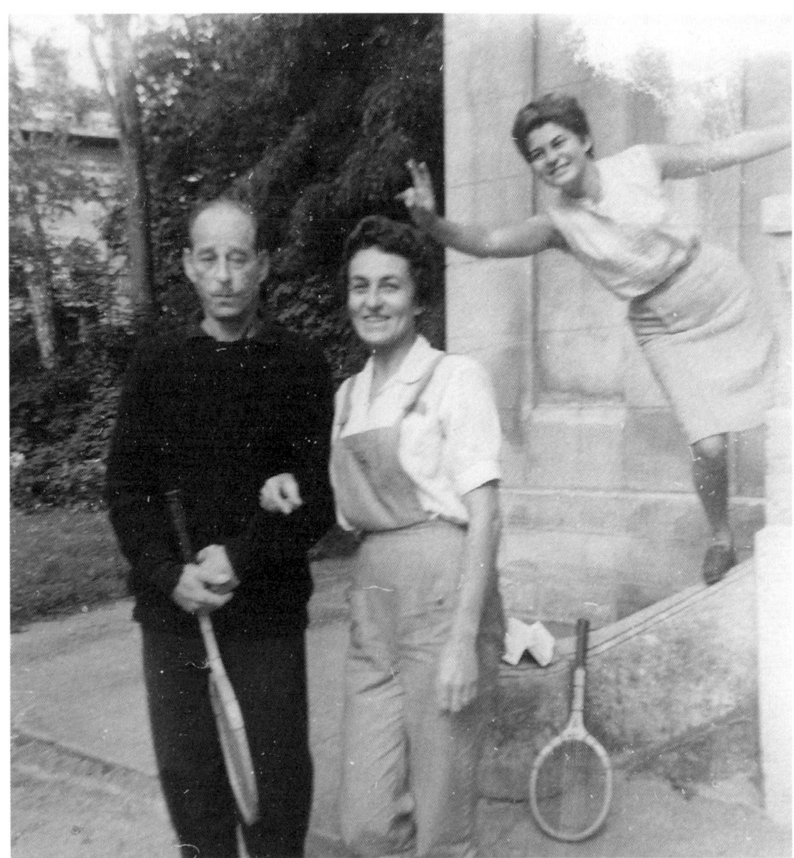

Nat, Mirella, Roberta.
Le Vésinet, 1965

to Nice and finally to Paris. All along his pilgrimage he took many photos from which, later on, he made paintings catching the mood and particularity of that monument or that landscape. Before leaving, he'd gotten a commission from the Lions Club for pen and ink sketches of Nice and that paid for his expenses.

Eventually I joined him with the kids. How would we survive? How would the children react to such a change of culture, language, school? We did not dwell on all these important problems. We just got on a ship and went.

What was it like starting over in France?

We stayed in a house near Cannes at first, because even sixteen years after the end of WWII, it was very difficult to find lodging in Paris. We wanted a place with a telephone, and you had to wait three years to get a telephone in Paris in those days. We were poor for the first years because Nat had a tough time finding a job. He didn't know the language, although he later became fluent. Then he started working for a magazine. He was paid very poorly, but it was an income. We saved on everything and were frugal. I made the kids' clothes.

Did he have a studio at that point?

No, no, no. He just bought a board, leaned it against some furniture, and used that makeshift drawing-table to work on. He did the sculpture *The King* (Fig. 88 and p. 144) from a tree trunk he found in the garden. He just started chipping away until he got the sculpture, which he had never done in his life. He didn't even have the tools. He just had a hammer and a chisel and with that he succeeded in creating an amazingly beautiful sculpture.

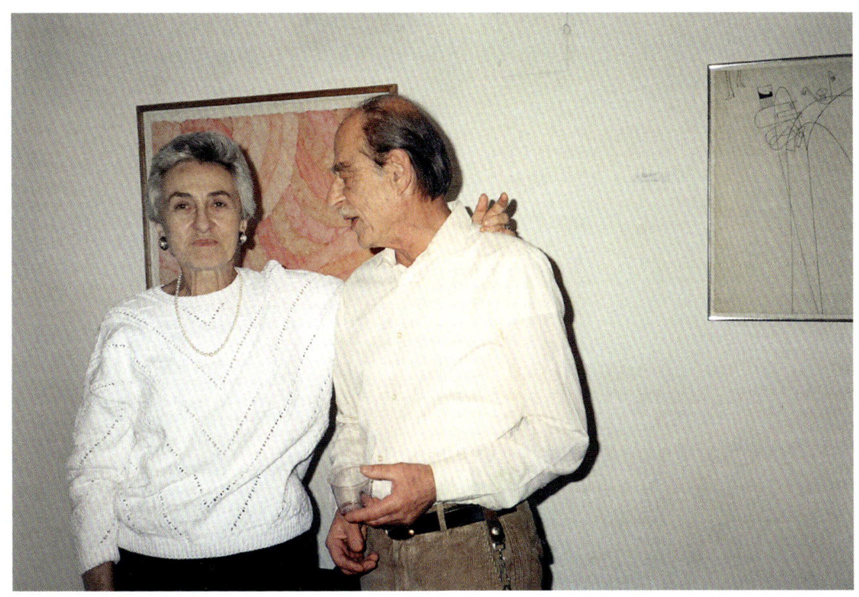

Nat and Mirella at
opening at Upstream
Gallery, 1991
Nat et Mirella au
vernissage à l'Upstream
Gallery, 1991

menace pour la sécurité des États-Unis. Plus tard, nous avons été disculpés, car il n'y avait évidemment pas d'élément d'une quelconque appartenance communiste.

Est-ce que vous avez su pourquoi vous aviez été dénoncés ?

Nat parlait très ouvertement de ses idées et ne cachait pas qu'il était contre la guerre de Corée. Je dirais qu'il était progressiste, mais il n'a jamais adhéré à un parti. Ses opinions ont peut-être dérangé le voisin, mais je pense aussi que c'est parce que nous avions organisé une fête pour le réveillon du Nouvel An à laquelle nous avions invité nos amis noirs, dont l'un était le meilleur ami de Nat à l'époque. Cela en a indisposé certains.

Comment vous êtes-vous retrouvés en Europe ?

Un jour de 1962, Nat a dit : « Je veux voir ce qui se passe en Europe. » Nous avons décidé qu'il irait seul « inspecter le terrain », tandis que je resterais à Chicago avec les deux enfants, en attendant de savoir si nous devions le suivre ou non. Il s'est rendu par bateau à Naples, puis en voiture à Milan, puis à Nice et enfin à Paris. Tout au long de son pèlerinage, il a pris de nombreuses photos, à partir desquelles il a réalisé plus tard des tableaux qui saisissent l'ambiance et la particularité de tel monument ou de tel paysage. Avant de partir, il avait reçu une commande du Lions Club pour des croquis de Nice à la plume et à l'encre, ce qui lui a payé ses frais.
J'ai fini par le rejoindre avec les enfants. Comment allions-nous survivre ? Comment les enfants allaient-ils réagir à un tel changement de culture, de langue, d'école ? Nous ne nous sommes pas attardés sur ces questions importantes. Nous avons simplement pris le bateau et nous sommes partis.

Comment c'était, de tout recommencer en France ?

Nous avons habité dans une maison dans l'arrière-pays cannois, car même seize ans après la fin de la Seconde Guerre mondiale, il était très difficile de trouver un logement à Paris. Nous voulions un logement avec le téléphone, et à l'époque il fallait attendre trois ans pour l'avoir. Nous étions pauvres, les premières années, parce que Nat avait du mal à trouver un emploi. Il ne connaissait pas le français, même si plus tard il l'a parlé couramment. Puis, il a commencé à travailler pour un magazine. Il était très mal payé, mais c'était un revenu. Nous économisions sur tout et nous vivions de manière frugale. Je cousais les vêtements des enfants.

Est-ce qu'il avait son atelier à ce moment-là ?

Non, non, non. Il a simplement acheté une planche, l'a appuyée contre un meuble et a utilisé cette table à dessin de fortune pour travailler. Il a réalisé la sculpture *The King* (*Le Roi*) (fig. 88 et p. 144) à partir d'un tronc d'arbre qu'il avait trouvé dans le jardin. Il s'est mis à tailler le bois, jusqu'à ce qu'il en sorte une sculpture, alors qu'il n'avait jamais fait ça auparavant. Il n'avait même pas l'outillage. Il n'avait qu'un marteau et un ciseau, et avec ça il a réussi à créer une sculpture d'une grande force.

How did Nat approach his work as an artist? What fueled him?

It's just something that you want to do, you feel you have to express yourself one way or the other. It was part of his life structure, something he had to do. He was disciplined and went to his studio every day and when he came home in the late afternoon he'd say, "Oh, I didn't do anything today. I couldn't think of anything." And then another day he would say, "Oh, I just did something. Come."

How did he view the process?

He always said, "It's work. It's work. You think it's just fun? No, it's work." He had to think about it, organize it and make sketches, put it down on a canvas or paper and then look at it and correct it, or change it, or destroy it or whatever. It was mental work.

Was there a particular work he was especially proud of?

Every time he started in a new direction, he liked that. He was very, very proud of the big canvas he did after we returned to live in New York, called *Universe* (Fig. 33, p . 40–41, see also p. 148). It takes up a whole wall and he worked on a ladder to paint it. He wanted it to hang in a large space to allow, in his words, "the mind to expand to its dimensions." It is certainly one of his best, if not the best piece he has created.

Comment Nat abordait-il son travail d'artiste ? Qu'est-ce qui le motivait ?

C'est tout simplement quelque chose qu'on veut faire ; on sent qu'il faut s'exprimer d'une manière ou d'une autre. Ça faisait partie de la structure de sa vie, c'était quelque chose qu'il fallait qu'il fasse. Il était discipliné et se rendait à son atelier tous les jours. Il rentrait à la maison en fin d'après-midi, et il disait : « Bon, aujourd'hui je n'ai rien fait. Je n'ai pas été inspiré. » Et puis un autre jour, il disait : « Voilà, je viens de réaliser quelque chose. Viens voir. »

Comment voyait-il le processus ?

Il disait toujours : « C'est un travail. C'est un travail. Vous pensez que c'est juste pour s'amuser ? Non, c'est un travail. » Il devait penser, organiser, faire des croquis, les reporter sur toile ou sur papier, puis ensuite les regarder et les corriger, les modifier, les détruire ou quoi. C'était un travail de l'esprit.

Y a-t-il une œuvre dont il était particulièrement fier ?

Chaque fois qu'il s'engageait dans une nouvelle direction, il l'aimait. Il était très, très fier de la grande toile qu'il a faite après notre retour à New York, intitulée *Universe* (*L'Univers*) (fig. 33, p . 40-41 ; voir aussi p. 148). Elle occupe tout un mur et il l'a peinte debout sur une échelle. Il voulait qu'elle soit accrochée dans un grand espace pour, comme il le disait, permettre « à l'esprit de se déployer dans la plénitude de ses dimensions ». C'est certainement l'une de ses meilleures œuvres. C'est peut-être la meilleure qu'il ait créée.

79. *Evolution / The Wall,*
1974

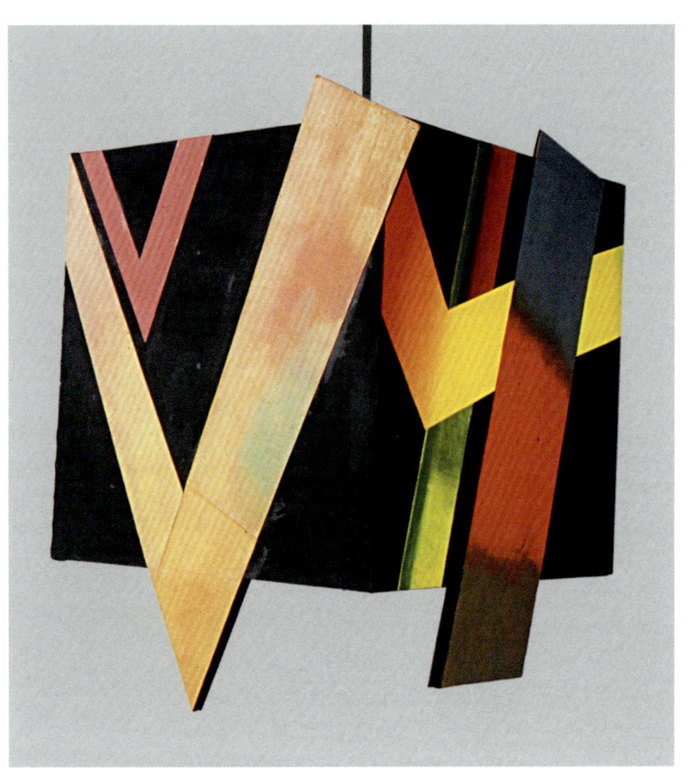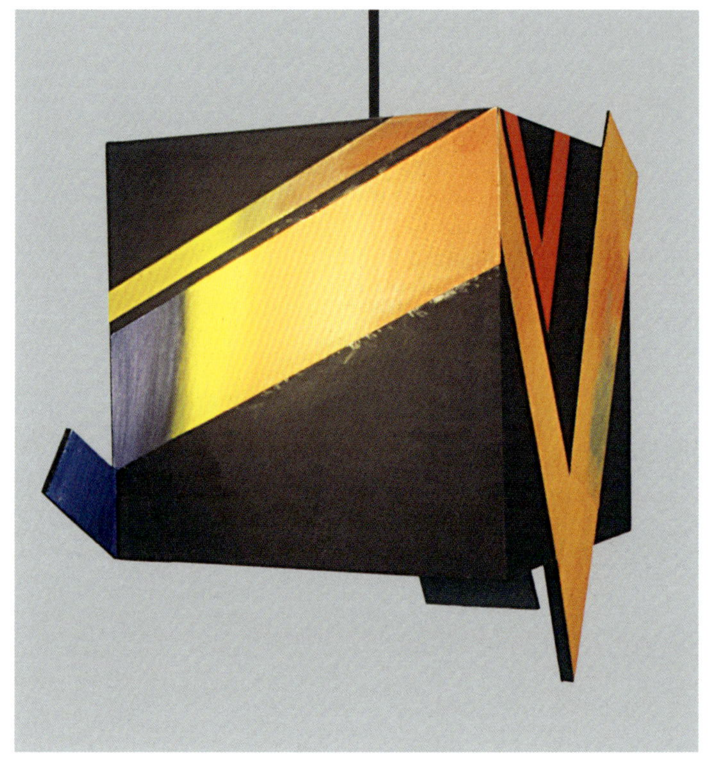

80. *Kinetic Cube*, 2000

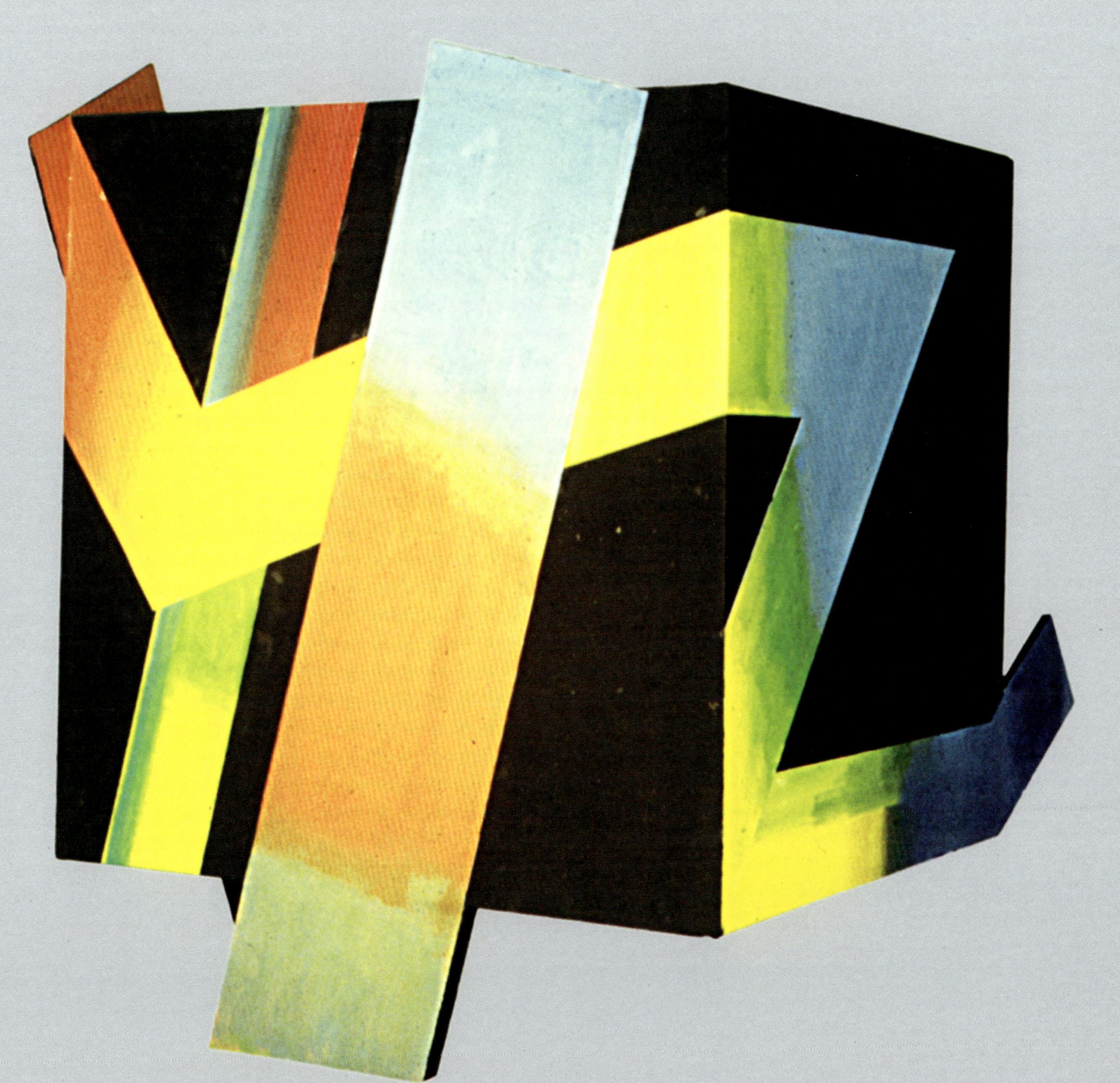

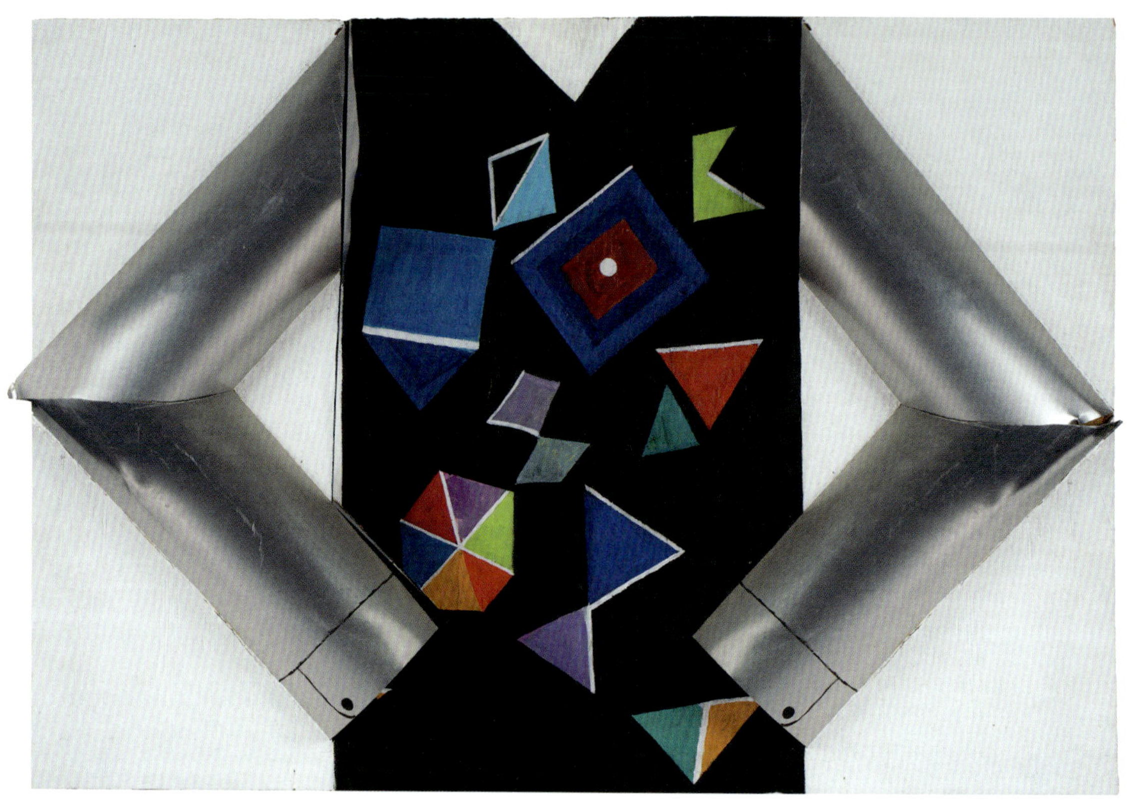

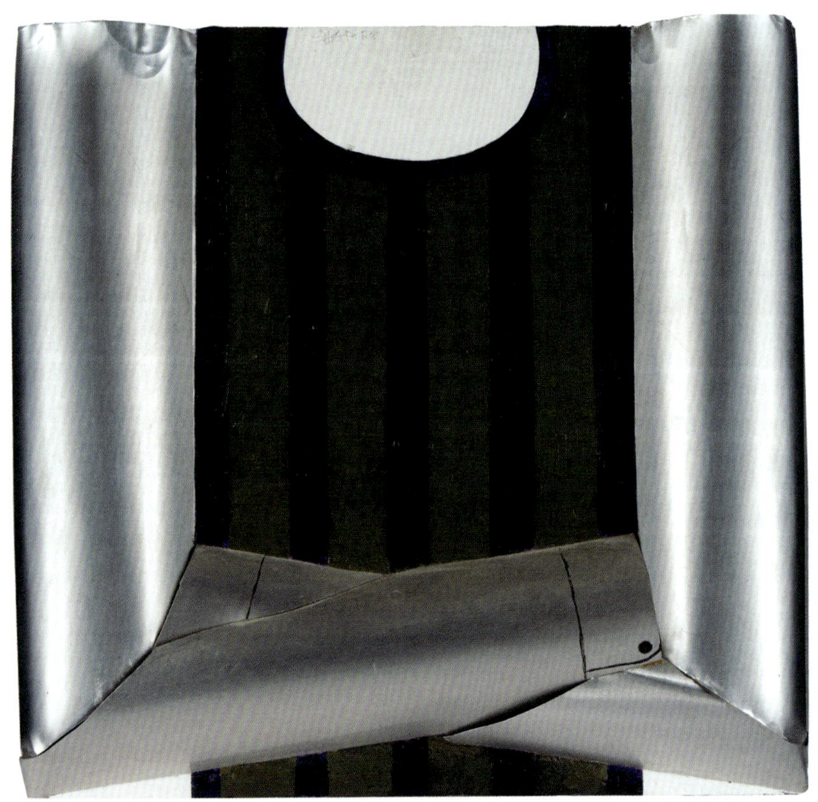

81. *Sleeves I*, ca. 1995

82. *Sleeves III*, ca. 1995

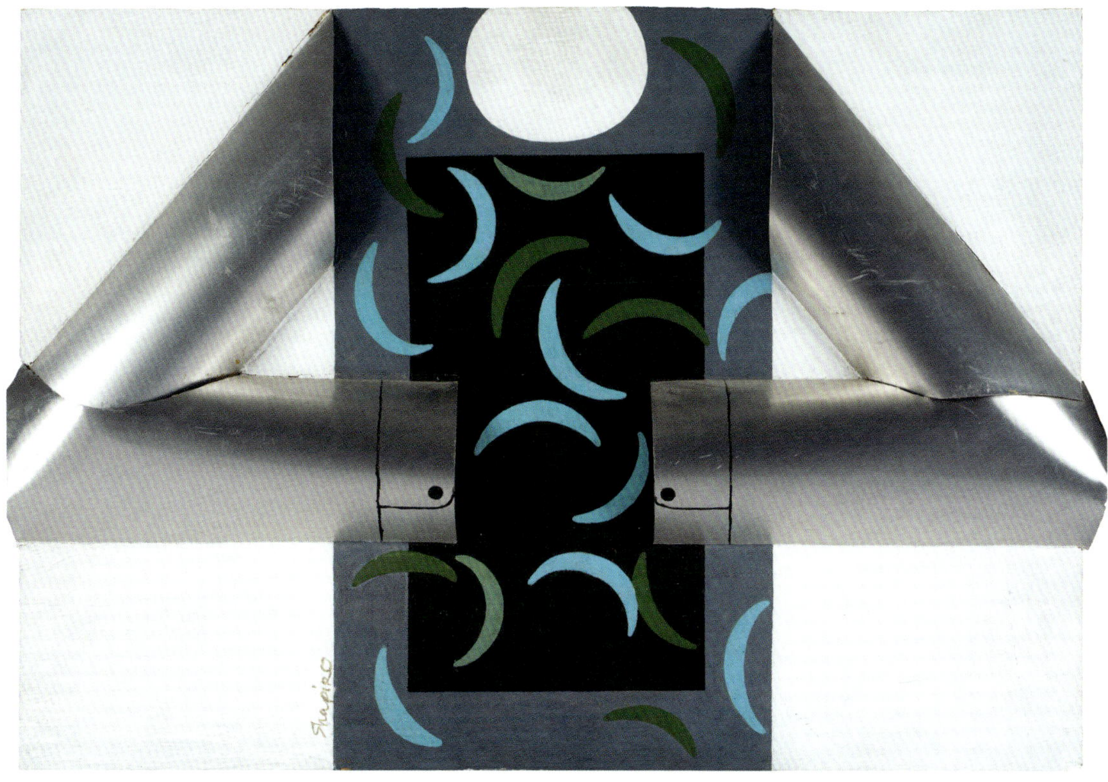

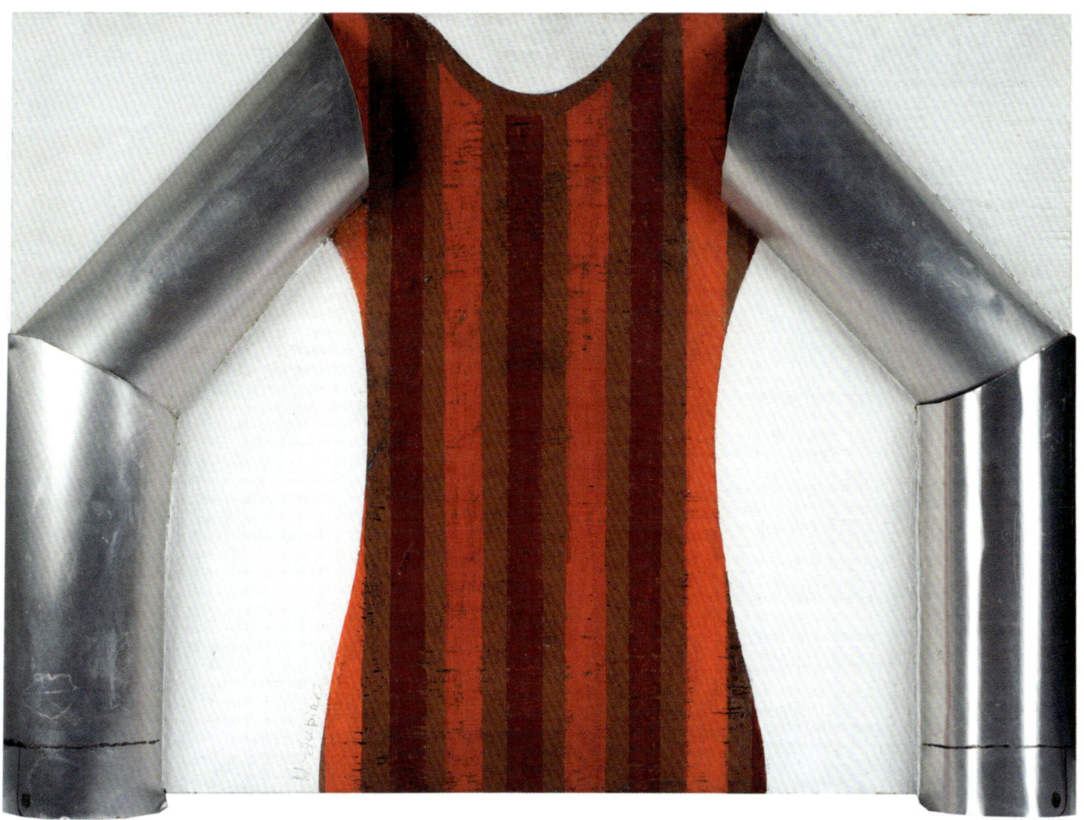

83. *Sleeves II*, ca. 1995

84. *Sleeves IV*, ca. 1995

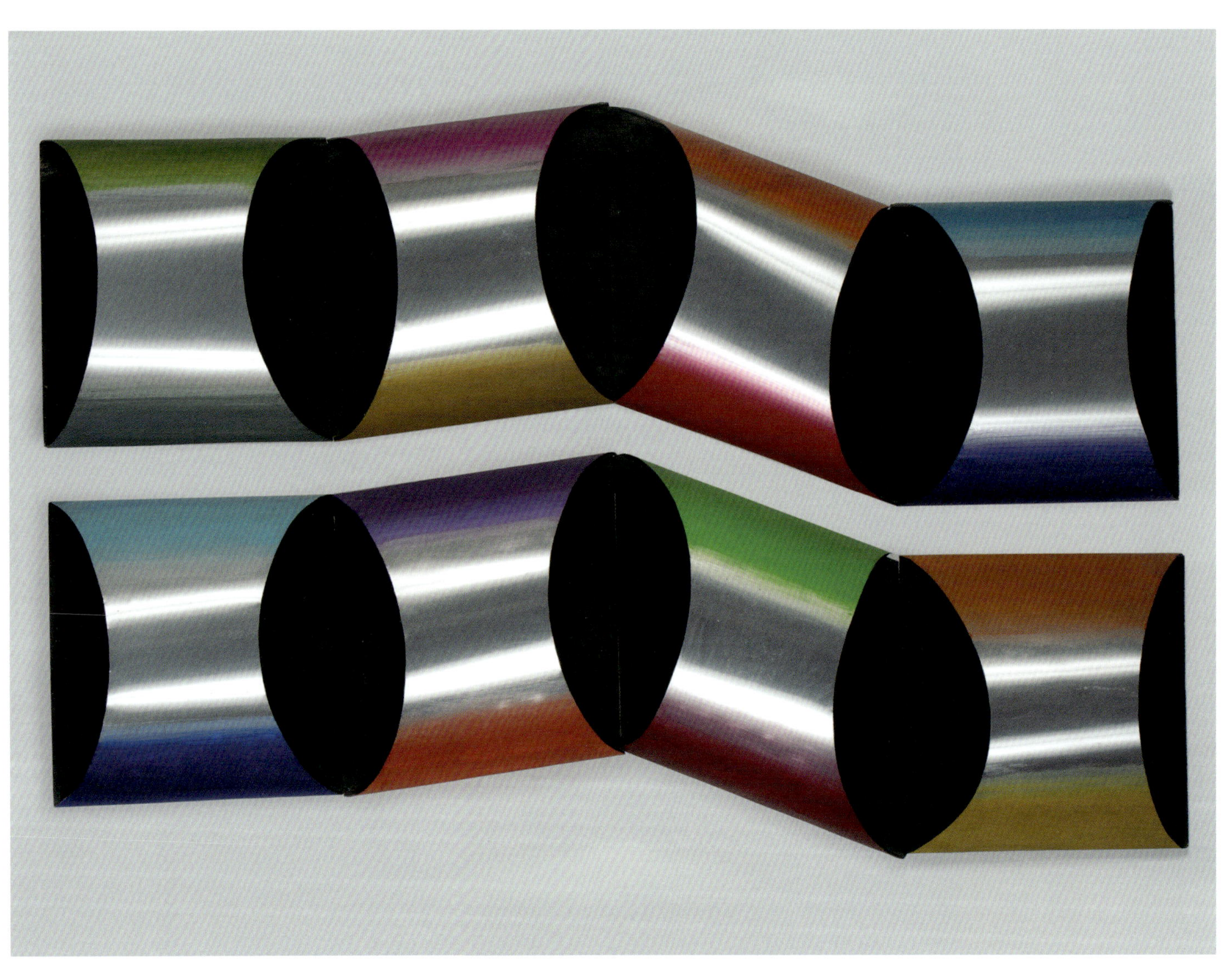

85. *Le Tunnel sous
la Manche*, 1992

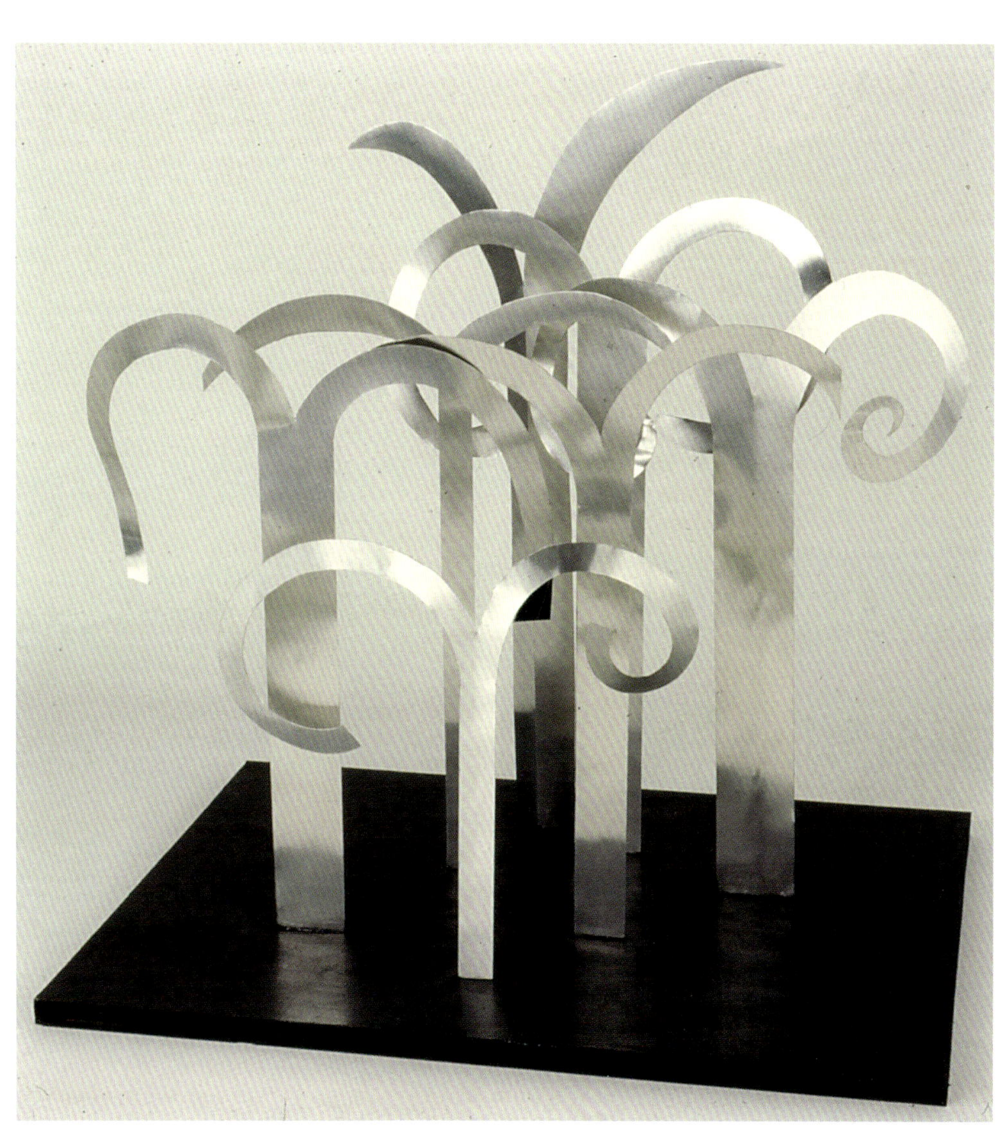

86. *Oasis*, ca. 1995–96

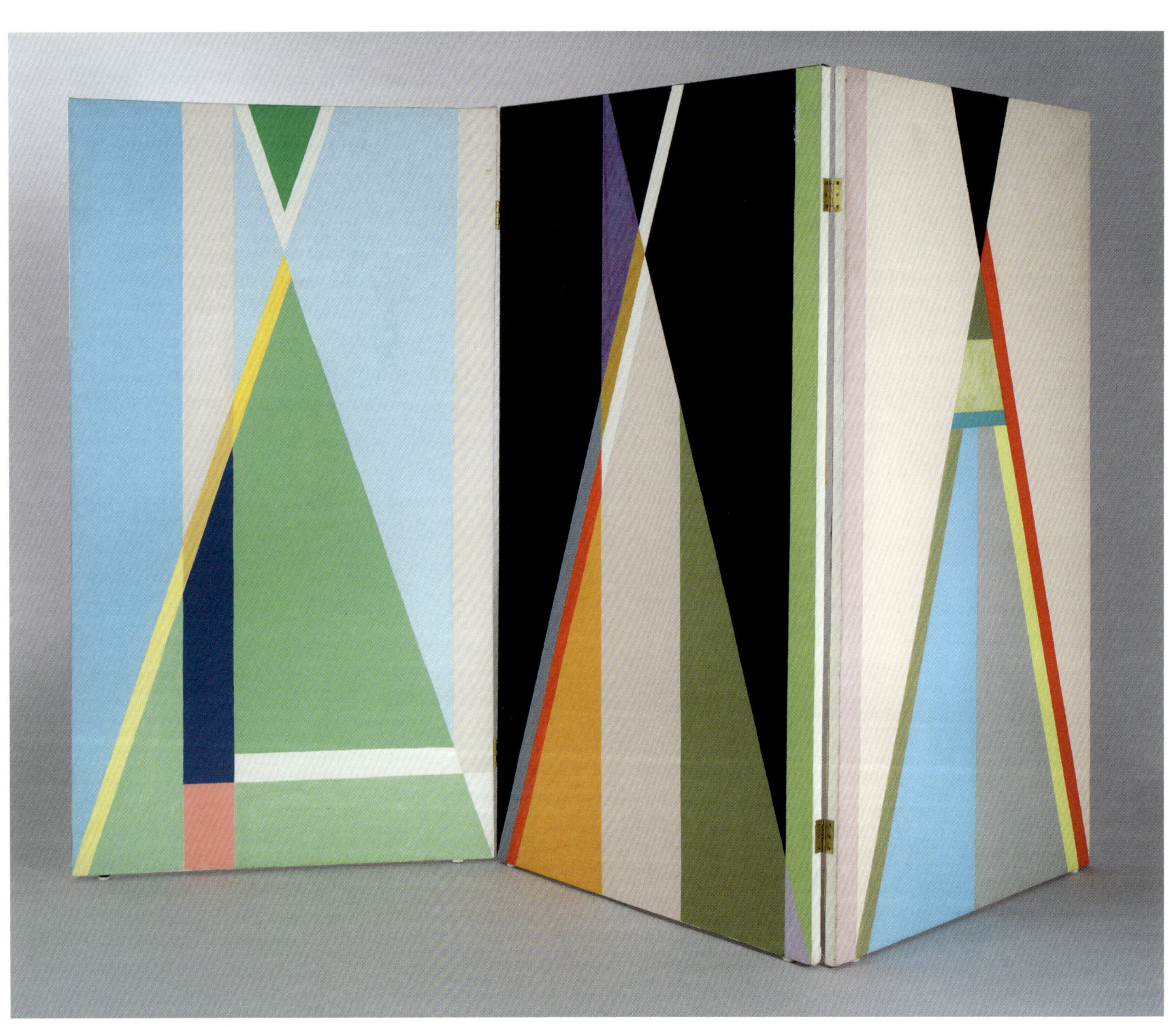

87. *Screen*, ca. 2001

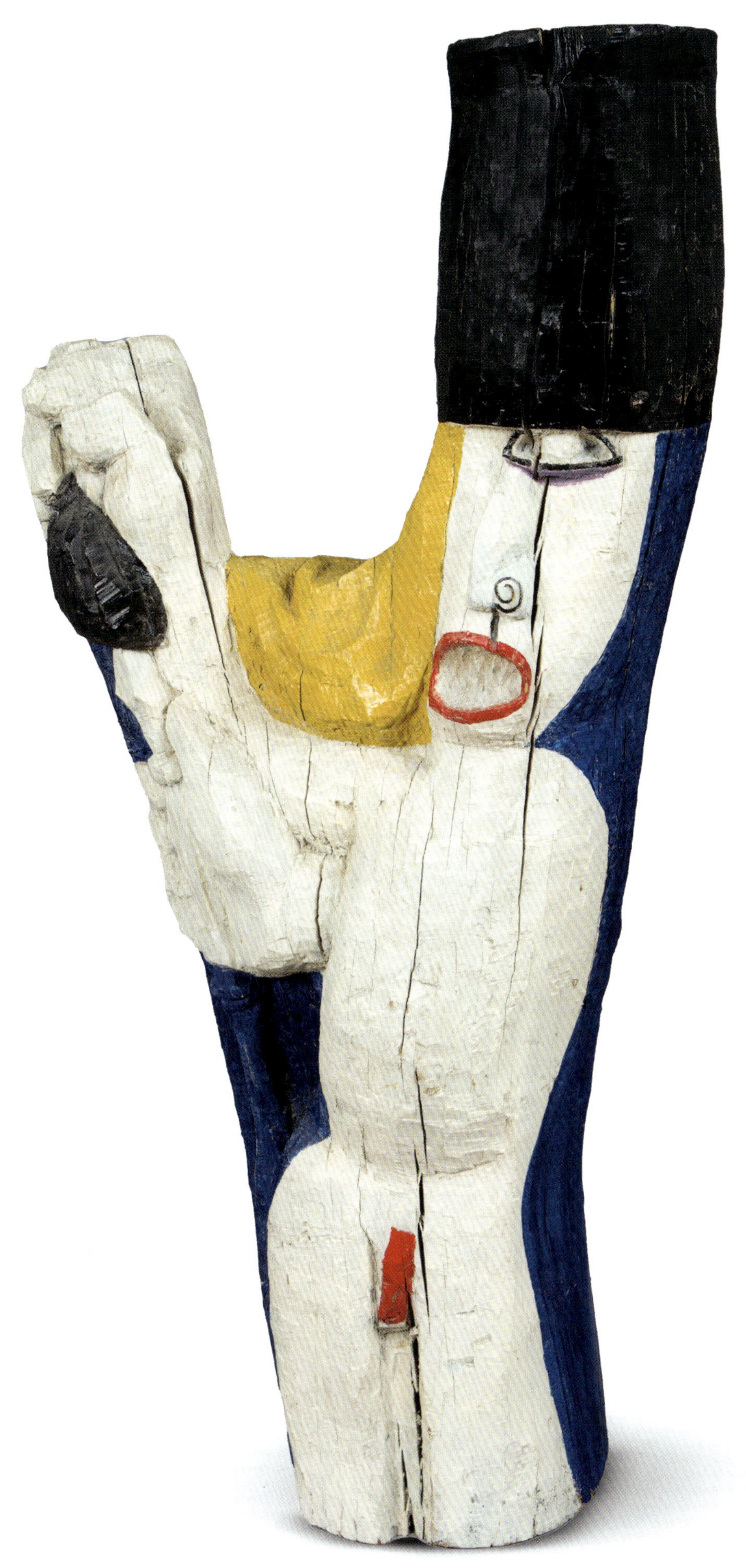

88. *The King*, 1963

Reflections on Byzantine Cupolas

Hélène Bordeloup
Art teacher, painter, sculptress

From Venice to Palermo, Ravenna to Monreale, not to mention the precious little church of Daphni in Greece, Nat Shapiro was fascinated and dazzled by eastern Byzantine culture with its sumptuous mosaic decorations.

Here he discovered the Byzantine cupolas; empty domes decorated with angels and saints where impassive and supreme Gods sit enthroned against a gold background. Inspired, Shapiro created his own series of domes (Figs. 89-95), concentrating and developing his creations with independence and his highly personal way of distancing. These impressions are devoid of the traditional representation of the ancient works, but full of a new visual meaning. In front of Nat's vast expanses of white, we are reduced to silence, even as a few flat blacks come to punctuate and underscore the emptiness, bringing depth to thee worlds.

89. *Cupolas and Saints*, 1966

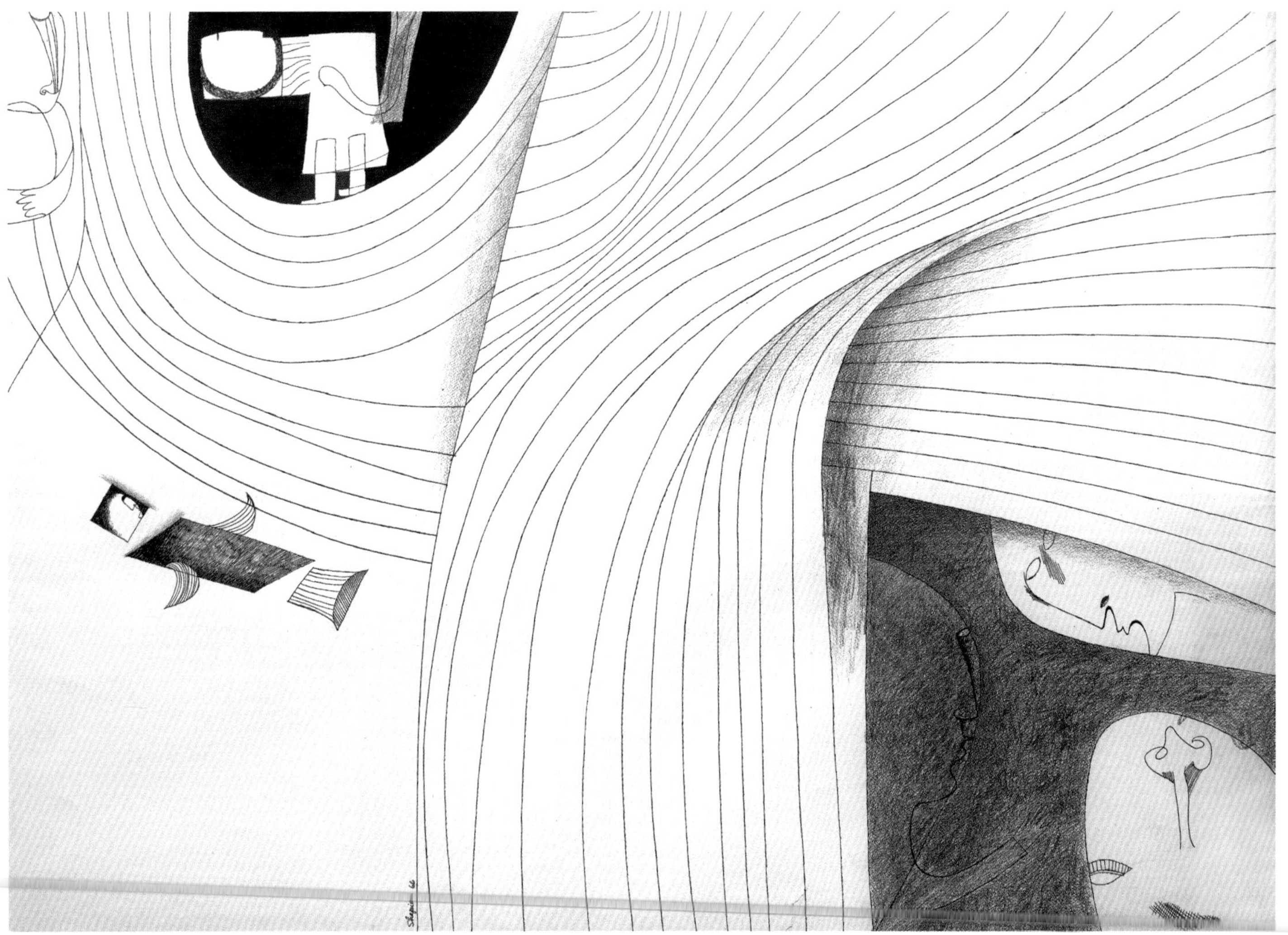

Réflexions sur les coupoles byzantines

Hélène Bordeloup
Professeur d'art, peintre, sculptrice

De Venise à Palerme, de Ravenne à Monreale, sans oublier la précieuse petite église de Daphni en Grèce, Nat Shapiro découvre, fasciné et ébloui, la culture byzantine orientalisante, avec ses somptueuses décorations en mosaïque…
Certes, pas par l'appareillage en lithopericlisto ou par les chapiteaux en imposte et travaillés au trépan, même si cela donne de délicates dentelles, mais plutôt par les coupoles : espaces vides et pleins de ces ors intemporels où trônent impassibles et souverains des Dieux hiérarchiques (figs. 89-95).
Au-delà de l'impression visuelle, Nat concentre et mûrit sa création, avec l'indépendance et la distanciation qui lui sont propres.
Ainsi, émerge cette série de coupoles intellectuellement dépouillées de leurs apparentes richesses.

90. *The Stela and the Law*, 1966

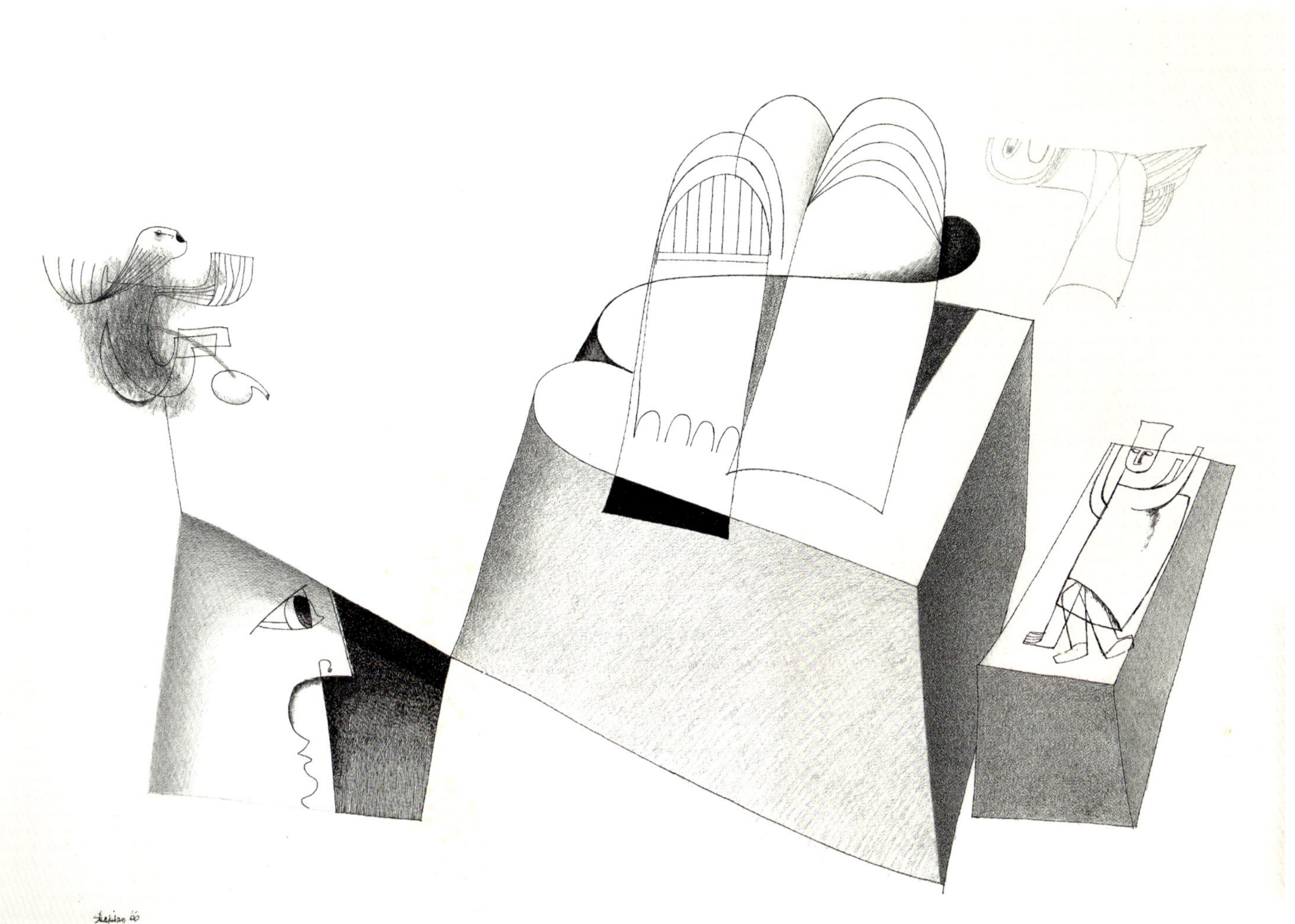

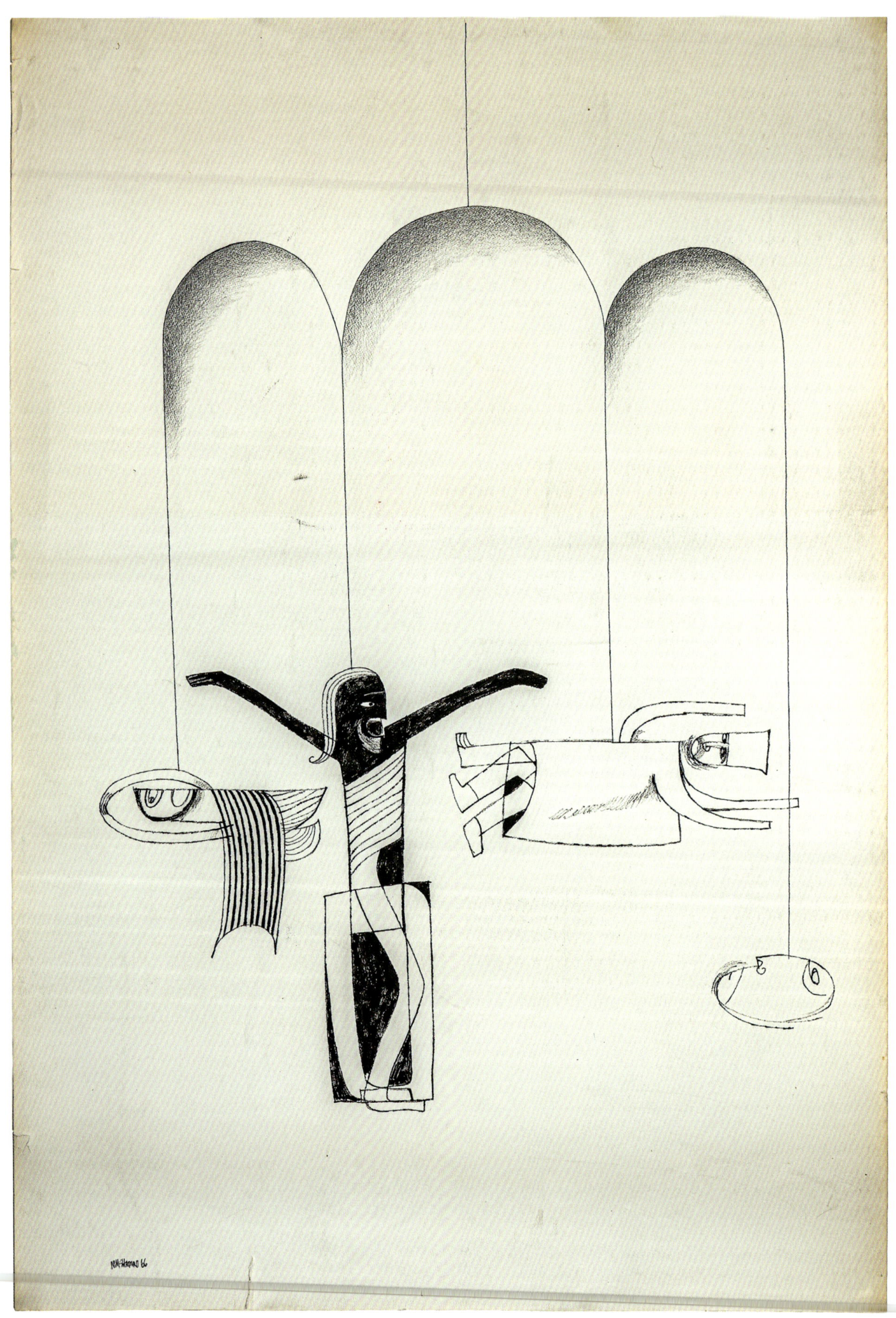

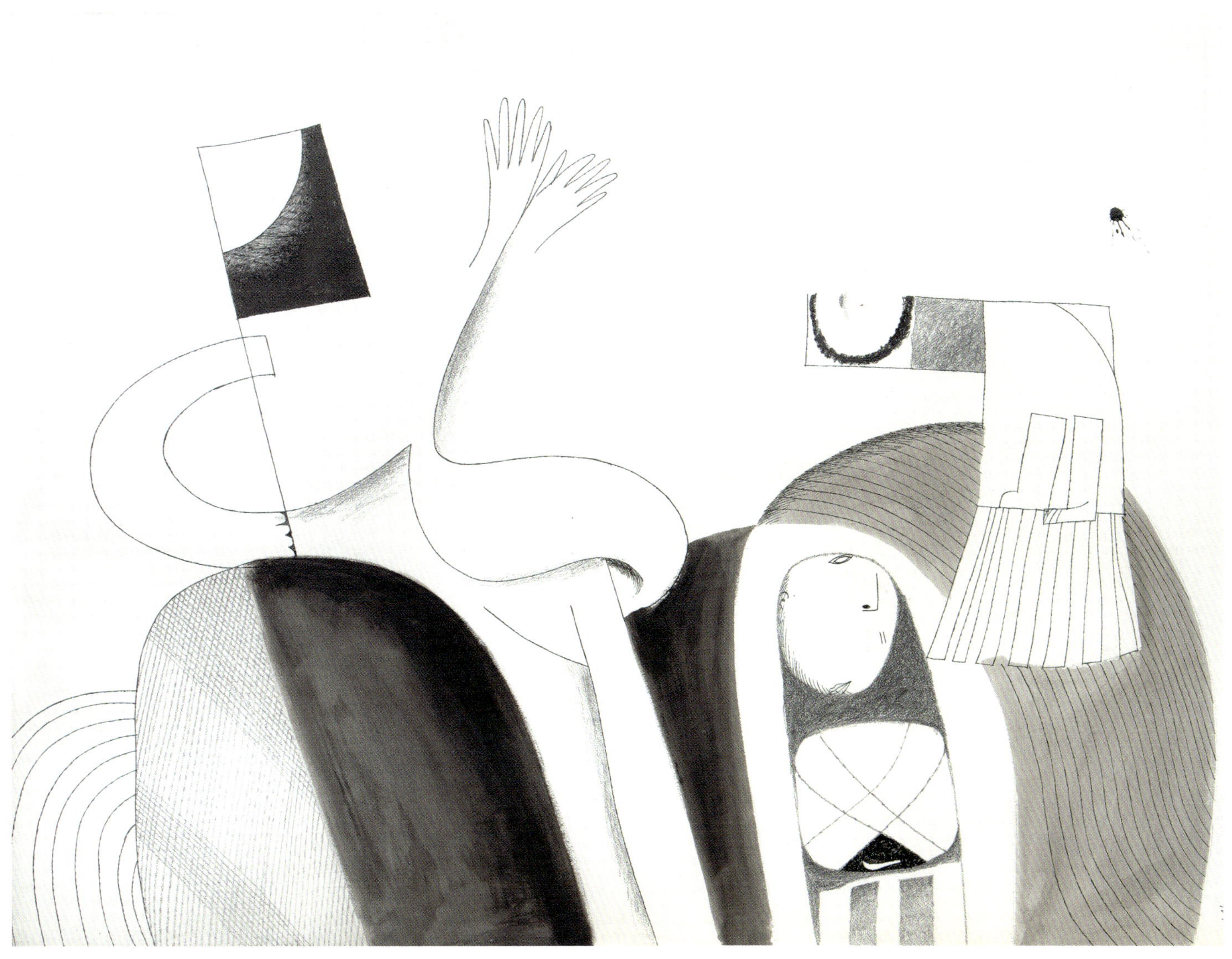

91. *Black Jesus*, 1966,

92. *Byzantine Family*,
1966

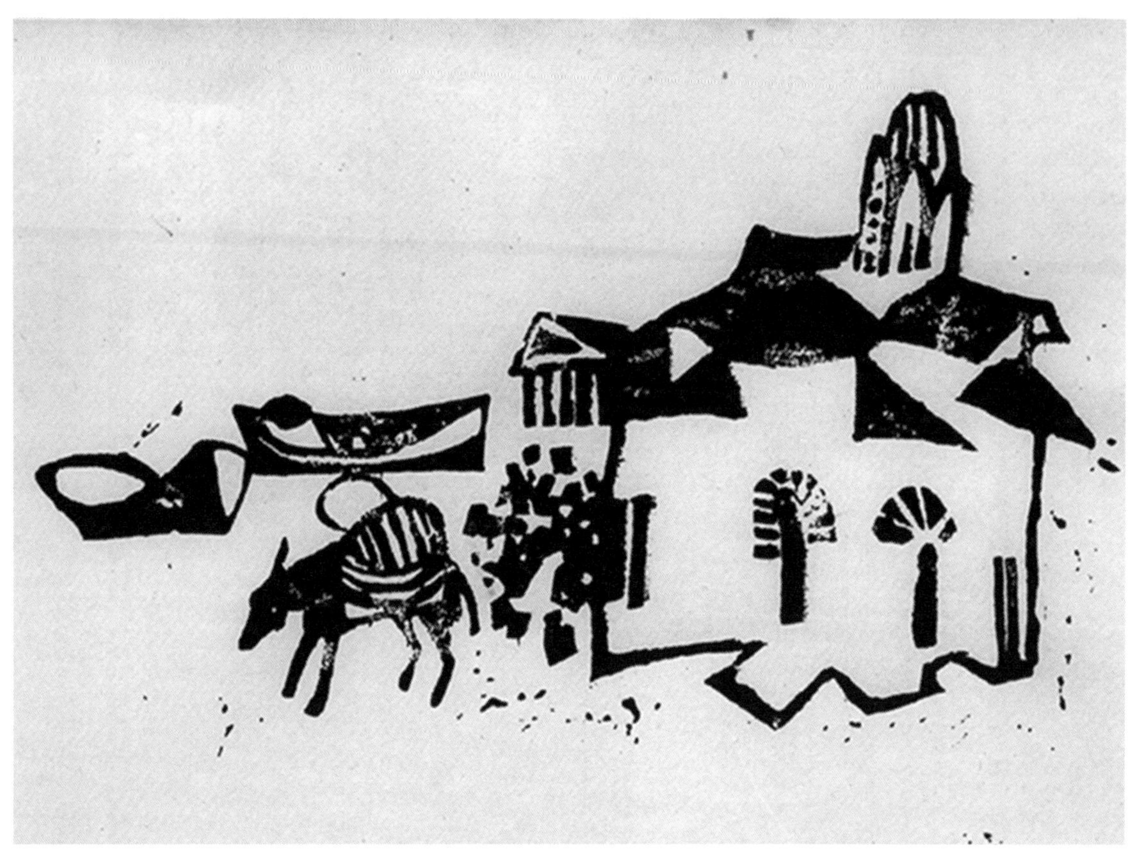

Gradually the shapes of the cupolas emerge, highly stylized and stripped of the glowing Byzantine style, evoking the calm and discreet shapes of the humble Greek domes nestled in the hollows of the mountains. Line plays with space; at times thin, light, and aerial, sometimes abundant, always organized. With fluidity, they dart, mingle, overlap, spread out, and now and then, escape the pictorial space. They often appear with a dazzling gesture, like a straight thrust, bringing to mind Nat's speed and agility as a talented fencer.

Other times, the lines are strong and solid, in a more architectural manner, built with a wide arabesque, the dome growing dark, with a few frail touches of black marking the drama played out below. Popes and chandeliers are spiritually present, albeit at Nat's chosen distance.

The sacred is never too far away.

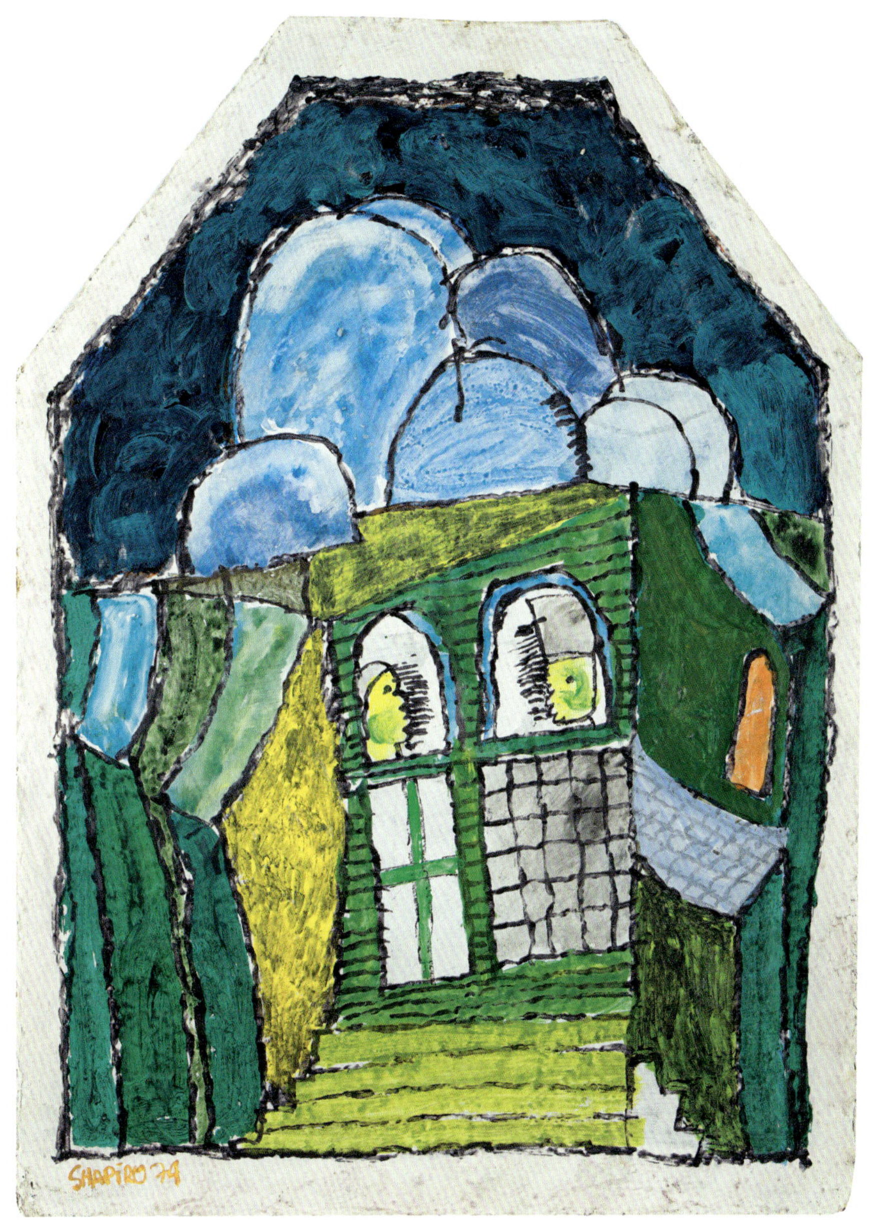

94. *Byzantine Church,*
1976

D'emblée, devant ces vastes étendues si blanches, le silence s'impose, même si quelques aplats noirs viennent ponctuer et souligner les vides pour rendre au monde sa profondeur.

Ainsi, peu à peu émergent les formes des coupoles bien personnelles et loin des rutilances byzantines, mais plutôt évoquant les calmes et discrètes formes des humbles coupoles grecques nichées au creux des montagnes. Les lignes se jouent de l'espace, tantôt fines et légères… aériennes, tantôt foisonnantes, toujours organisée. Avec fluidité, elles s'élancent, se mêlent, se chevauchent, s'étalent, voire s'évadent de l'espace pictural, pour parfois y revenir, libérant le jeu graphique d'un geste fulgurant, celui de l'escrimeur brillant et redoutable qu'était Nat, avec son coup droit et sous le regard perçant qui était le sien.

Parfois, plus architecturé, le trait se fait fort, solide, construit d'un large trait arabisant et la coupole s'assombrit. Le sacré n'est jamais trop loin et par quelques frêles lignes marque un abri pour le drame qui se joue en dessous, suggéré par quelques touches noires. Popes et chandeliers sont spirituellement présents, quoiqu'avec la distanciation propre à son auteur.

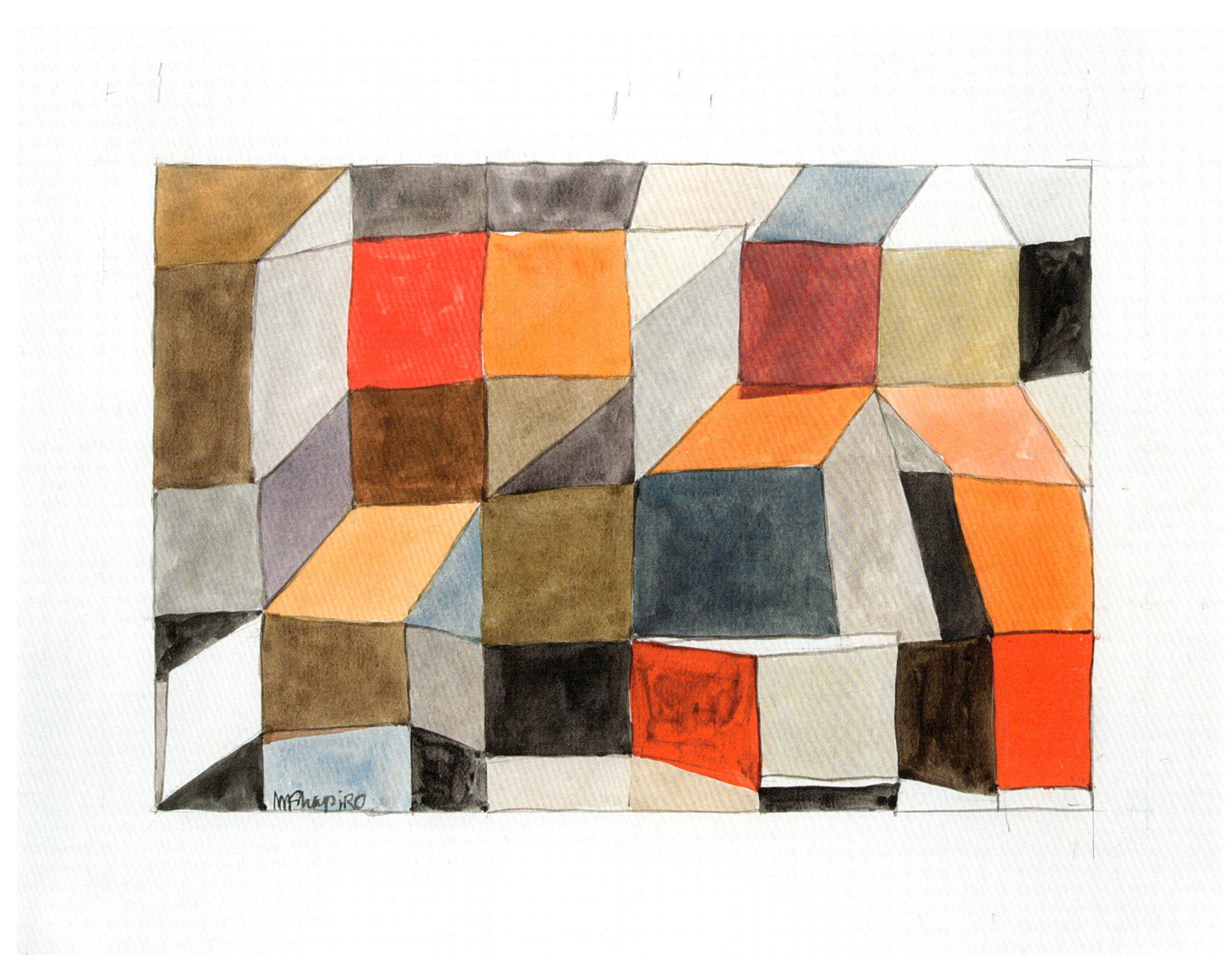

95. *Cubes*, undated / s.d.

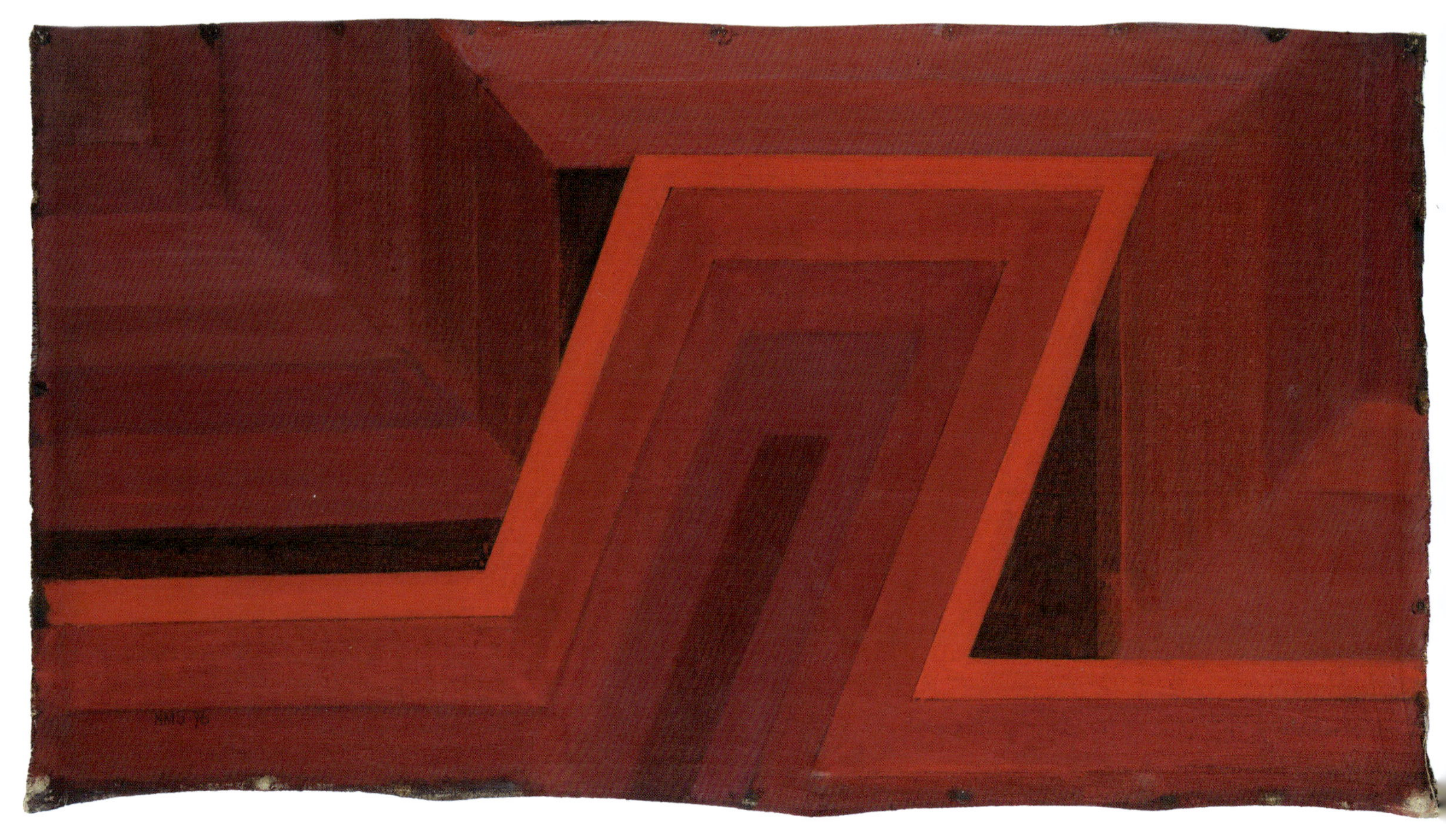

96. *Untitled*, 1976

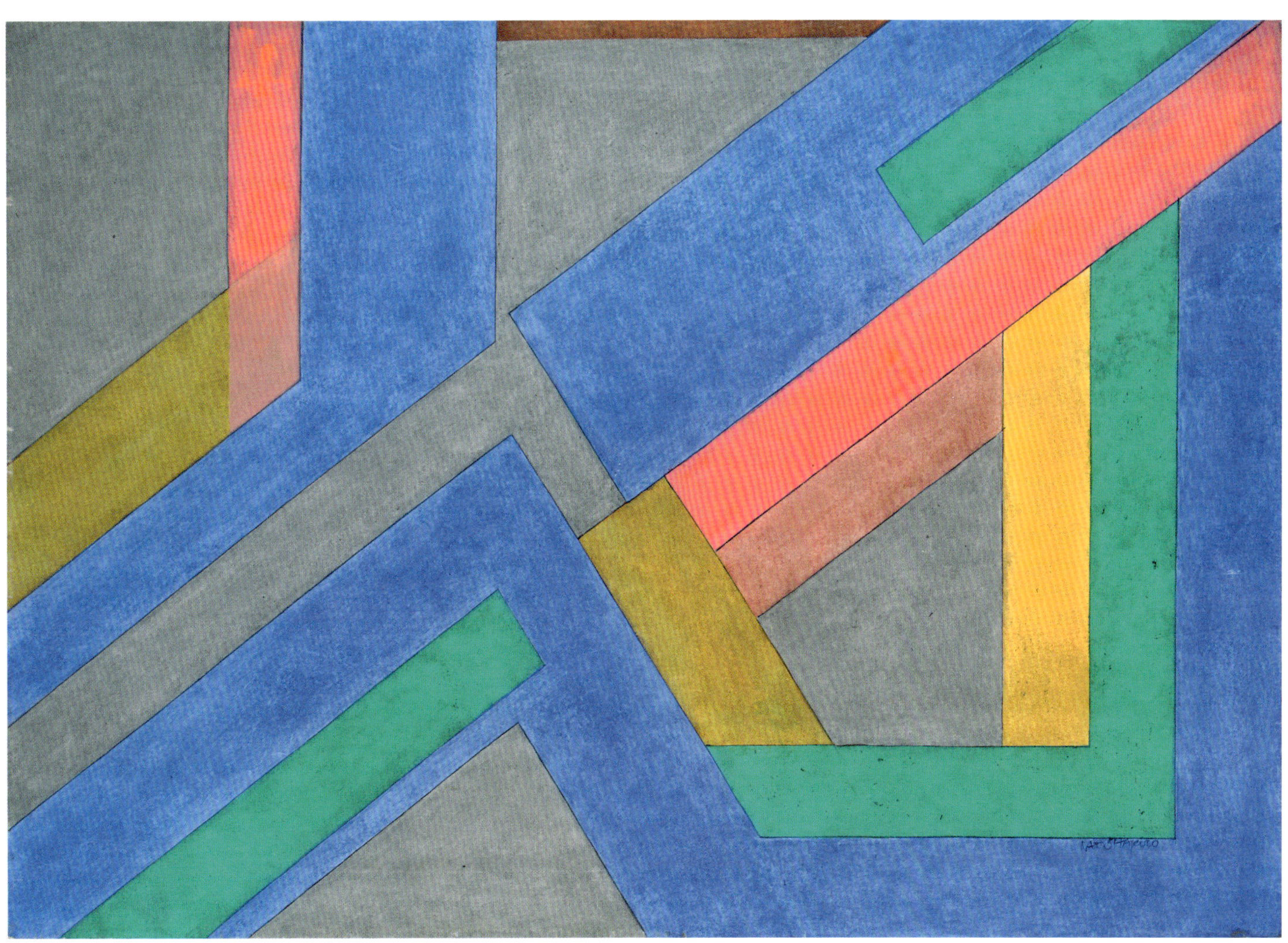

97. *Canals*, undated / s.d.

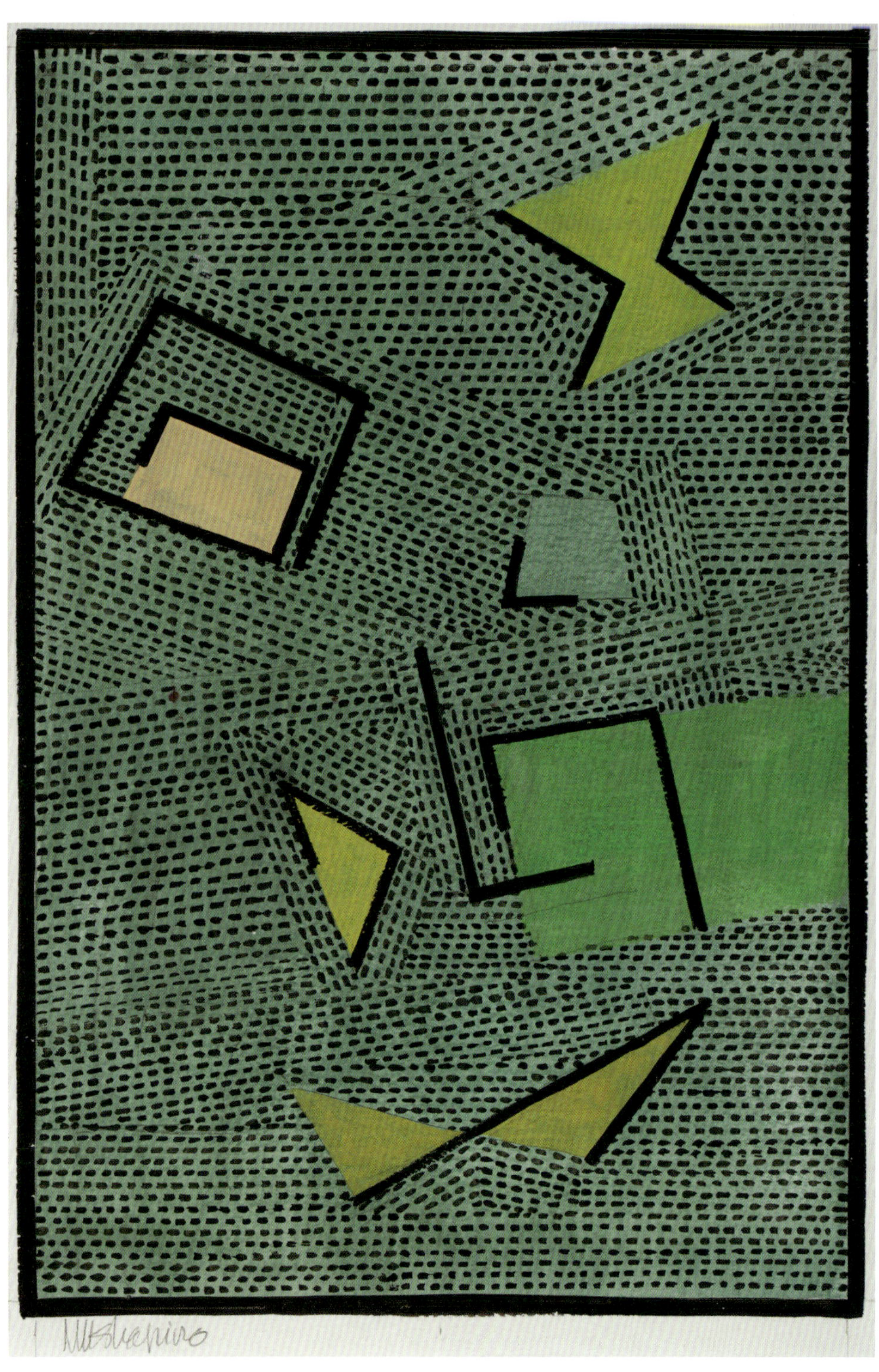

98. *Mosaic in Green,*
undated / s.d.

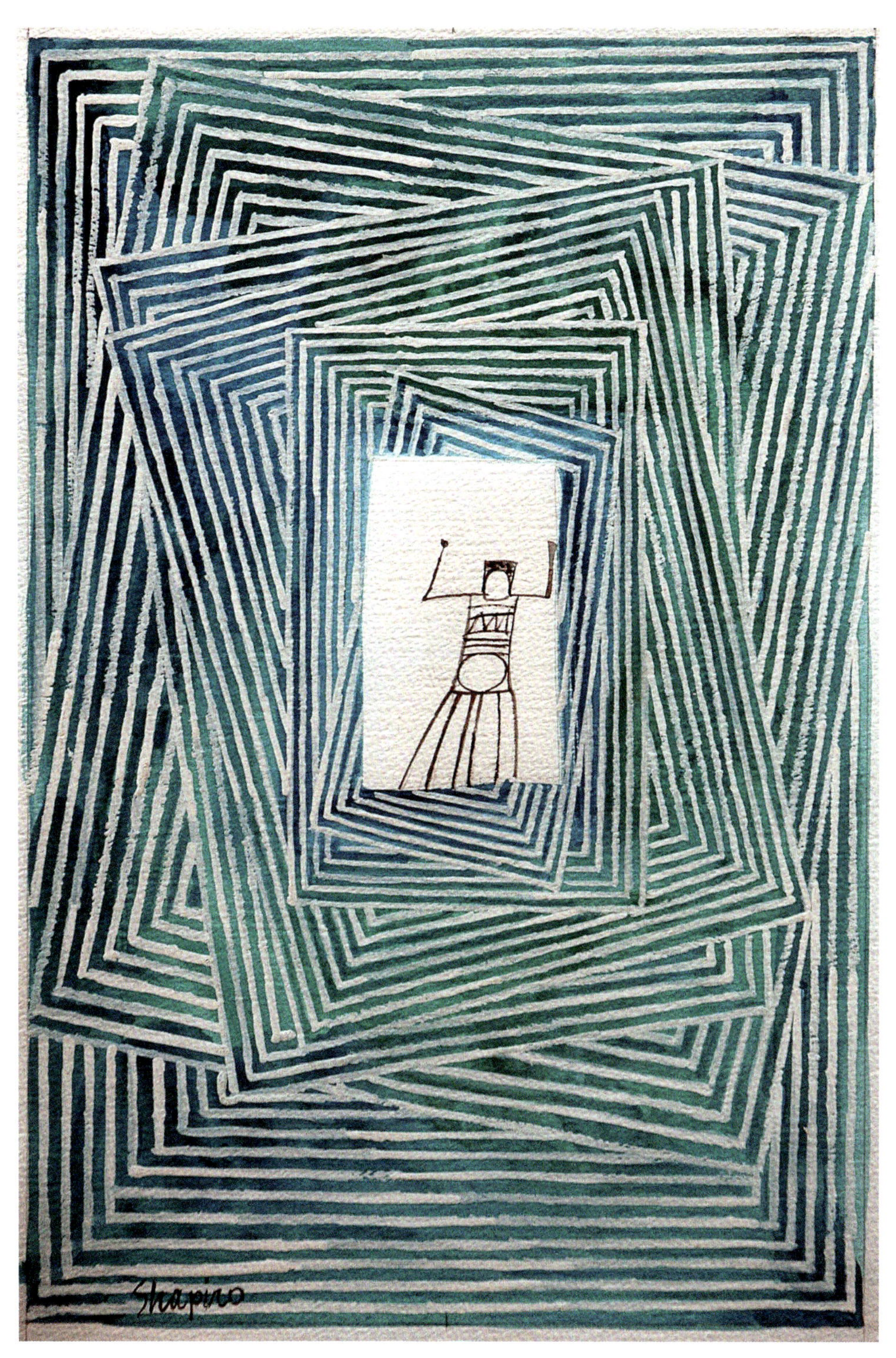

99. *Looking Down*,
undated / s.d.

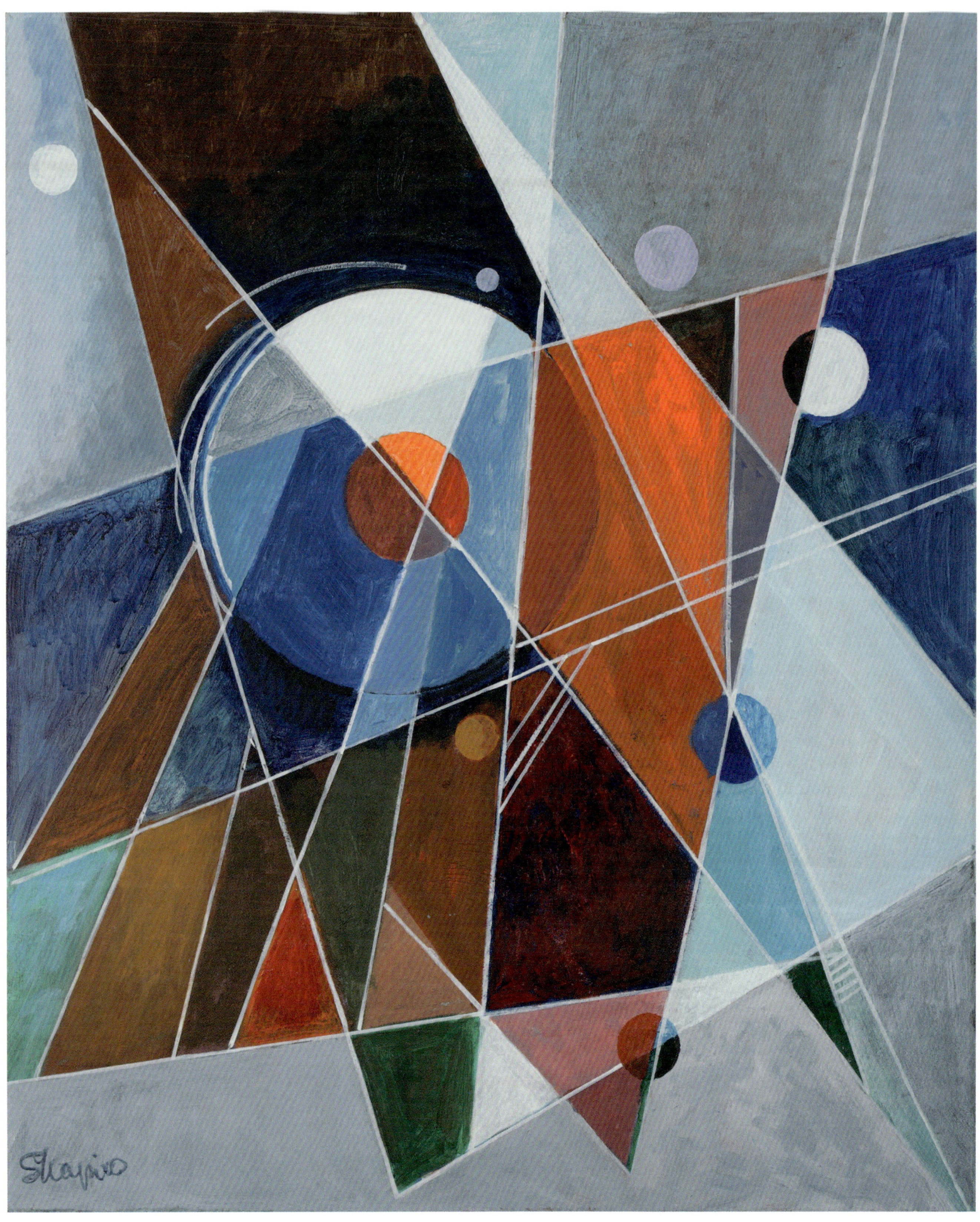

100. *Homage to Delaunay*, ca. 2002

101. *Red Checkerboard,* 2002

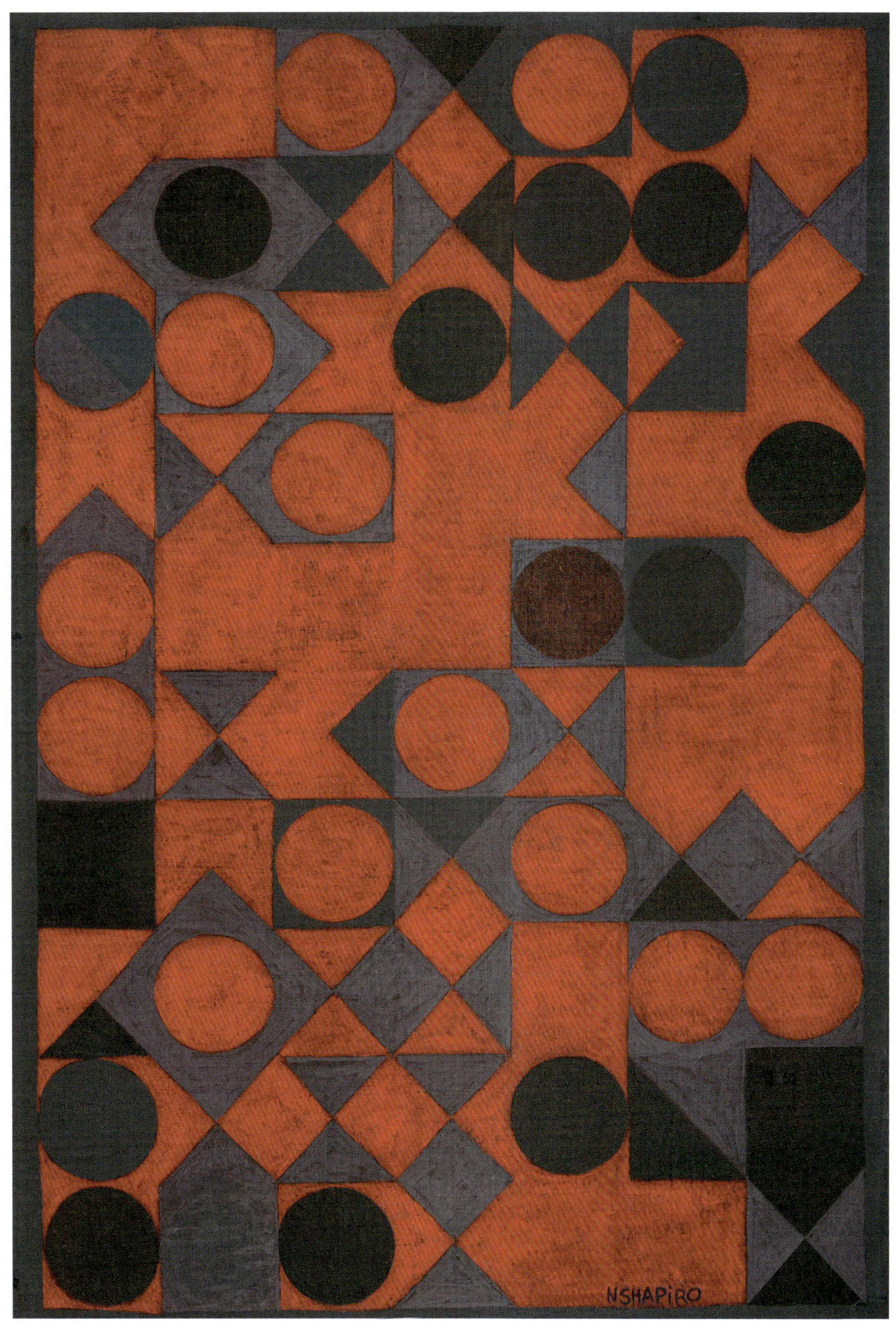
NSHAPIRO

My Father Nat Shapiro

Marc Shapiro
Distinguished research scholar emeritus

I was always surrounded by my father's paintings hanging on the walls of the living room and bedrooms of our home. I took them for granted, and could not grasp why my classmates weren't so lucky.

My dad liked to show us his latest work and discuss it with us. He might turn the painting upside down, or look at it in a mirror, to get a fresh look. He'd ask us what we thought, but he refused to reveal his own interpretation. Instead, he'd say, "A painting is its own explanation."

Sculpture was another one of his passions. He once carved a stump that he found in the garden, with the few tools he had available. I can still see him creating *The King David* (p. 144; see also Fig. 88), chisel and hammer in hand. The original version now exists only in photographs. I liked it very much and I was sad when he changed it.

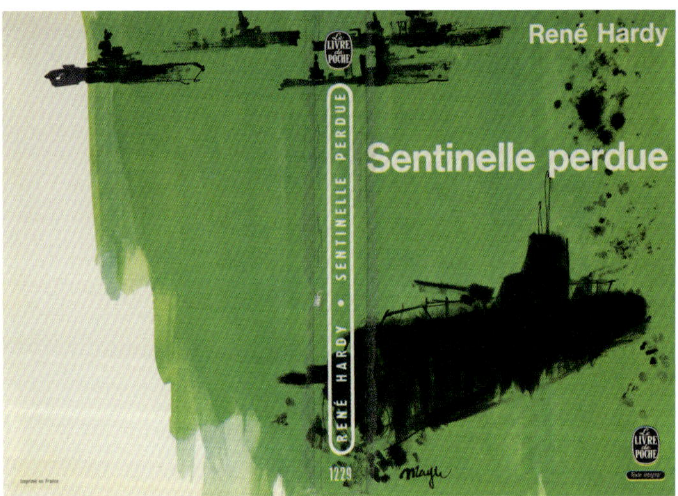

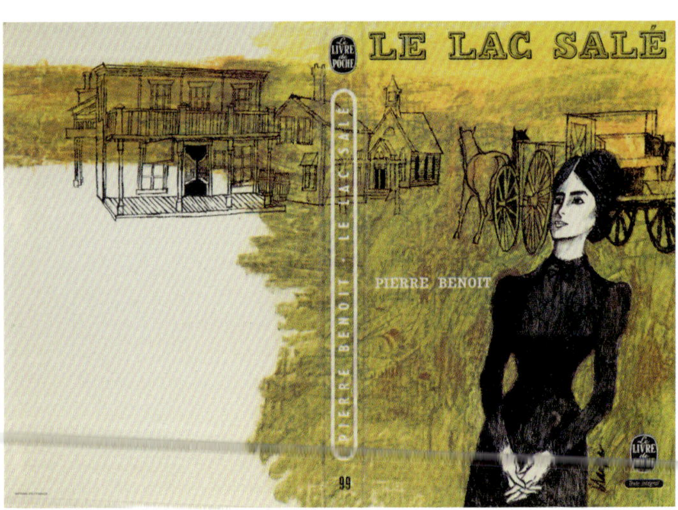

102. *Sentinelle perdue,*
1964

103. *Le Lac salé,* ca. 1963

"

Mon père, Nat Shapiro

MARC SHAPIRO
Directeur de recherche émérite

À la maison, j'ai toujours vécu entouré des tableaux de mon père, accrochés au mur du salon et des chambres à coucher. C'était pour moi normal, et j'avais du mal à saisir que mes camarades n'aient pas cette chance.

Mon père aimait montrer son travail en cours et en discuter. Il retournait le tableau tête en bas, ou bien le regardait dans un miroir pour le voir d'un œil nouveau. Il nous demandait ce qu'on en pensait. Mais il refusait de donner les clefs : « La peinture s'explique par elle-même », disait-il.

La sculpture le passionnait également. Il avait sculpté une souche trouvée dans le jardin, avec les quelques outils qu'il avait alors sous la main. Je le revois, ciseau à bois et marteau à la main. C'est ainsi qu'il créa son *The King* (p. 144 ; voir aussi fig. 88). J'aimais beaucoup la version initiale, qui n'existe plus qu'en photo. J'ai regretté qu'il l'ait modifiée par la suite.

104. *Monsieur Ripois et la Némésis*, 1962

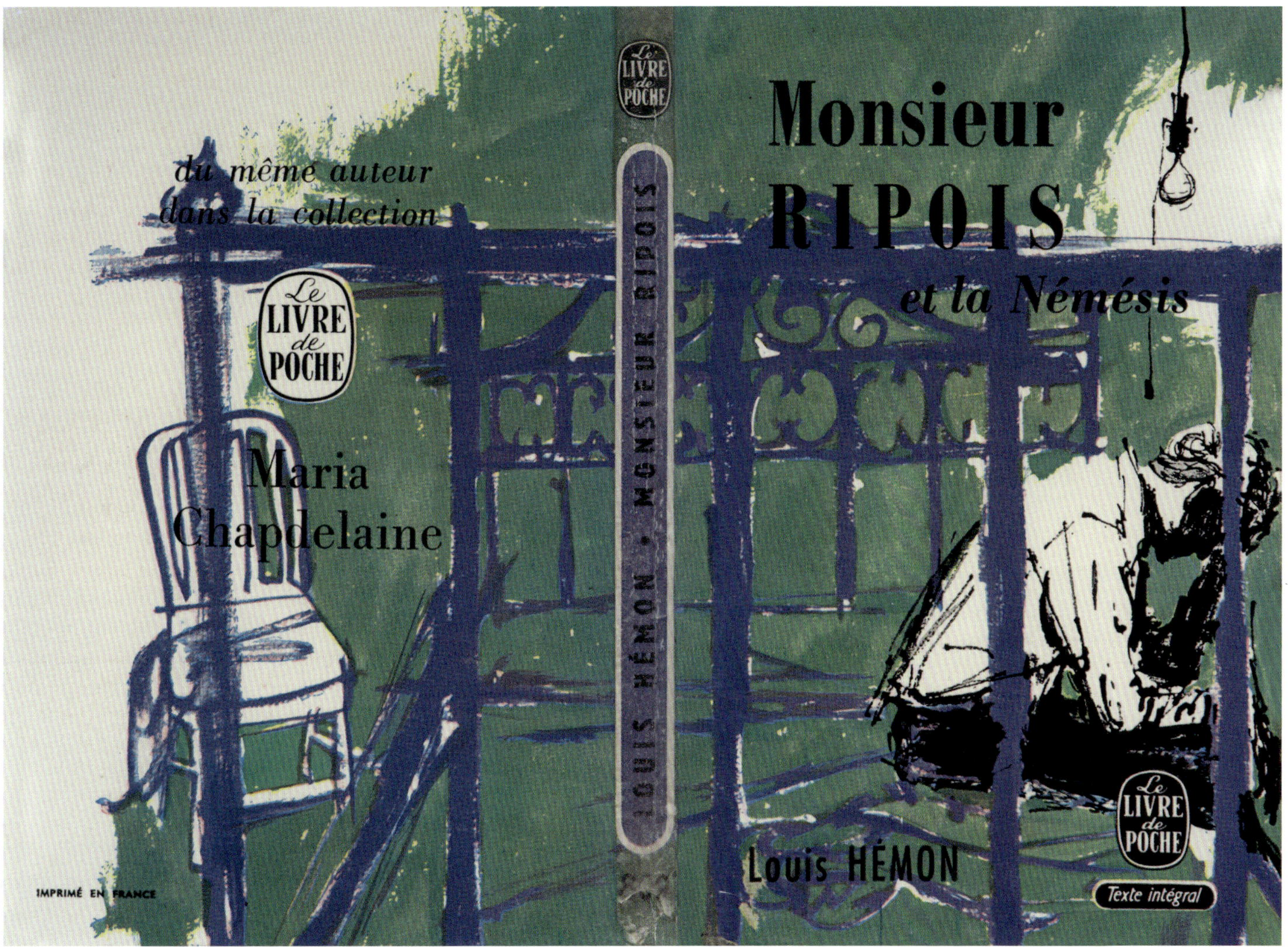

For a time, he sculpted with Styrofoam (expanded polystyrene), which he covered with epoxy or painted papier-mâché. He would cut the material with a heated knife. This gave off toxic fumes; they made him ill, and he gave up using this technique. These large works, *Three-Legged Chair* (oppsite; see also Fig. 15 and p. 148), *Legs* (Fig. 13) and *Friends* (this page and Fig. 14), are rarely exhibited because they are bulky and fragile. I find them very interesting.

Being an excellent draughtsman, he earned a living from advertising and illustration. His book covers for Le Livre de Poche (Figs. 102–104) are particularly powerful, especially *Monsieur Ripois et la Némésis* by Louis Hémon, and *La Sentinelle perdue* by René Hardy.

My father was curious about everything. He read a great deal, and he loved the movies. When he arrived in France at age forty-one, he spoke only English. He learned French "on the job" so to speak, scouring the cinemas of the Latin Quarter. There was a huge number of books at home, not only on art, but also history and philosophy, most of them in French.

Above all, my father enjoyed a good intellectual argument. He loved to take his opponent off guard, but it was always in good humor. For a teenager like me, it was hard to be under his constant scrutiny. That's probably why I decided to study the sciences, far away from his line of fire.

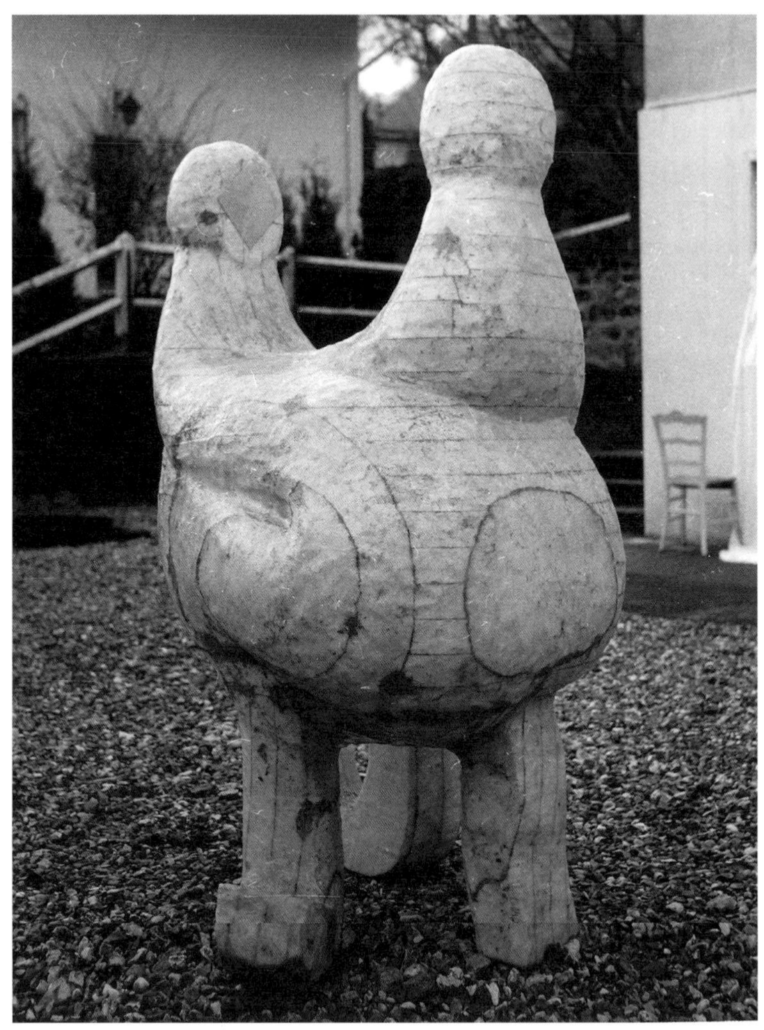

Friends (unfinished state) in the artist's garden / (en cours d'élaboration) dans le jardin de l'artiste, Le Port Marly, France

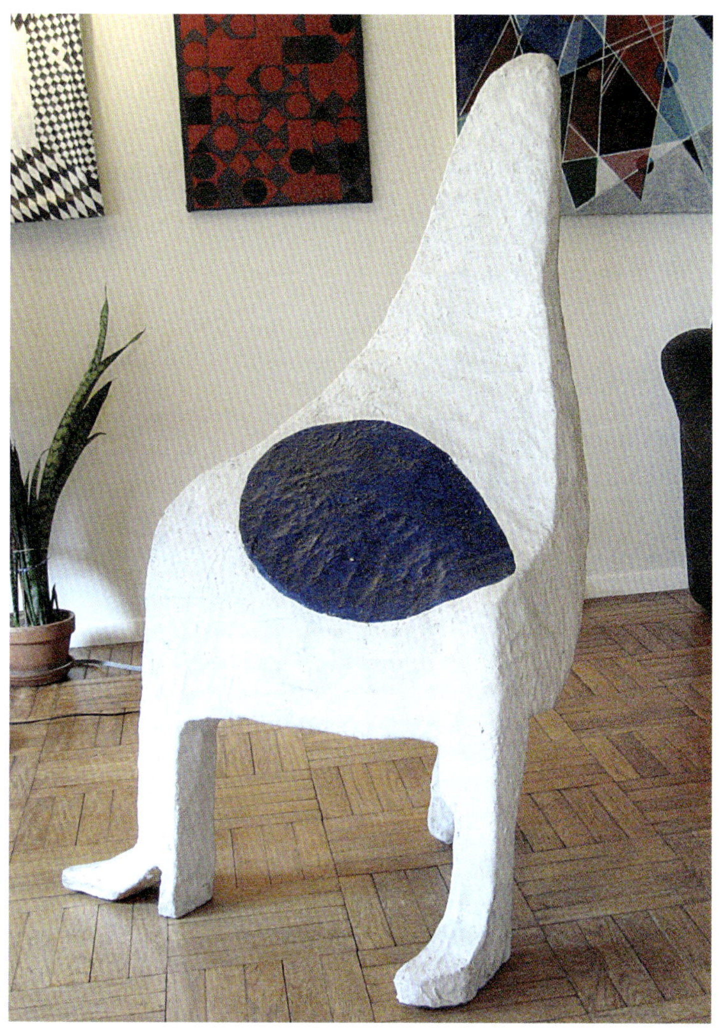

Pendant une période, il a sculpté sur polystyrène expansé, qu'il recouvrait ensuite d'époxy ou de papier-mâché peint. Il découpait le polystyrène avec un couteau chauffé. Cela dégageait des fumées toxiques ; il en est tombé malade et a cessé d'utiliser cette technique. Ces grandes œuvres, *Three-Legged Chair* (fig. 15, ci-contre et p. 148), *Legs* (fig. 13) et *Friends* (p. 126 et fig. 14) sont très intéressantes, mais difficiles à exposer, car encombrantes et fragiles.

Excellent dessinateur, il gagnait sa vie grâce à l'illustration publicitaire ou de livres. Ses couvertures pour le Livre de Poche (fig. 102-104) sont particulièrement fortes, spécialement celles de *Monsieur Ripois et la Némésis*, de Louis Hémon, ou de *La Sentinelle perdue*, de René Hardy. Curieux de tout, mon père lisait beaucoup et adorait le cinéma. À son arrivée en France, âgé de quarante et un ans, il ne parlait que l'anglais. Il a appris le français sur le tas, en fréquentant assidûment les cinémas du Quartier Latin. Nous avons toujours eu énormément de livres à la maison, certes d'art, mais aussi historiques et de philosophie ; le plus souvent en français. Mon père appréciait par-dessus tout la joute intellectuelle. Il adorait alors prendre son interlocuteur à contre-pied, mais toujours dans la bonne humeur.

Pour un jeune adolescent, c'était assez difficile de se sentir ainsi toujours sous le feu de sa critique. C'est sans doute pour cela que je me suis dirigé vers des études scientifiques, hors de sa zone de tir.

Three-legged chair
in the artist's home /
chez l'ariste
Yonkers, NY, USA

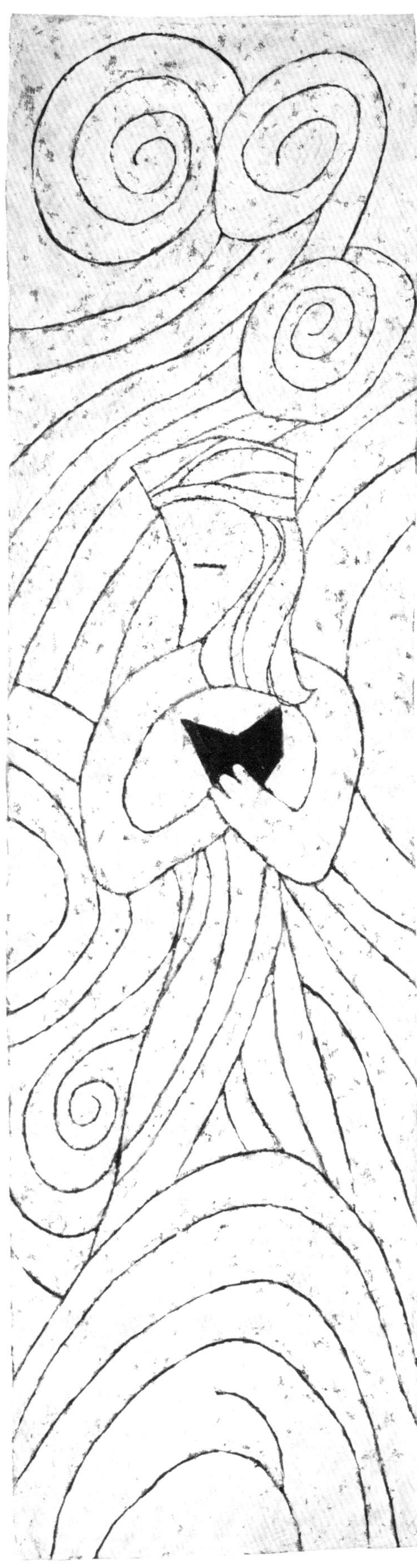
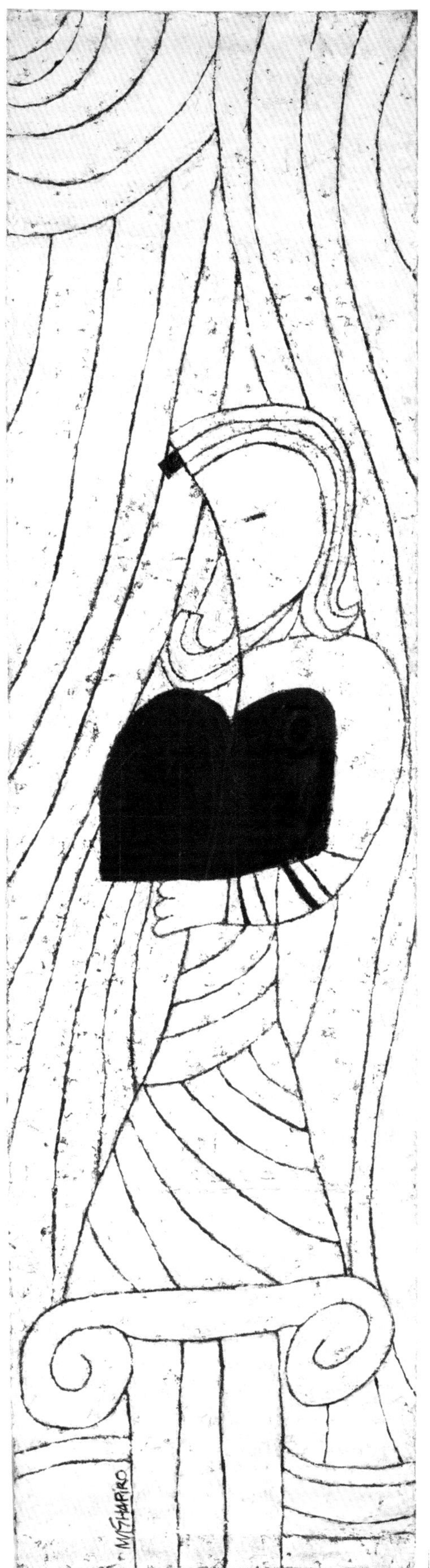
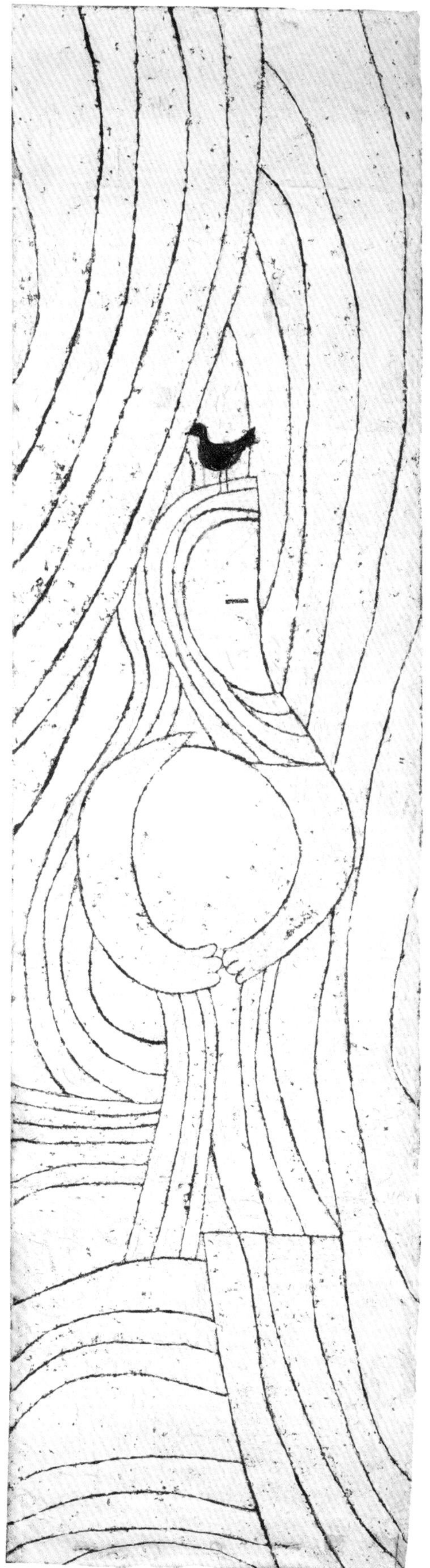

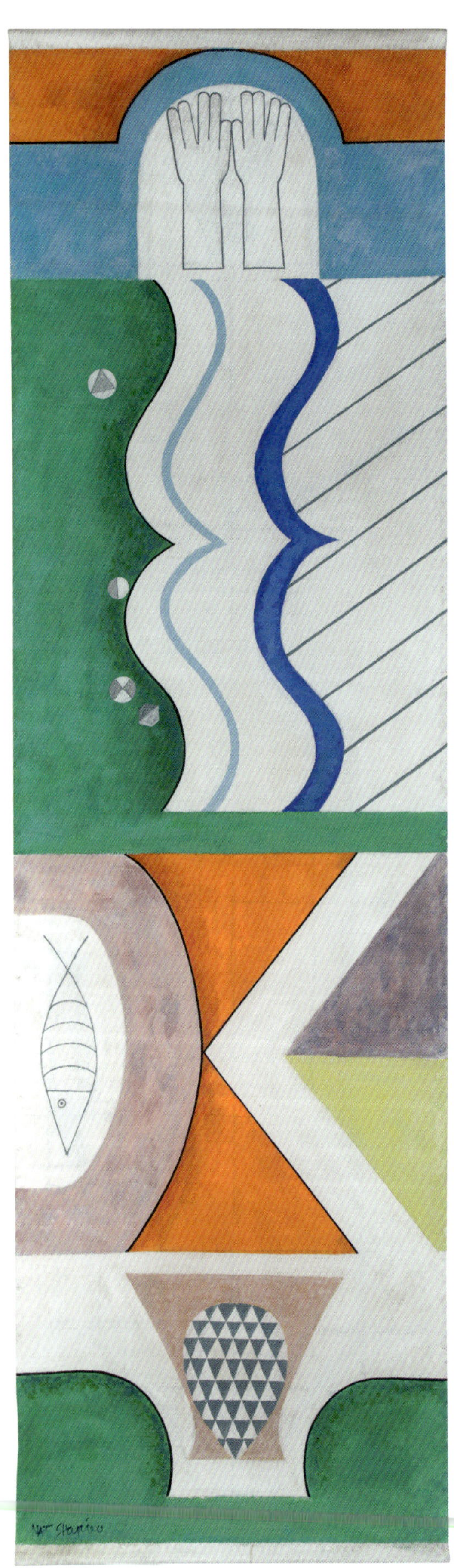

108. *Garden of Stones /
Jewish Cemetery in
Prague, 1999*

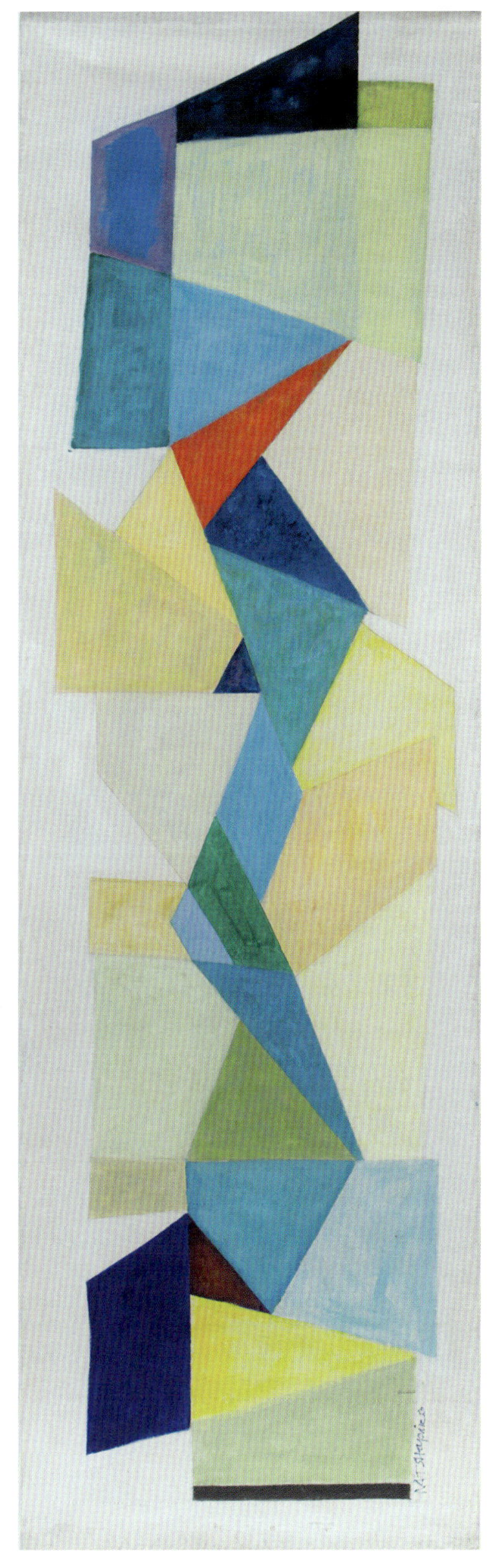

109. *Yellow Blue Banner,*
1999

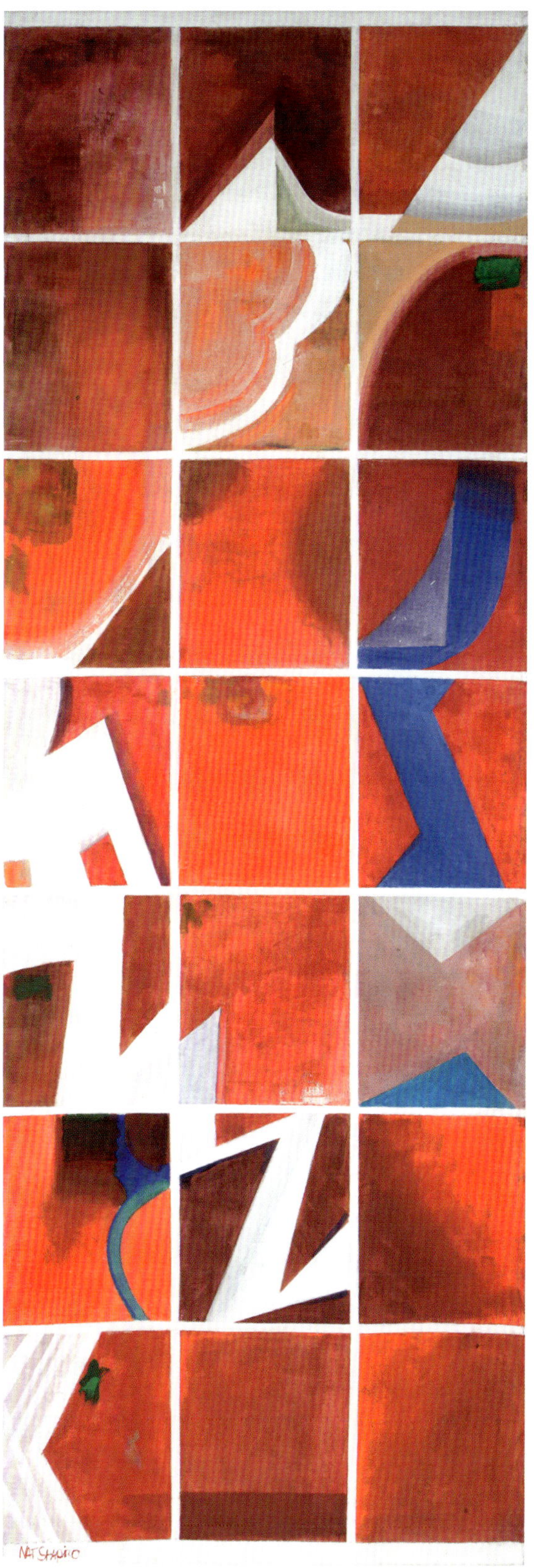

110. *Sunset on Madison,*
1999

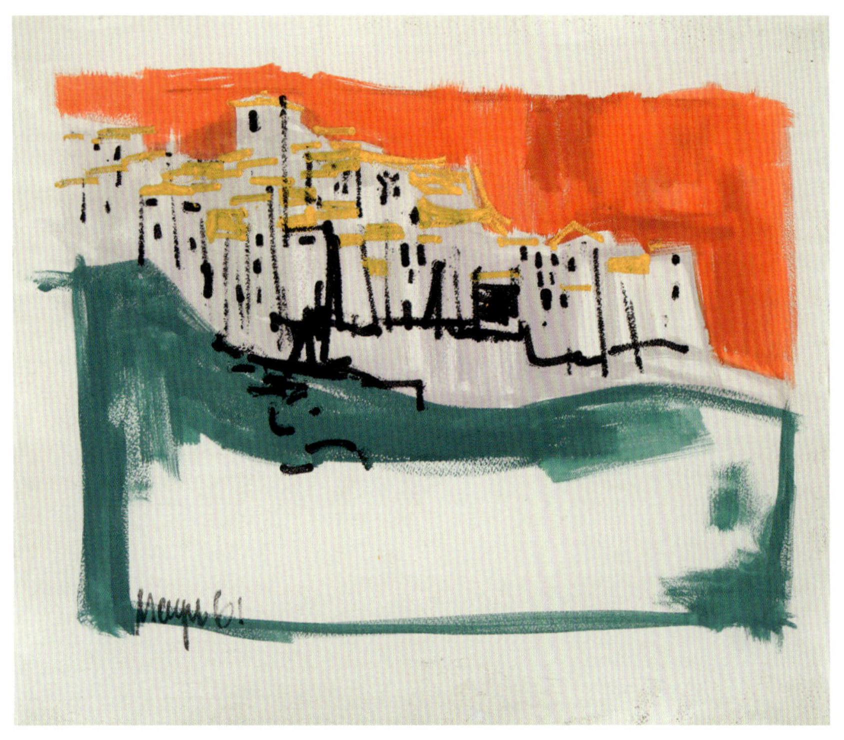

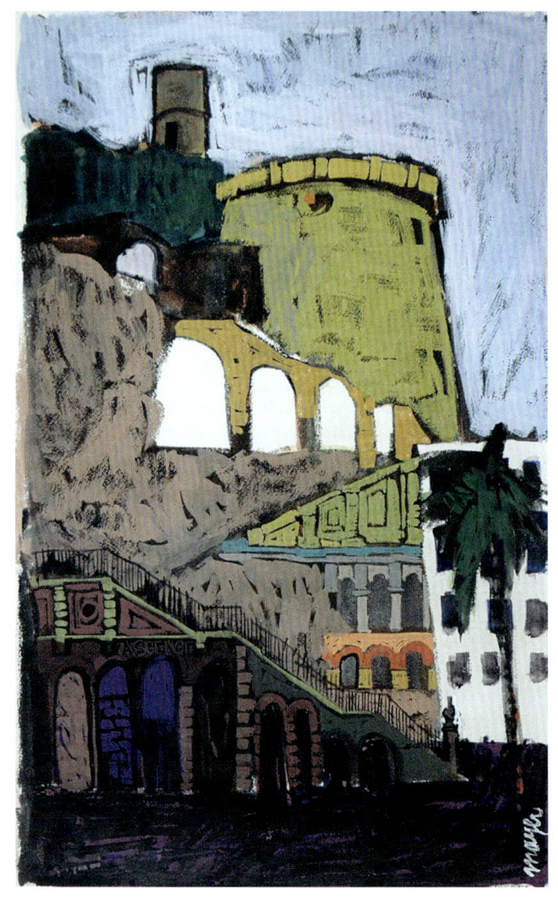

111. *Siena*, 1961

112. *The Fortress of Nice,*
1967

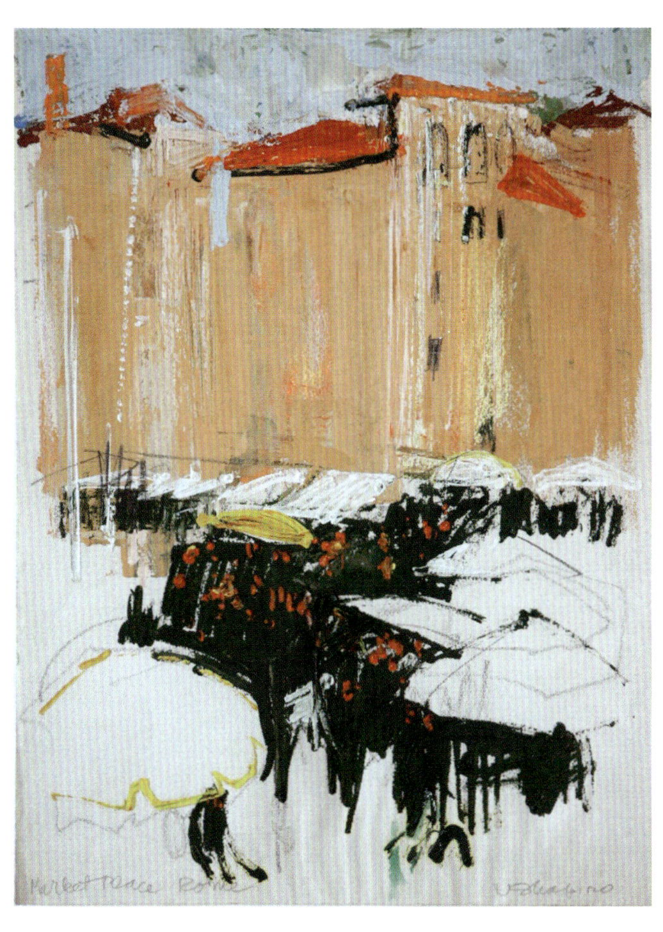

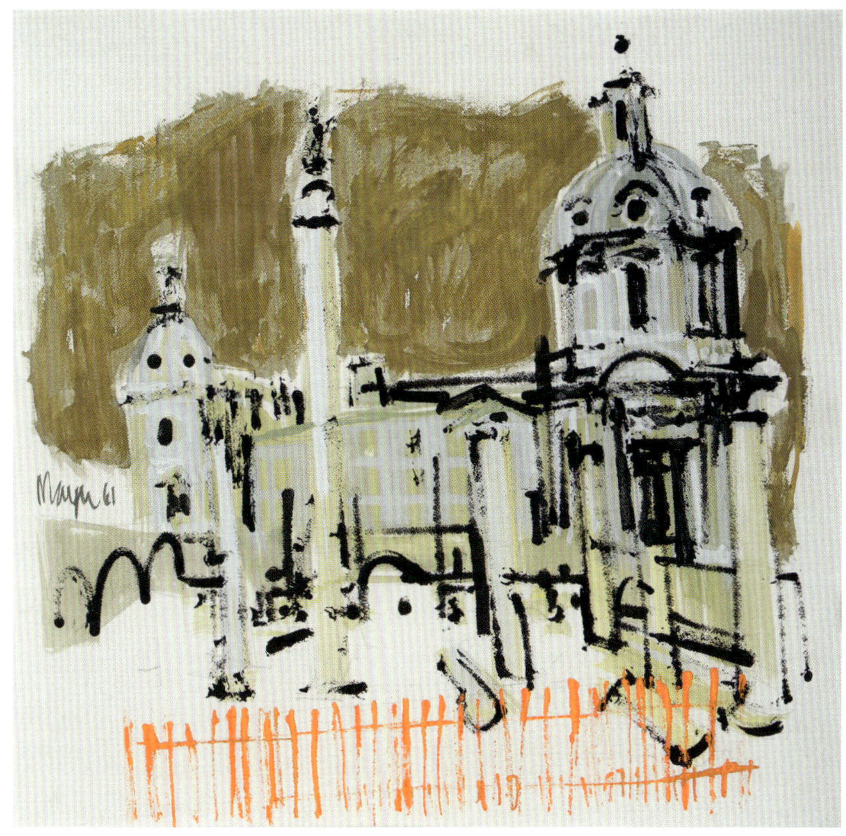

113 *Market Place, Rome,*
1961

114. *Forum, Rome,* 1961

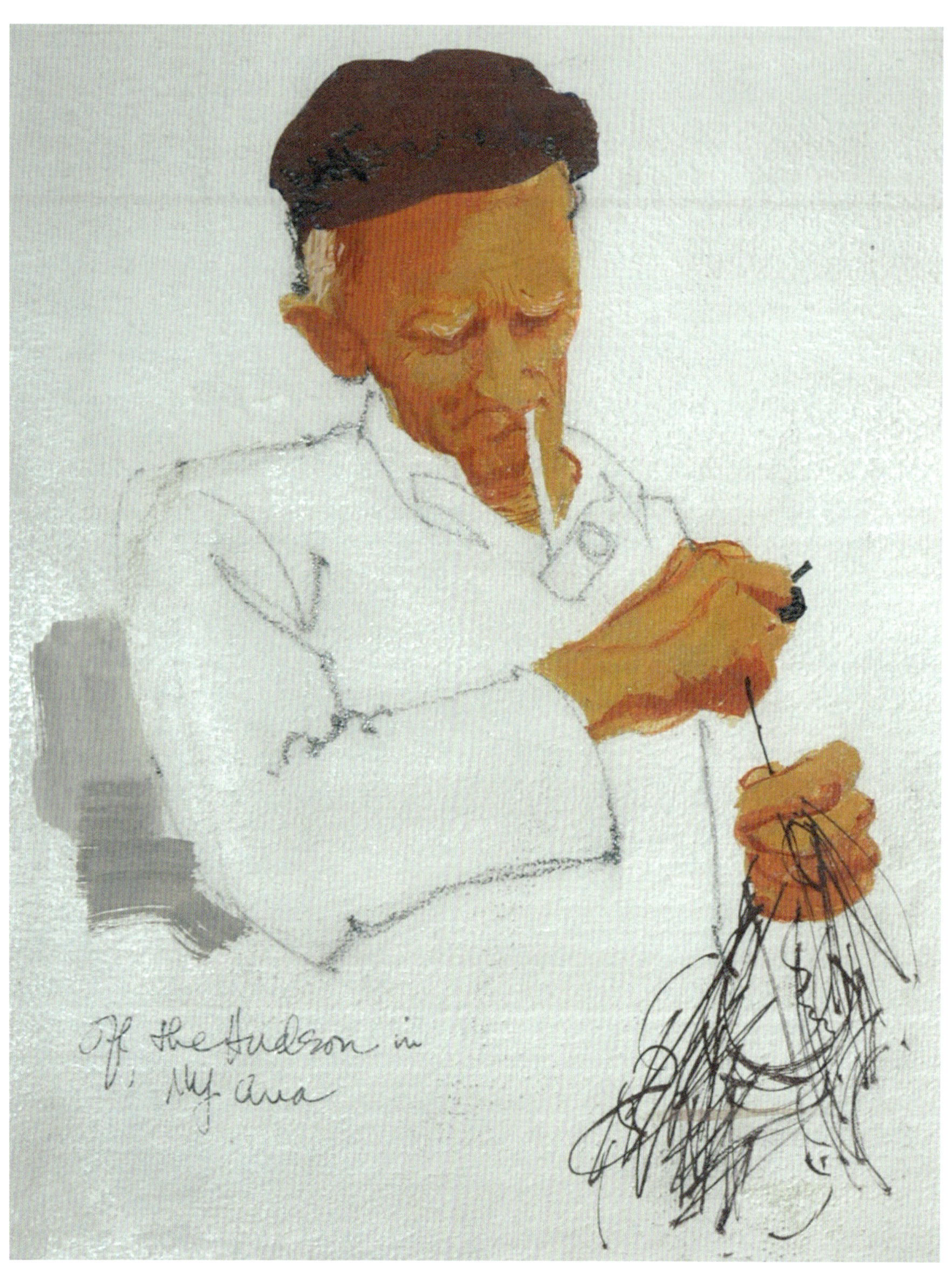

115. *Off the Hudson in*
New York Area, 1963

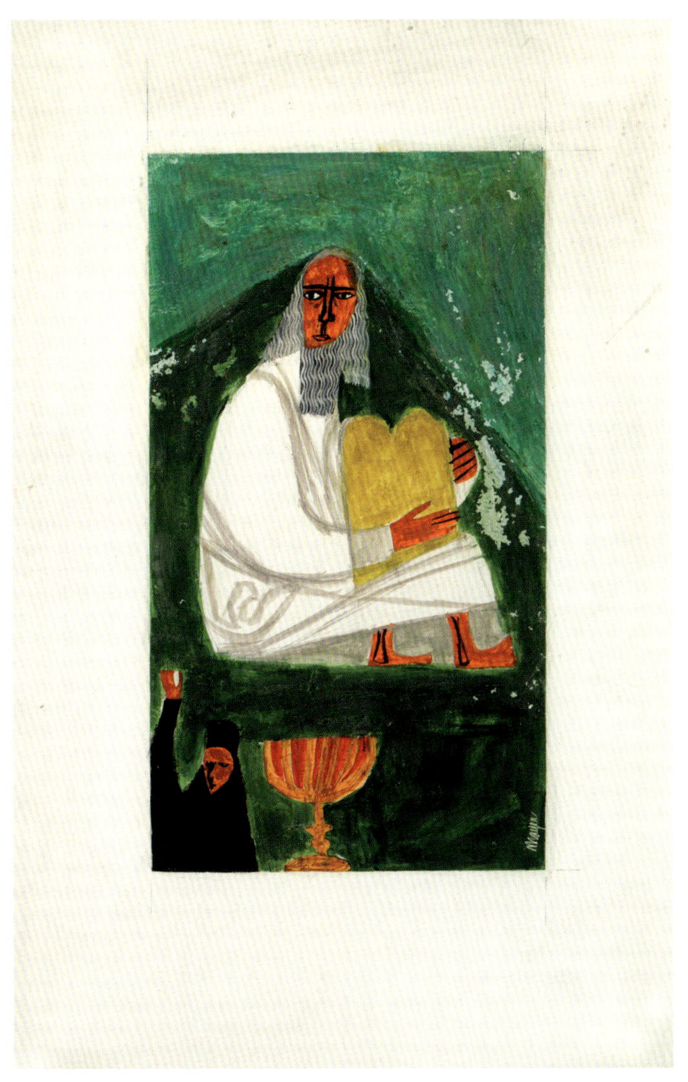

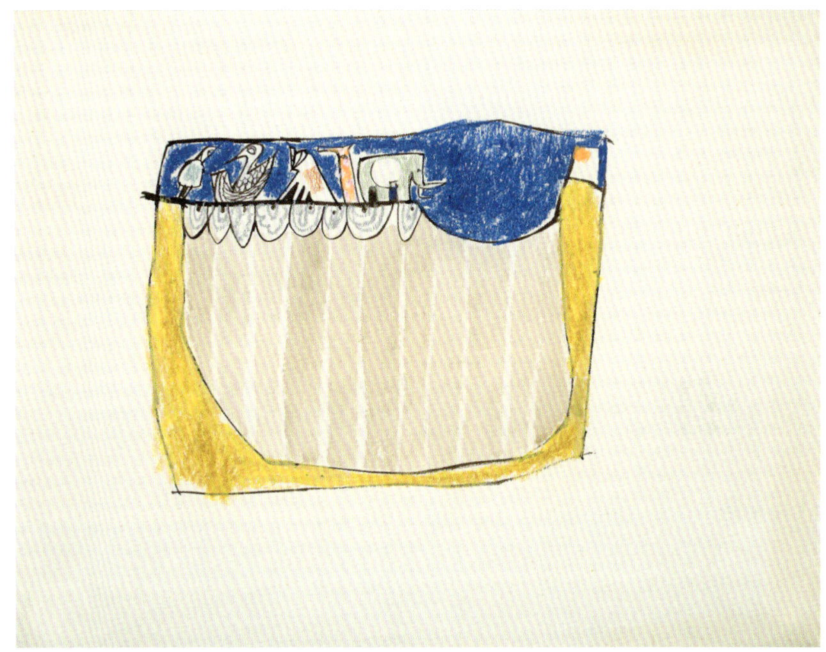

116. *Moses*, 1962

117. *Noah's Ark*, undated / s.d.

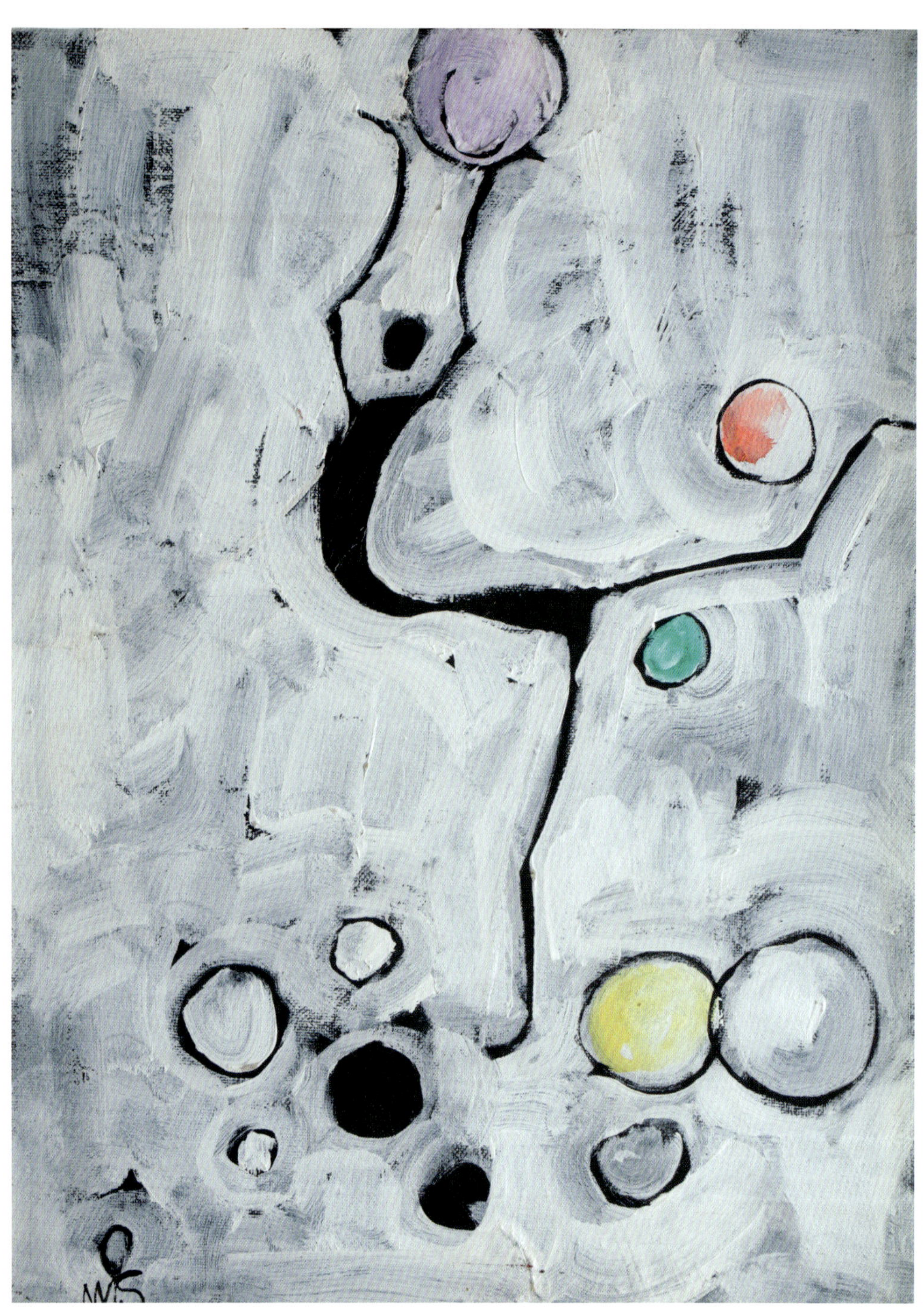

118. *Bubble Dancer*, 2002

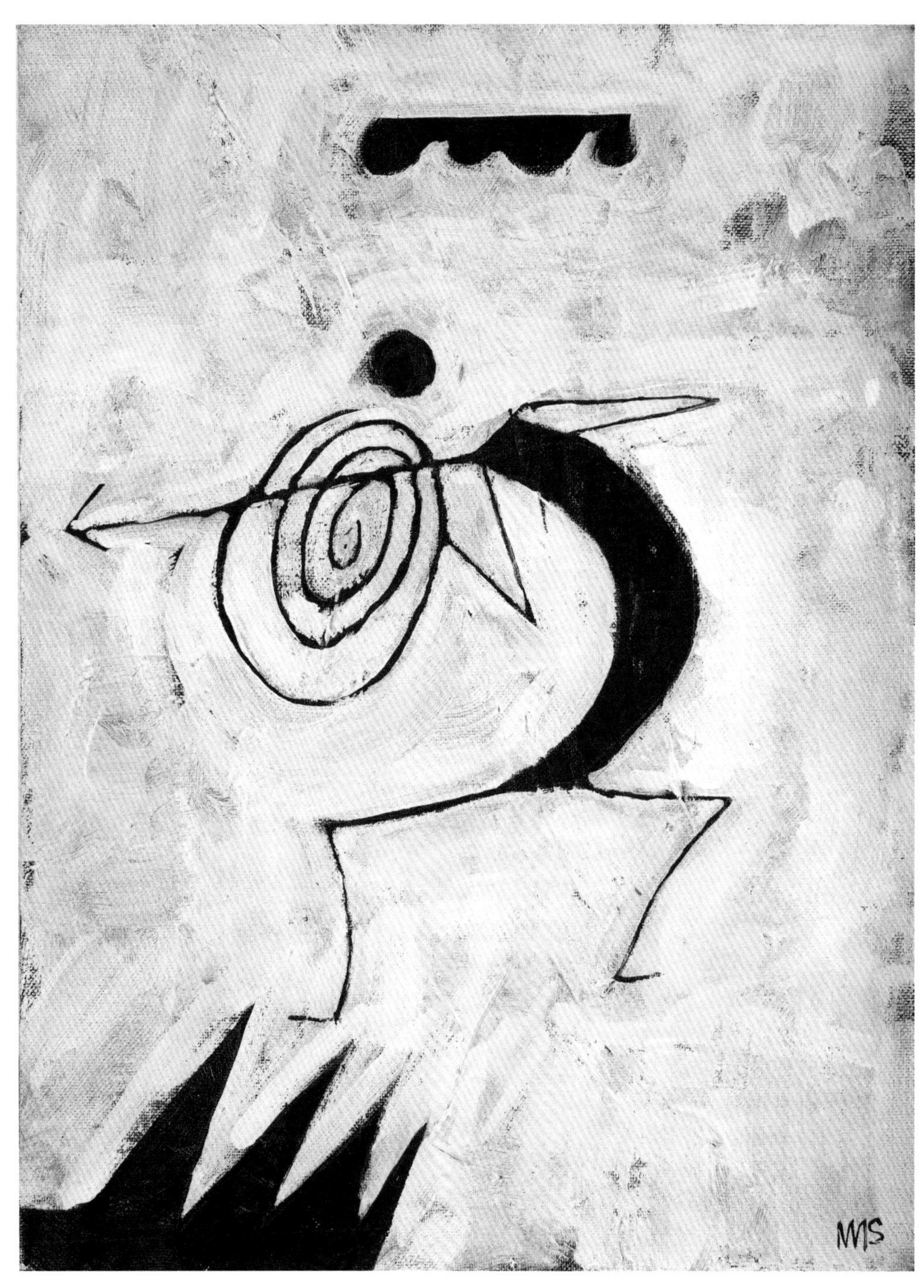

119. *Warrior*, 2002

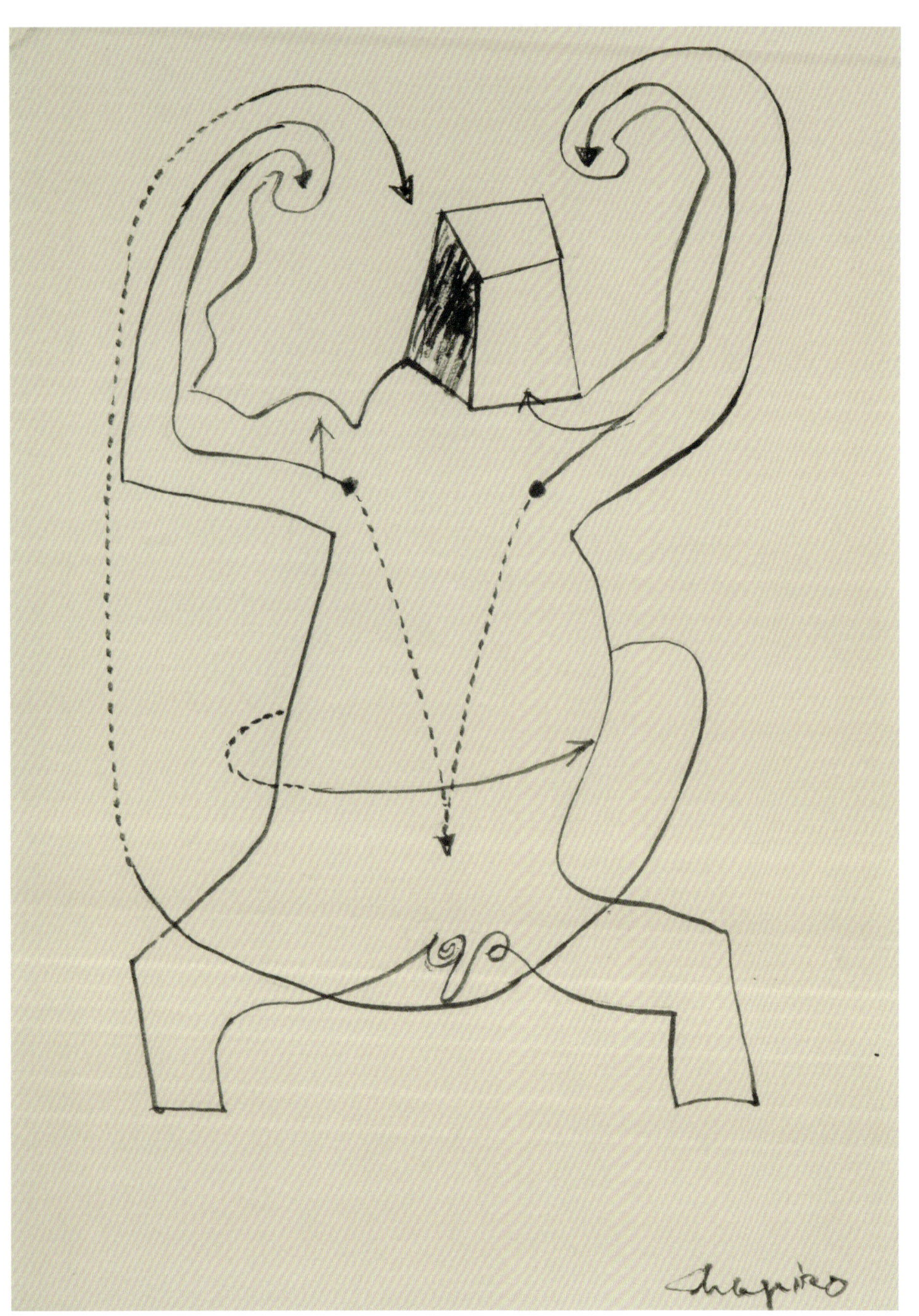

120. *Strong Man*,
undated / s.d.

121. *Untitled*,
undated / s.d.

122. *Flower Girl*,
undated / s.d.

123. *Untitled*,
undated / s.d.

124. *Untitled*,
undated / s.d.

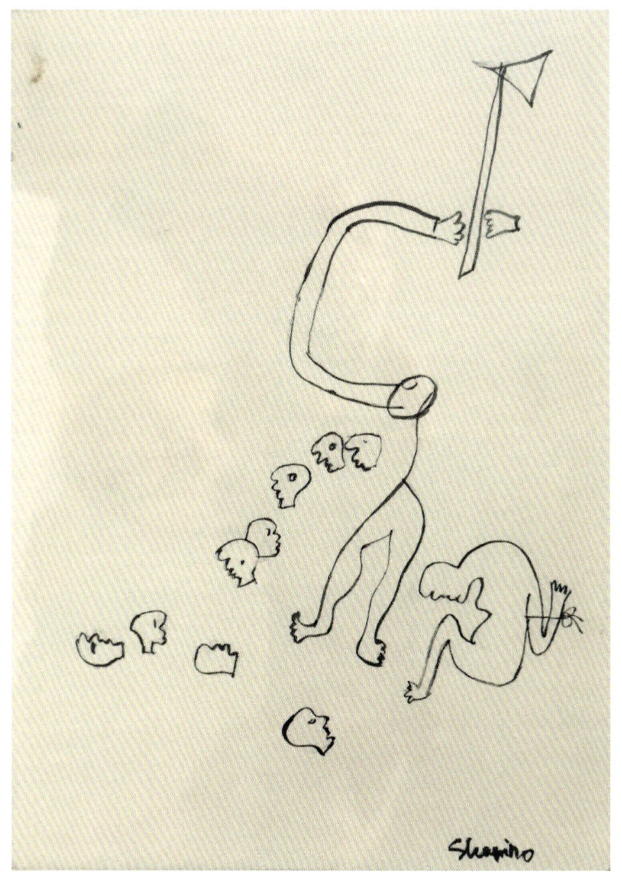

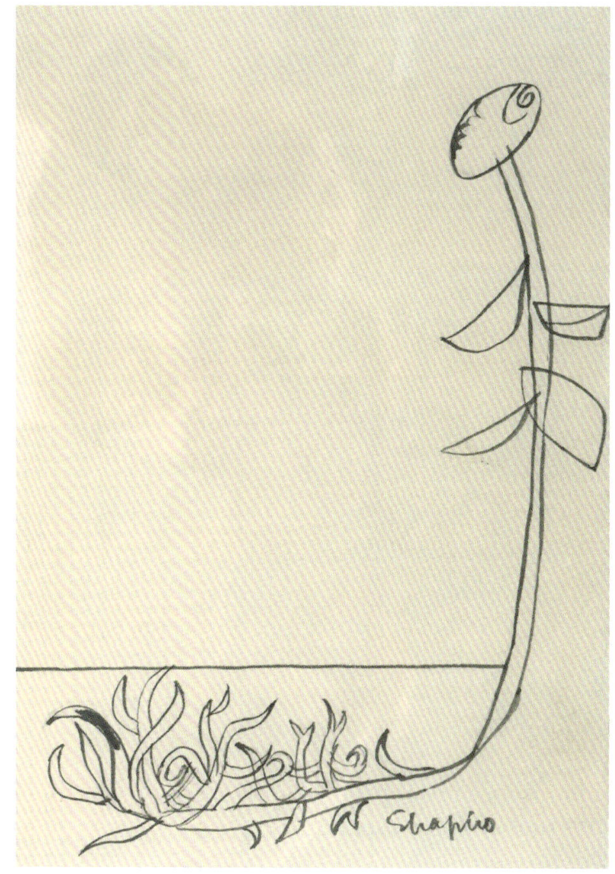

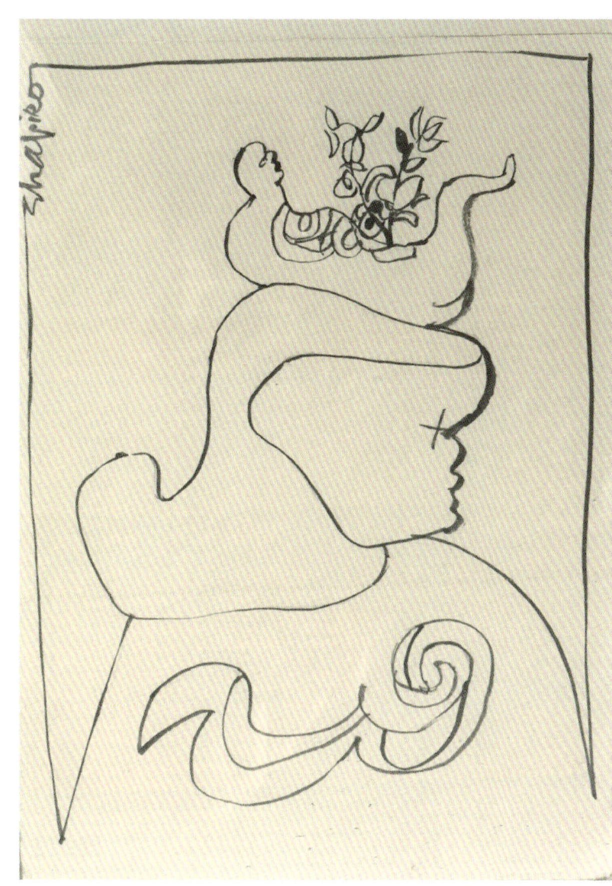

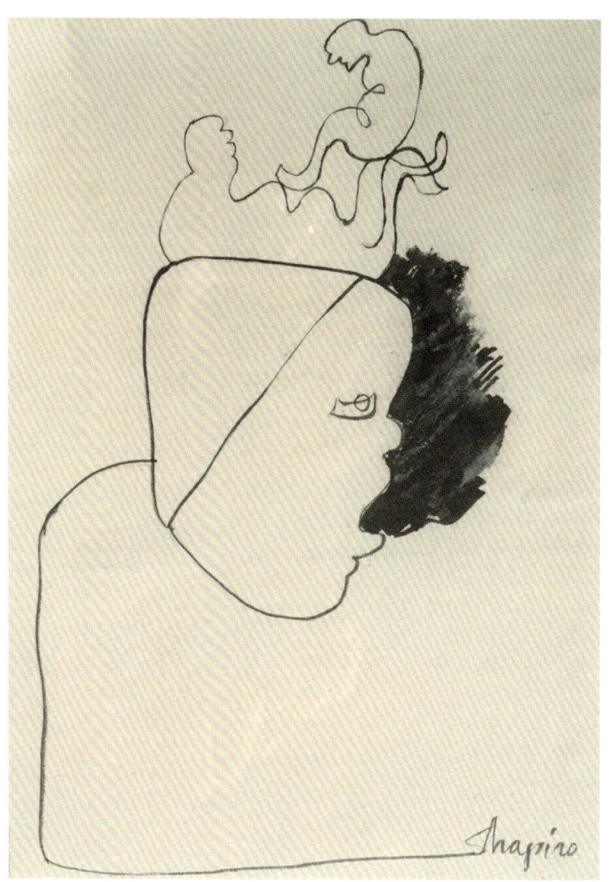

CHRONOLOGY

MIRELLA SHAPIRO

1919

Nay Mayer Shapiro is born on June 2 in Harlem, New York City, to Samuel Shapiro and Sarah Ruderman. Samuel had emigrated from Russia in circa 1900 and Sarah in 1906, escaping poverty and antisemitism. Moves with parents to Brooklyn, New York.

1929

Discovers painting at age ten and begins three years of after-school art classes at the Pratt Institute of Design, Brooklyn, New York.

1937

Graduates from Abraham Lincoln High School, Brooklyn, New York. Begins selling magazines door-to-door and working in restaurants.

1941

Serves four and half years in the U.S. Army, Medical Corp., stationed in Australia and New Guinea (Fig. 1).

1945

Resides at the Rest & Rehabilitation Center for veterans in Lake Placid, New York, where he creates portraits, landscapes, and theater sets. The U.S. War Department acquires several pieces of Shapiro's artwork for the then-planned War Museum. Receives an Honorable Discharge from the Army and moves to New York City.

1946

Joins the Art Students League in New York City for three years under the Servicemen's Readjustment

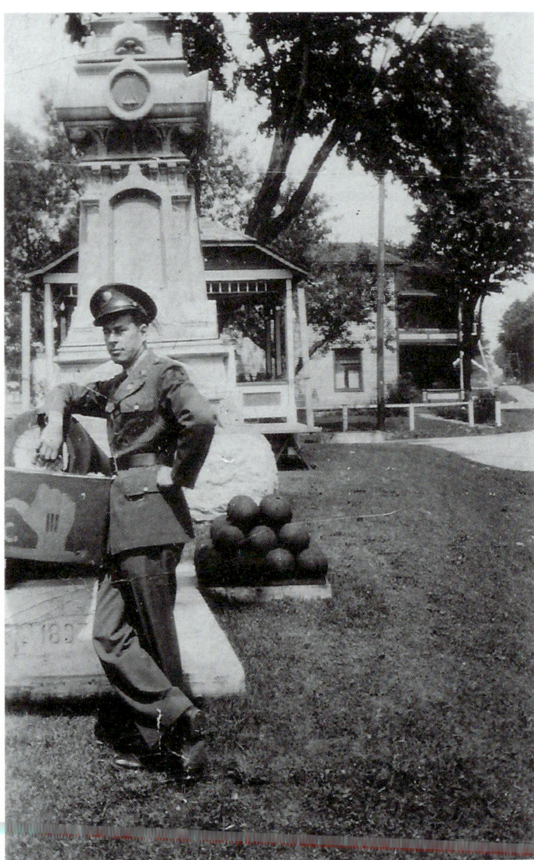

Nat school photo
Photo d'école

Nat in uniform
Nat en uniforme
de l'armée

CHRONOLOGIE

Mirella Shapiro

1919

Nay Mayer Shapiro naît le 2 juin à Harlem, dans la ville de New York (États-Unis), de Samuel Shapiro et Sarah Ruderman. Les deux ont émigré de Russie, Samuel vers 1900 et Sarah en 1906, fuyant la pauvreté et l'antisémitisme.
La famille s'installe à Brooklyn.

1929

Il découvre la peinture à l'âge de dix ans, et suit, pendant trois ans, des cours de dessin et de peinture au Pratt Institute of Design, à Brooklyn.

1937

Diplômé de l'Abraham Lincoln High School à Brooklyn. Il vend des magazines en porte-à-porte et travaille dans des restaurants.

1941

Shapiro rejoint l'armée américaine pendant quatre ans et demi. Il sera stationné en Australie et en Nouvelle-Guinée, dans le corps médica (fig. 1).

1945

Au Rest & Rehabilitation Center for Veterans (centre de retour à la vie civile) de Lake Placid, dans l'état de New York, il crée des portraits, des paysages et des décors de théâtre. Le ministère américain de la Guerre acquiert plusieurs œuvres de Shapiro pour le projet de musée de la Guerre.
Il est libéré de l'armée et s'installe à New York.

1946

Shapiro suit des cours à l'Art Students League à New York pendant trois ans, dans le cadre du Servicemen's Readjustment Act de 1944 (dit G.I. Bill) d'aide aux anciens combattants de la Seconde Guerre mondiale. Le peintre narratif Jon Corbino (1905-1964) est l'un de ses enseignants. Il décide de faire de la création artistique le centre de sa vie.

1946-1950

Il travaille à plein temps comme illustrateur de mode masculine aux Otto Freund Studios, à New York.

1947

Rencontre de Mirella Bedarida, par l'intermédiaire d'amis communs. Mirella, de nationalité italienne, arrive du Maroc, où sa famille s'est installée après avoir fui l'Italie de Mussolini et ses lois antisémites.

1948

Épouse Mirella à Tanger, au Maroc, le 18 août. Le couple vit à New York, puis à Ridgefield, dans le New Jersey, jusqu'en 1951.

1949

Naissance, le 15 mai, de la fille du couple, Roberta Gabriella.
Shapiro est dénoncé au FBI, par un voisin et ami, comme « communiste », qui aurait organisé des réunions d'une cellule communiste dans son appartement. Il est blanchi après une enquête de deux années. L'octroi de la nationalité américaine à Mirella en est retardé de quatre ans (page suivante).

1950-1951

Travaille à plein temps comme illustrateur de mode masculine aux Lefson Lewis Studios, à New York.

1951-1954

Il déménage à Chicago avec Mirella et Roberta. Travaille comme illustrateur publicitaire aux Sigman Studios.
Ouvre son premier atelier d'artiste. Il se consacre à l'abstraction, orientation qu'il poursuivra tout au long de sa carrière. Adopte le nom de Nat Mayer pour l'illustration publicitaire, afin de la distinguer de son œuvre en arts plastiques.

1953

S'initie à l'escrime. Il participera à des compétitions nationales aux États-Unis.
Le fils de Nat et Mirella, Marc Jed, naît le 9 janvier.

Act of 1944 for World War II veterans (the G.I. Bill).
Instructors include the narrative painter Jon Corbino
(1905–1964). Decides to make creating art the focus
of his life.

1946–50

Works full-time as men's fashion illustrator at Otto
Freund Studios, New York City.

1947

Meets Mirella Bedarida, an Italian, through mutual
friends. Mirella has recently arrived from Morocco
where her family settled after fleeing Mussolini's
anti-Semitic laws in Italy.

1948

Marries Mirella in Tangier, Morocco, August 18.
Lives with Mirella in New York City and then
Ridgefield, New Jersey, until 1951.

1949

Daughter, Roberta Gabriella, is born May 15 to
Mirella Shapiro.
Reported to the FBI by a friend and neighbor who
denounces him as a Communist and claims he has
communist cell meetings in his apartment. No
incriminating proof is found after an investigation
lasting a couple of years. Mirella's application for
United States citizenship is delayed four years
(opposite).

1950–51

Works full-time as a men's fashion illustrator at
Lefson Lewis Studios, New York City.

1951–54

Moves to Chicago with Mirella and Roberta. Works
as advertising illustrator at Sigman Studios.
Establishes his first fine art studio space and begins a
career-long focus on abstraction. Begins using the
name Nat Mayer for commercial illustrations to
distinguish this work from his growing body of fine art.

1953

Son, Marc Jed, is born January 9 to Mirella Shapiro.
Learns the sport of fencing and will go on to
compete at the national level in the United States.

1954–61

Establishes an advertising art studio and serves as
director.

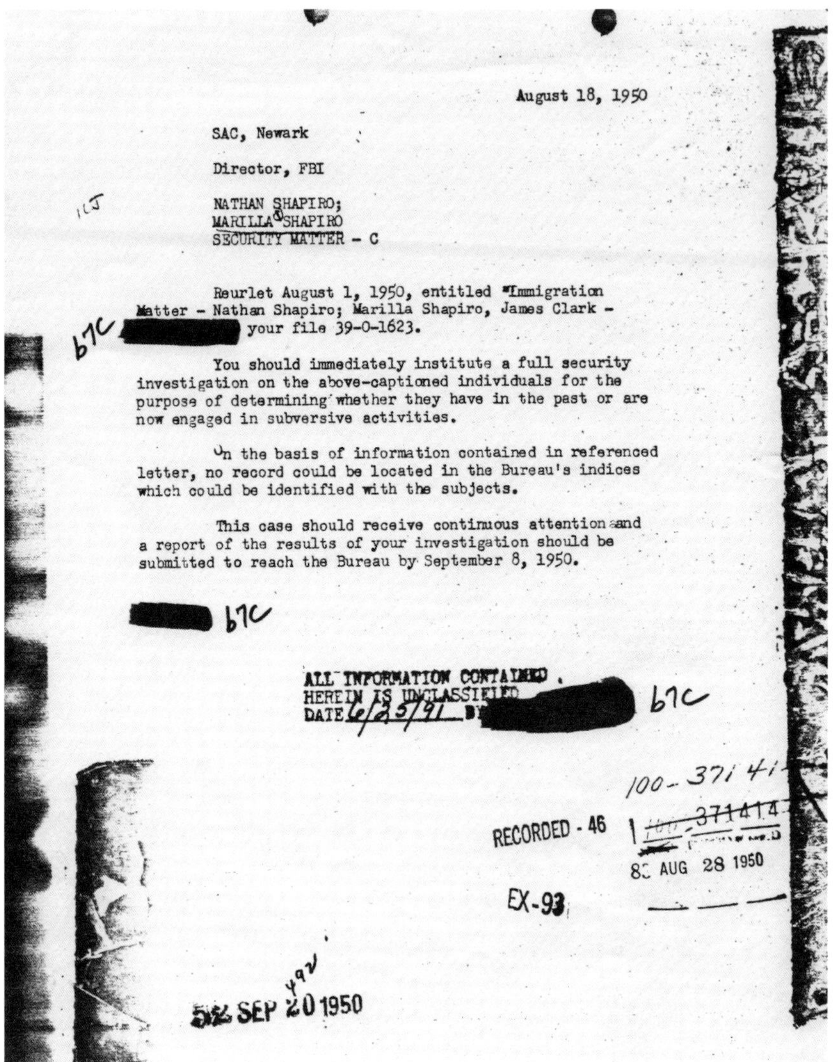

1961

Journeys to Europe to explore its history and
culture (Figs. 111–114). Begins his travels in Italy.
Settles in Paris, residing there for twenty-three
years.
Begins classes at the Académie de la Grande
Chaumière in Paris, France, in the knowledge that
artists he admires such as Joan Miró, Marc Chagall,
and Fernand Léger have been students there.

1962

Mirella and the children relocate to France.
Expands freelance commercial illustration work
to include companies in France, Belgium, and
England, continuing this work through 1985. Receives
commissions during these years from advertising
agencies including BBDO Worldwide, J. Walter
Thompson, and Havas. Illustrates for companies
including Ford Motor Company, Trans World Airlines,

125. *Industries*, ca. 1960

126. *Miners*, ca. 1960

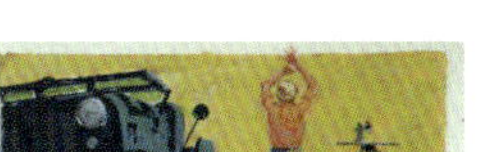
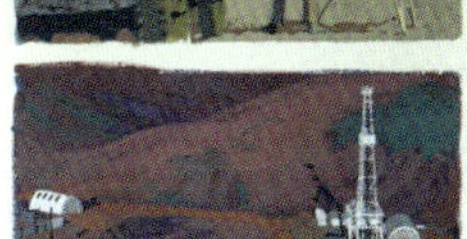
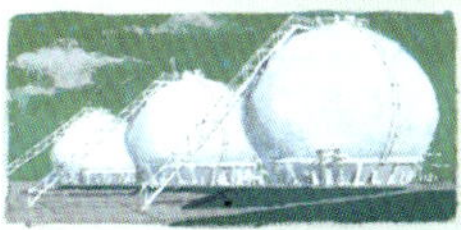
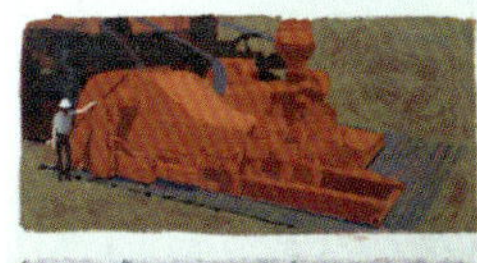
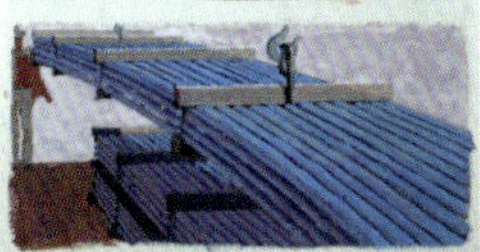

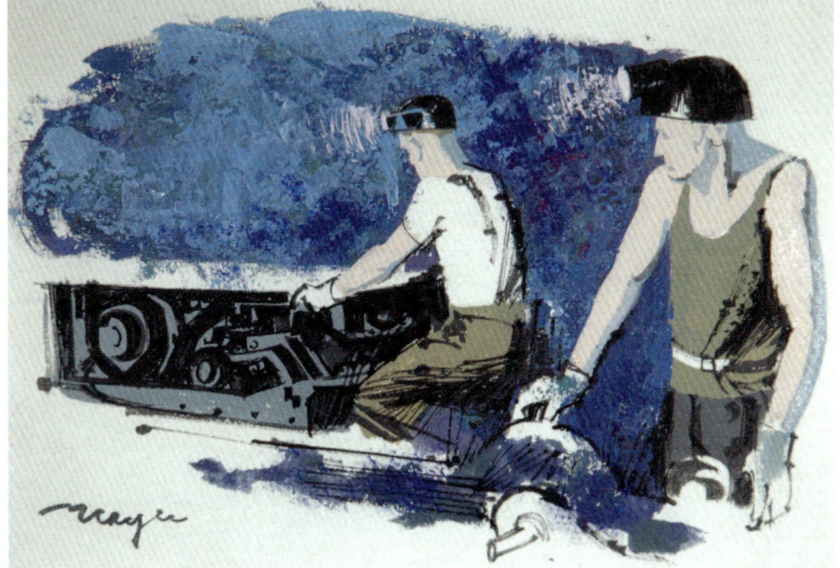

1954-1961

Shapiro crée son propre studio d'art publicitaire.

1961

Voyage en Europe pour en explorer l'histoire et
la culture, en commençant par l'Italie (fig. 111-114).
S'installe à Paris. Suit les cours de l'Académie de la
Grande Chaumière, car des artistes qu'il admire
s'y sont formés, tels Joan Miró, Marc Chagall et
Fernand Léger.

1962

Mirella et les enfants le rejoignent en région
parisienne, où ils résideront pendant vingt-trois ans.
Illustration commerciale en free-lance élargie à des
entreprises en France, en Belgique et au Royaume-
Uni, et ce jusqu'en 1985. Au cours de ces années, il
reçoit des commandes d'agences de publicité telles
que BBDO Worldwide, J. Walter Thompson et Havas.
Ses illustrations sont destinées à des entreprises
telles que Ford, Trans World Airlines, Omo et
Ripolin. Crée des couvertures de livres et des
illustrations pour Reader's Digest France, le Livre de
Poche et A Red Knight Book (fig. 115-117, 125-127).
Démarrage de la série *Nuns* (les Religieuses)
en acrylique sur papier, toile, carton-mousse
ou polystyrène expansé. Shapiro réalisera treize
œuvres dans cette série, jusqu'en 2003 (fig. 5-7).

1963

Création de *The King* (*Le Roi*), sa seule sculpture
en bois, à partir d'un tronc d'arbre trouvé dans
son jardin (page suivante et fig. 88).

1964 et 1965

Exposition au Salon des indépendants, au Grand
Palais, à Paris.

1965

Il parcourt la Grèce, visite Athènes, Daphni,
Mykonos, Delos. Ce voyage lui inspire les trente-six
pièces des séries *Icônes* et *Byzantine* (fig. .89-95).

1966-1967

Shapiro crée sa première série biblique, intitulée
Exodus, composée de sept peintures acryliques
en noir et blanc, illustrant des scènes du livre de
Shemot (l'Exode) (fig. .20-26).

1967

Collabore avec le studio Raymond Dane &
Associates, sur des dépliants de promotion de la
construction du futur Eurotunnel.
Se rend à Athènes pour témoigner en faveur de
son ami Yannis Leloudas, jugé pour son opposition
à la dictature de la Junte des Colonels.

1970

Création de *Three-Legged Chair* (*Chaise à trois
pieds*), une sculpture en polystyrène expansé,
époxy et fibre de verre (fig. .15 et p. 127 et 148).

1974

Réalise trois sculptures : *Friends*, *Legs* et *Evolution/
The Wall* (*Les Amis*, *Les Jambes*, *Evolution/le Mur*),
également en polystyrène expansé, époxy et
fibre de verre (fig. 14, 13 et 79 ; pages 126, 94 et 95
respectivement) .

1975

Le ministère de la Culture français acquiert *La Boîte
de Pandore*, peinture acrylique sur papier marouflé,
actuellement exposée dans le hall de l'ambassade
de France à Oslo (Norvège).
Il commence la série *Galaxy*, qui comprendra
quatre-vingt-trois œuvres jusqu'en 2005.
Il entreprend une série, sur papier et sur toile,
sur le thème du vieux cimetière juif de Prague
qu'il vient de visiter, un site datant du xve siècle.
Réalisera sept œuvres de cette série, de 1975 à
1999 (fig. 16, 17 et 33-37).

1976

Expose en solo à la galerie *le Poisson d'Or*, à
Paris, et participe aux expositions collectives de

Omo Detergent, and Ripolin (Figs. 115–117, 125–127).
Creates several book covers and illustrations for
Reader's Digest France, Le Livre de Poche, and A Red
Knight Book (Fig. 102–104).
Begins *Nun* series using acrylic on paper, canvas,
foamcore, and Styrofoam, completing thirteen
works through 2003 (Fig. 5–7).

1963

Creates *The King*, his only sculpture in wood, from
a log found in his garden.

1964 and 1965

Exhibits at the Salon des indépendents, Grand
Palais, Paris, France.

1965

Travels throughout Greece, visiting Athens, Daphne,
Mikonos, Delos. This inspired the Icon and Byzantine
series, which count thirty-six pieces (Fig. 89–95).

1966-1967

Creates first biblical series consisting of seven
black-and-white acrylic paintings, titled *Exodus*,
illustrating scenes from The Book of Shemot
(Exodus) (Fig. 20–26).

1967

Begins work with Raymond Dane & Associates
Studio on brochures promoting construction of
the future Eurotunnel.
Travels to Athens to witness in favor of his friend
Yannis Leloudas, on trial for his opposition to the
dictatorial regime of the Colonels.

1970

Creates *Three-Legged Chair*, a Styrofoam, epoxy, and
fiberglass sculpture (Fig. 15; p. 126, 94, 95 and 148).

1974

Creates three sculptures: *Friends*, *Legs*, and
Evolution / The Wall, also in Styrofoam, epoxy, and
fiberglass (Fig. 14, 13 and 79; p. 127, 148).

1975

The French Ministry of Culture acquires *Pandora's
Box*, a painting in acrylic on paper mounted on
canvas, which hangs in the reception hall of the
French Embassy, Oslo, Norway.
Begins *Galaxy* series, producing eighty-three works
through 2005 (Fig. 16, 1, 33–37).

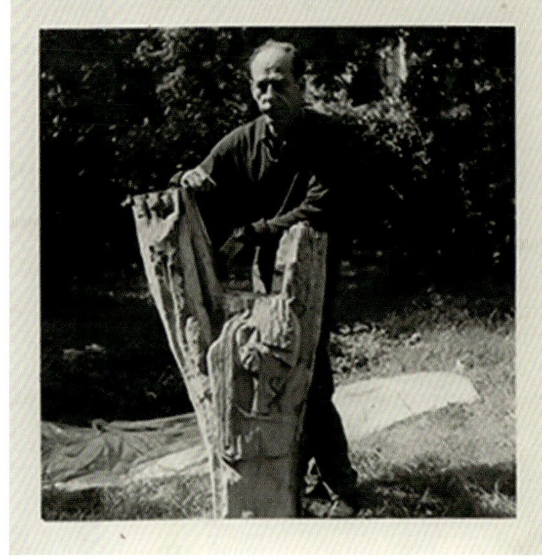
Nat with *The King* first
version, 1962 or 1963
Nat avec *The King*
première version, 1962
ou 1963

Begins paintings on paper and canvas inspired
by a visit to the Old Jewish Cemetery of Prague, a
fifteenth century site. Completes seven works from
1975 through 1999 (Fig. 3, 108).

1976

Exhibits solo at Galerie Le Poisson d'or, Paris, and
is included in the gallery's group exhibits in several
towns in southwest France.
Trains and teaches fencing at the Cercle Militaire,
Paris, France, later earning the teaching title of
Provost.

1979

Begins the *Kites* series, producing nearly forty
paintings, assemblages, and sculptures through
2005 (Fig. 8–10, 71–78).
Begins *Checkerboard* series, producing thirty-one
Op Art-influenced acrylic paintings and collages
through 2002 (Fig. 11, 12, 55–58, 101).

1983 and 1985

Included in group exhibits at the Barbara Gilman
Gallery, Miami, Florida.

1985

Evolution/The Wall sculpture is accepted into the
permanent art collection of the Ministry of Culture
(Fonds National d'Art Contemporain Centre
National des Arts Plastiques– FNAC-CNAP), Paris,
France (Fig. 79 and p. 95).
Returns to the United States with Mirella, settling
in Yonkers, New York.

la galerie dans plusieurs villes du sud-ouest de la France.
S'entraîne et enseigne l'escrime au Cercle militaire de Paris. Il obtiendra le titre de prévôt d'escrime.

1979

Début de la série *Kites* (*Les Cerfs-volants*). Shapiro produira près de quarante peintures, assemblages et sculptures dans cette série, jusqu'en 2005 (fig. 8-10 et 71-80).

Début de la série *Checkerboard* (*Damier*), influencée par l'op art, qui comprendra trente et un peintures acryliques et collages, jusqu'en 2002 (fig. 11, 12, 55-58 et 101).

1983 et 1985

Participation à des expositions collectives à la Barbara Gilman Gallery, Miami (Floride, États-Unis).

1985

La sculpture *Evolution* / *The Wall* rejoint la collection permanente du ministère de la Culture (Fonds National d'Art Contemporain, Centre National des Arts Plastiques, FNAC-CNAP), à Paris (fig. 79 et p. 95).
Nat et Mirella rentrent aux États-Unis et s'installent à Yonkers, dans l'état de New York.

1987

Il est l'un des premiers artistes à installer son atelier dans le Carpet Mills Building, bâtiment industriel rénové, à Yonkers, état de New York. Cet ensemble de bâtiments abritera un grand collectif d'artistes, qui deviendra connu sous le nom The YoHo Studio.

1991

Participation à une exposition collective à la Wetherholt Gallery à Washington, D.C., États-Unis. Nat fonde la Upstream Gallery à Dobbs Ferry, état de New York, l'une des rares galeries coopératives d'art des environs. Il en sera le président, de 1995 à 2002.

1992

Construit un modèle en bois et en aluminium peint pour une sculpture, proposée pour les entrées anglaise et française de l'Eurotunnel (fig. 85 et 128).

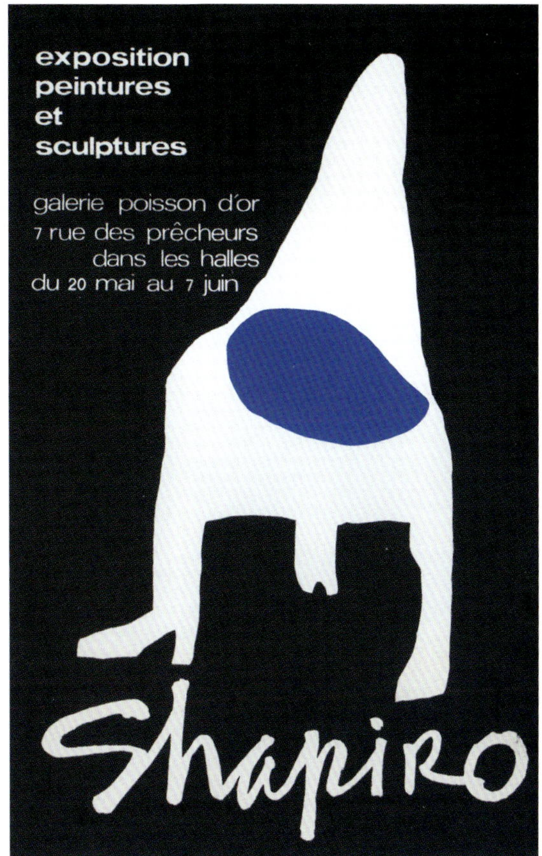

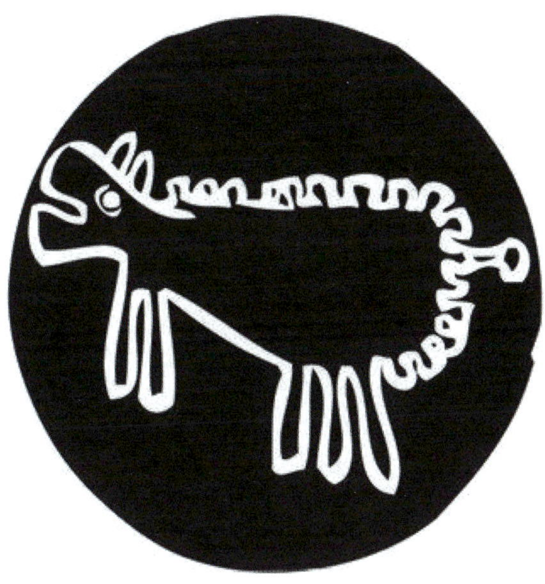

1993

Participation à une exposition collective à la Lever House Gallery, New York.

1997

Participation à une exposition collective à Art 54, Montagu Gallery, New York.

1987

One of the earliest artists to rent a studio in the renovated Carpet Mills Building in Yonkers, New York. Later named The YoHo Studio, this and nearby buildings will become Southern Westchester's largest artists community.

1991

Included in a group exhibit at the Wetherholt Gallery in Washington, D.C.
Founds the Upstream Gallery in Dobbs Ferry, New York, one of the few fine art cooperative galleries in Westchester County. Serves as president from 1995 to 2002.

1992

Builds a wood and painted aluminum model for a proposed sculpture at the English and French entrances to the Eurotunnel (Fig. 85, 125).

1993

Included in group exhibit at Lever House gallery, New York City.

1997

Included in group exhibit at Art 54, Montagu Gallery, New York City.

1998

Creates second biblical series titled *Genesis,* an array of thirty-two acrylic paintings on canvas (Fig. 2, 4, 61, 62).

1999

Exhibits solo at Pangloss Gallery in Pisa, Italy. Profiled in January 31, *New York Times* article "ART: Recognition for Regional Artists."

2000

Exhibits solo at Circolo Artistico, Bologna, Italy. Pfizer Pharmaceuticals acquires paintings *Kites VI* and *Night Side*, for their Learning Center in Arrowood, New York.

2005

Nat Mayer Shapiro passes away in New York City on December 2.

2006

Retrospective exhibit at Upstream Gallery, Dobbs Ferry, New York.

Nat in his studio, August 1997 / Nat dans son atelier, août 1997

Nat and Osamu Kato, at opening of Upstream Gallery, 1991
Nat et Osamu Kato, à l'ouverture de la galerie Upstream, 1991

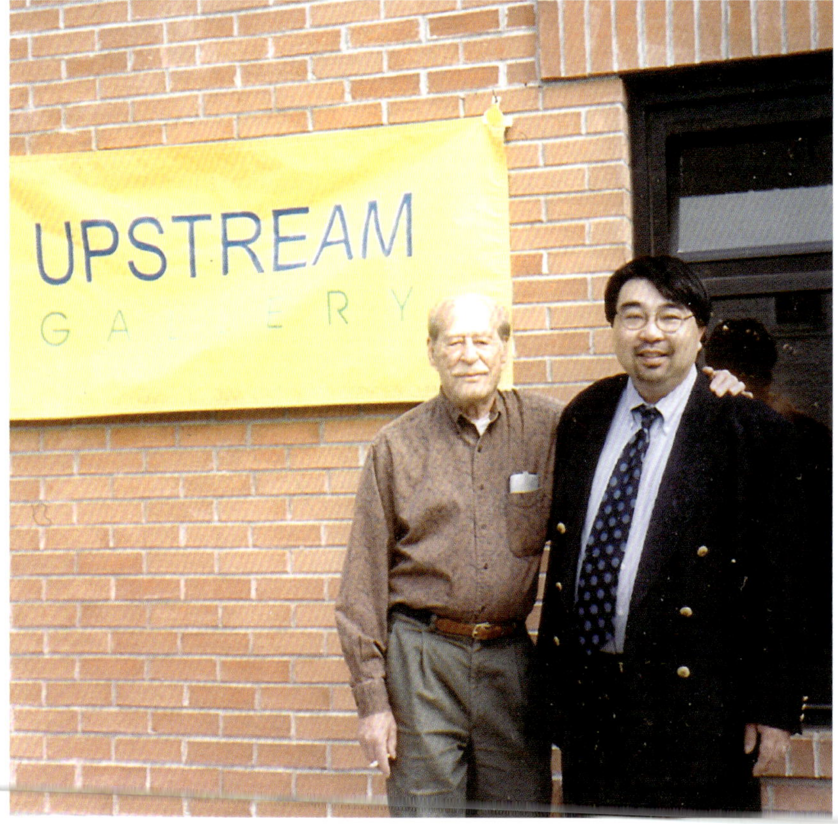

1998

Création d'une deuxième série biblique, intitulée *Genesis* (*Genèse*), un ensemble de trente-deux peintures acryliques sur toile (fig. 2, 4, 61 et 62).

1999

Exposition personnelle à la galerie Pangloss à Pise, en Italie.
Sujet d'un un article du *New York Times* du 31 janvier, intitulé « ART: Recognition for Regional Artists » (ART : une consécration pour les artistes régionaux).

2000

Exposition personnelle au Circolo Artistico, à Bologne, en Italie.
La société Pfizer Pharmaceuticals acquiert les peintures *Kites VI* et *Night Side* pour leur centre de formation à Arrowood, état de New York.

2005

Nat Mayer Shapiro décède à New York le 2 décembre.

2006

Exposition rétrospective à la galerie Upstream, Dobbs Ferry, état de New York.

2007

La Queens Community College Art Gallery (QCC), à Queens, New York, acquiert soixante-quatorze peintures, ainsi que de nombreux dessins, croquis, carnets et diapositives pour sa collection permanente (fig. 38-40, 41 et 91). Voir https://unofficialqccartgallery. blogspot.com/2017/04/nat-shapiro.html

2010

Exposition personnelle de Shapiro, intitulée « Revisited » à la galerie Susan Berko-Conde Gallery/E. M. Berko Archive, dans le quartier de Chelsea, à New York.

2014

Exposition personnelle à la galerie d'art du Queens Community College, Queens, New York.

2015

Exposition personnelle, intitulée « Remembrance », à la Blue Door Gallery, Yonkers, état de New York.

2016

La Galerie Saphir, située à Paris et à Dinard, devient le représentant exclusif de l'artiste en France. https://www.galeriesaphir.com/

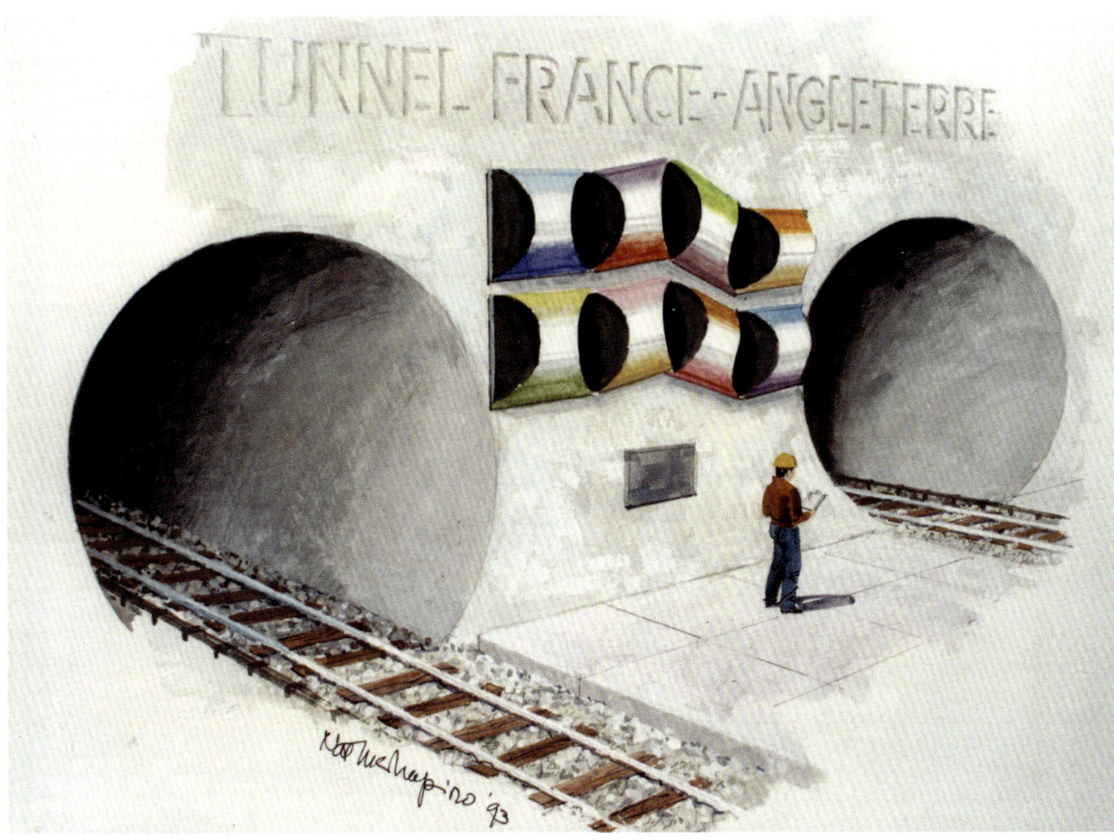

128. *EuroTunnel Submission*, 1993

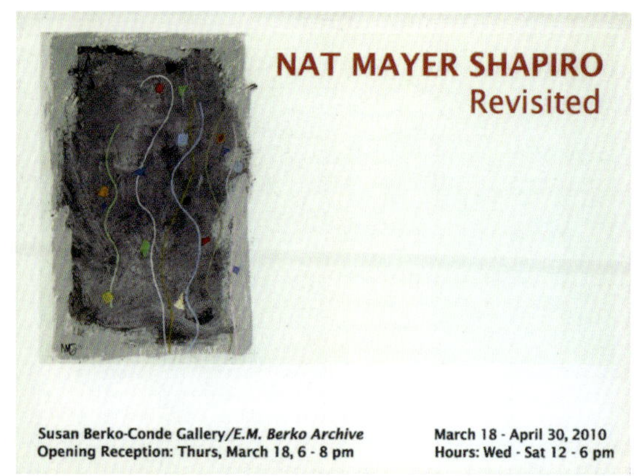

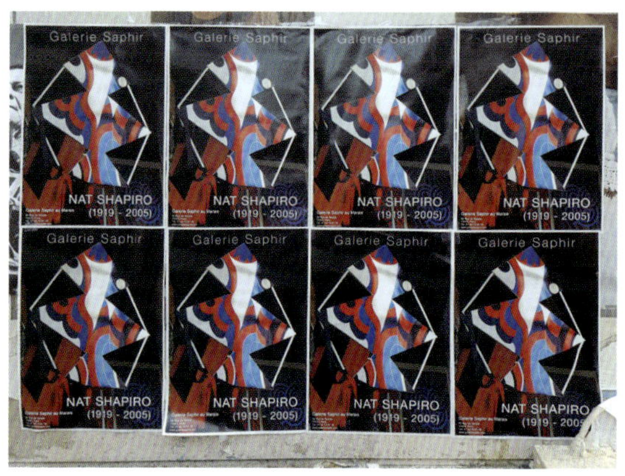

Exhibition *Nat Mayer Shapiro: Revisited*, Susan Berko-Conde Gallery, New York, NY, USA, April 2010

Poster of the exhibition at / Affiche de l'exposition à la Galerie Saphir, Paris, France, 2018

Blue Door Gallery, Remembrance, Yonkers, NY, 2015

Blue Door Gallery, Remembrance, Yonkers, NY, 2015

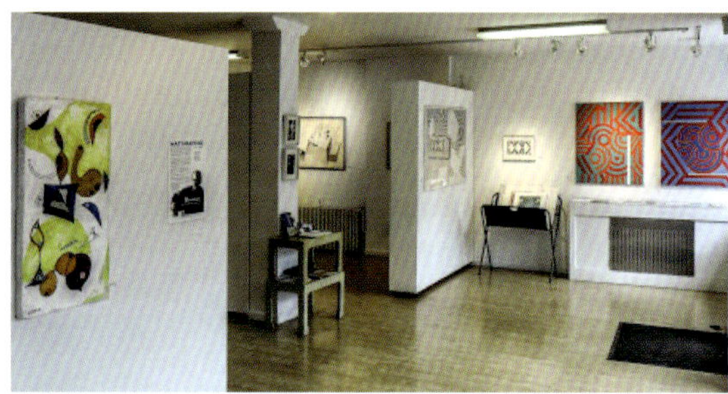

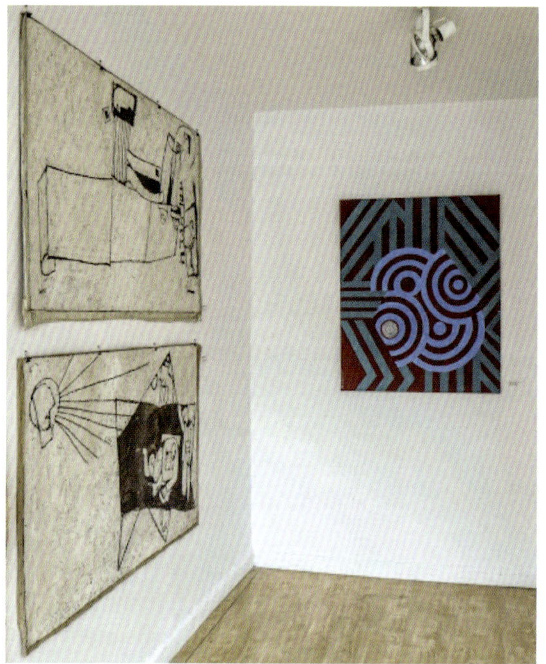

2007

Queens Community College Art Gallery (QCC), Queens, New York, acquires seventy-four assorted paintings, as well as numerous drawings, sketches, drawing pads, and slides for its permanent collection (Figs. 38–40, 41 and 91). See https://unofficialqccartgallery.blogspot.com/2017/04/nat-shapiro.html.

2010

Solo exhibit titled *Revisited* at The Susan Berko-Conde Gallery/E. M. Berko Archive in Chelsea, New York.

2014

Solo exhibit at Queens Community College Art Gallery, Queens, New York.

2015

Solo exhibit titled *Remembrance* at Blue Door Gallery, Yonkers, New York.

2016

Galerie Saphir, with locations in Paris and Dinard, France, becomes exclusive representative in France. https://www.galeriesaphir.com/

2017

Included in group exhibits at Galerie Saphir in Paris and Dinard, France.

2018

Solo exhibit titled *Regarde, regarde les cerfs-volants* at Galerie Saphir, Paris, France, and Dinard, France.
Featured in the 2018 edition of *Bretagne Privilège*, in an article about Galerie Saphir, titled "Passeuse d'art."
Featured in *Cahiers Bernard Lazare*, 412 (Dec. 2018), coinciding with a solo exhibit in the Club Bernard Lazare.

2020

Featured in *Cahiers Bernard Lazare*, 436 (Dec. 2020), in an article titled "L'art à la baguette," in a special issue on American Jewish artists.

2023

Solo Exhibit at Galerie Saphir in Paris, France.

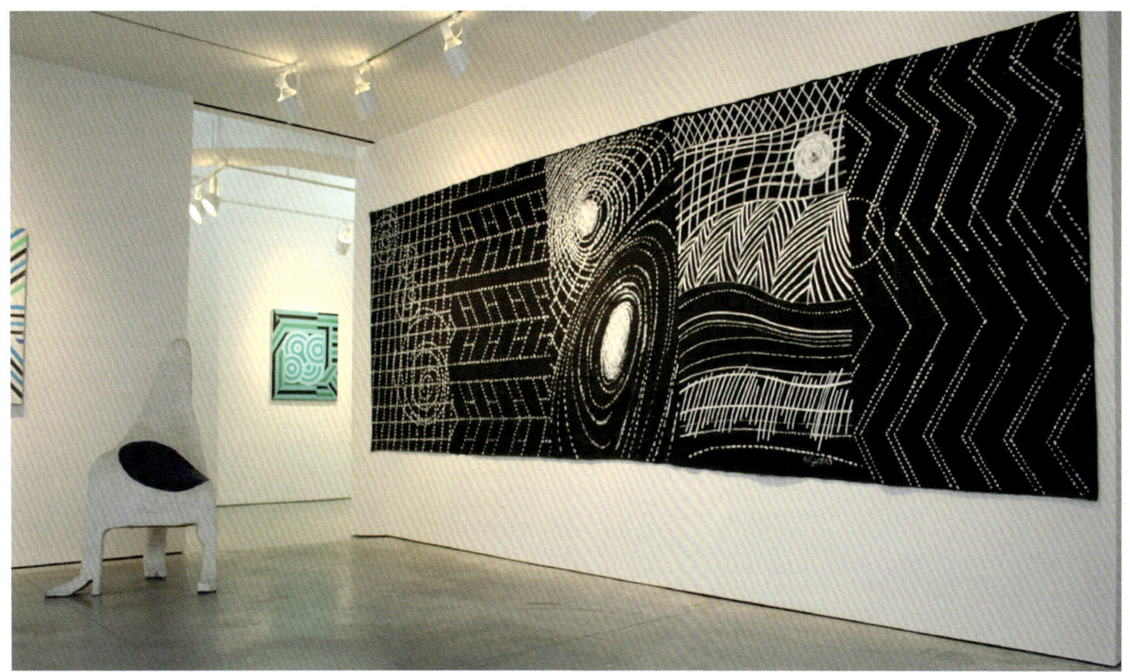

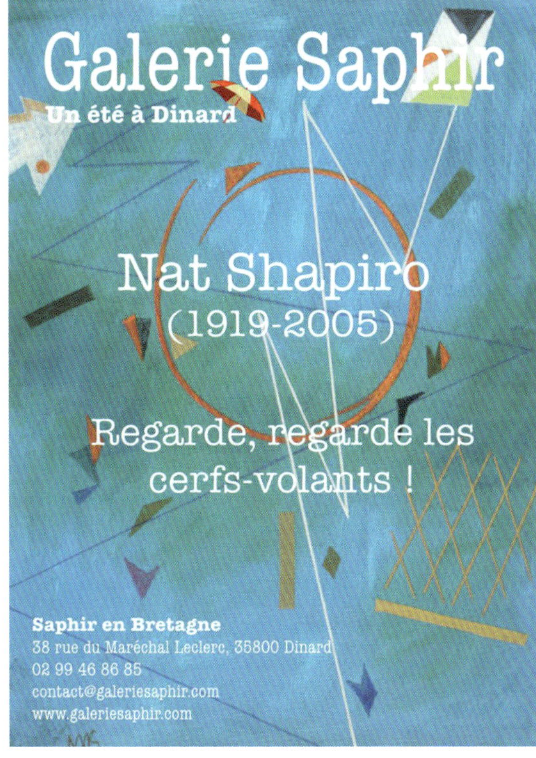

2017

Participation à des expositions collectives à la Galerie Saphir à Paris et à Dinard, France.

2018

Exposition personnelle, intitulée « Regarde, regarde les cerfs-volants » à la Galerie Saphir, Paris et Dinard.
Figure dans l'édition 2018 de *Bretagne Privilège*, dans un article sur la Galerie Saphir, intitulé « Passeuse d'art ».

Figure dans les *Cahiers Bernard Lazare*, n° 412, décembre 2018, en lien avec une exposition personnelle au Club Bernard Lazare.

2020

Parution dans les *Cahiers Bernard Lazare*, n° 436, décembre 2020, d'un article intitulé « L'art à la baguette », dans un numéro spécial sur les artistes juifs américains.

2023

Exposition personnelle à la Galerie Saphir à Paris, France.

Tribute / **Hommage**

Hélène Bordeloup
Art Teacher, Painter, Sculptor
Professeur d'art, peintre, sculptrice

"Behind his mischievous smile, his piercing eyes search for new ideas. He must create: maybe small drawings in priceless sketchbooks, scattered around the studio, or rigorous and controlled graphic works, or large canvasses in black and white, depicting biblical scenes.
And also, explosions of colors and *détournement* of objects. Forever astonishing …
This is Nat in a nutshell, a chameleon and a magician!"

« Sous le sourire narquois, le regard perçant recherche toujours une nouvelle idée de création, que ce soit à partir de précieux petits carnets, entrevus dans l'atelier, ou des réalisations graphiques rigoureuses et maitrisées, jusqu'aux grandes toiles bibliques en noir et blanc …
Sans parler des explosions de couleurs et des détournements d'objets toujours surprenants …
Tout Nat est là, caméléon et prestidigitateur ! »

LIST OF WORKS
LISTE DES ŒUVRES

**Unless otherwise stated,
all works are from the Estate
of Nat Mayer Shapiro**

1. *Detachment at New Guinea*, 1944,
NMS-0880
Watercolor on paper, 15 × 22 in.
Signed and dated lower left
"N Shapiro 44", National Museum
of the US Army, Fort Belvoir, VA,
USA, cat. # 20235

2. Genesis: *Moses Receiving the
Law / The Dictation*, 1998, NMS-
0020
Acrylic on canvas, 9 1/4 × 9 1/4 in.
Collection of Vicki and Andy
Bursten, Bellaire, TX, USA

3. *Le Cimitière juif à Prague*, 1975,
NMS-0857
Gouache and crayon on paper,
21 1/2 × 14 in.
Signed and dated lower right
"Shapiro 75"; titled lower left
Collection of Christine Lamboley
Chetrit, Toulouse, France

4. *Genesis* (overall view), 1998,
NMS-0008-c
Acrylic on canvas, 32 panels,
each 9 1/4 ×9 1/4 in.
Signed lower right "NM Shapiro"
Collection of Vicki and Andy
Bursten, Bellaire, TX, USA

5. *Dancing Nuns II*, 1990, NMS-0156
Acrylic on styrofoam, fiberglass
and epoxy, 35 1/2 × 20 1/2 in.
Signed lower left "NM Shapiro"
Collection of Léa Shapiro,
La Rochelle, France

6. *Dancing Nuns I*, 1963, NMS-0150
Acrylic on canvas, 23 1/2 × 28 1/2 in.,
Signed and dated upper right
"Shapiro 63"

7. *Patty Cake Hula Hoops*,
undated, NMS-0157
Acrylic and India ink
on paper mounted on foamcore,
8 3/8 × 15 3/8 in.
Signed and titled, bottom right

8. *Lost Kite I / Blue Field IV*, 2005,
NMS-0044
Acrylic on canvas, 24 × 20 in.,
Signed lower left "NMS"

9. *Kites in Blue Sky*, 2001,
NMS-0054
Acrylic on paper,
image: 15 3/8 × 10 1/2 in.
Signed lower left
Collection of Luisiana Servadio,
São Paulo, Brazil

10. *Kites with Long Strings*, 1997,
NMS-0053
Acrylic on paper, 22 1/2 × 17 1/2 in.,
Signed lower right "NMS";
erased title ("Sunrise"?) lower left
Collection of the Gabbay family,
Gloucester, MA, USA

11. *Nebula*, 1993, NMS-0508
Ink and acrylic on paper mounted
on plywood, 35 × 57 in.
Signed right center "NMShapiro"

12. *Paris*, 1989, NMS-0510
Collage, acrylic on Paper mounted
on cardboard, 39 7/8 × 50 in.
Signed and dated lower left
"NMShapiro 89"

13. *Legs*, 1974–78, NMS-0182
Styrofoam, epoxy, fiberglass
and acrylic paint incorporated into
resin, 51 × 33 × 32 in.

14. *Friends*, 1974, NMS-0167
Styrofoam, epoxy, fiberglass, acrylic
paint incorporated, aluminium
plate, 60 × 36 × 36 in.

15. *Three-Legged Chair*, 1970,
NMS-0177
Styrofoam, epoxy reinforced
with fiberglass, acrylic paint
incorporated, 32 1/2 × 24 × 53 1/2 in.

16. *Passage to Infinity II*, 2005,
NMS-0297
Acrylic on canvas, 24 × 20 in.
Signed lower left "NMS"
Collection of Marc Shapiro,
Paris, France

17. *Passage to Infinity I*, 2005,
NMS-0294
Acrylic on stretched canvas,
24 × 20 in.
Signed lower left "NMS"
Collection of Allison Hayford,
New York, USA

18. *Lady Godiva on a Chair*, 1969,
NMS-0137
Oil on canvas, 28 1/4 × 23 1/4 in.
Signed and dated top left
"Shapiro 69"
Collection of Marc Shapiro,
Paris, France

19. *The Dictation / Moses on Mount
Sinai / Les Fesses de Dieu*, 1969,
NMS-0161
Oil on canvas, 47 1/4 × 67 1/4 in.
Signed and dated top left
"Shapiro 69"
Collection of Marc Shapiro,
Paris, France

20. *Exodus: Worshipping False
Gods*, 1966–67, NMS-0002
Acrylic on linen, 29 1/2 × 55 in.

21. *Exodus: Levis, Guardians of
the Temple with Torah / Transfer
of the Torah*, 1966–67, NMS-0001
Acrylic on linen, 29 × 55 in.
Signed lower left "Shapiro"

22. *Exodus: Ram's Horn / Moses
Talking to God*, 1966–67, NMS-0003
Acrylic on linen, 29 × 55 in.

23. *Exodus: The Punishment*,
1966–67, NMS-0004
Acrylic on linen, 29 × 55 in.

24. *Exodus: The Community with
Spirit*, 1966–67, NMS-0005
Acrylic on linen, 29 1/2 × 55 in.

25. *Exodus: Moses and the Spirit
Leading His People*, 1966–67,
NMS-0006
Acrylic on linen, 29 1/2 × 55 in.

26. *Exodus: Egyptian Army Trying
to Cross the Red Sea*, 1966–67,
NMS-0007
Acrylic on linen, 29 × 55 in.

27. *Homage to Josquin des Prez*,
1995, NMS-0112
Acrylic and wash on paper, 19 × 14 in.
Signed lower left "NM Shapiro";
titled lower right
Collection of Robert Cadoux,
Hastings on Hudson, NY, USA

28. *The Prince of Venosa and
Others*, undated, NMS-0671
Mixed media collage with
gouache and acrylic on paper,
Image: 15 3/8 × 10 5/8 in.
Signed lower left "NMShapiro";
titled lower edge

29. *Untitled*, 1972, NMS-0638
Acrylic and marker on paper
Image: 22 1/8 × 17 1/4 in.
Signed and dated lower left
"Shapiro 72"
Collection of Roberta Shapiro,
Paris, France

30. *Manif (Rally)*, 1974, NMS-0196
Acrylic on styrofoam, 29 × 19 1/2 in.
Signed and dated on the side
"Shapiro 74"
Collection of Claudia Davidson,
Pittsburgh, PA, USA

31. *The Pediment*, 1967, NMS-0933
Oil on unframed canvas, 60 × 48 in.
Signed and dated upper left
"Shapiro 67"

Collection of Sharon Koltick Junk,
Fort Wayne, IN, USA

32. *Nuns Dancing with Decalogue
Nuns*, ca. 2000, NMS-0153
Acrylic on styrofoam, fiberglass
and epoxy, 20 × 38 1/2 in.
Signed lower left "NMShapiro"

33. *Universe*, 2001, NMS-0250
Acrylic on canvas, 72 × 202 in.
Signed, lower right "NMShapiro"

34. *Galaxy VII A*, 1998–99,
NMS-0263
Acrylic, pen and India ink on paper
Paper: 18 7/8 × 15 in.
Signed lower right "NMShapiro";
titled lower left
Collection of Laurence Cohen,
Oise, France

35. *Light Theory II*, 2005,
NMS-0298
Acrylic on canvas, 24 × 20 in.
Signed lower left "NMS"

36. *Whirling Cosmos*, 1996,
NMS-0302
Acrylic on canvas, 50 × 40 in.,
Signed lower left "NM Shapiro"

37. *Blue Moon*, 1985, NMS-0687
Acrylic on canvas, 59 × 39 in.,
Signed lower left "Shapiro"
Collection of Mirella Shapiro,
Paris, France

38. *Page of sketches*, undated,
NMS-0891
Pencil and acrylic on paper,
24 × 21 in.

39. *Page of thumbnail sketches*,
undated, NMS-0979
Pencil, India ink and acrylic on
paper, 11.5 × 8.7 in.
QCC Permanent Collection /
CUNY, New York, NY, USA

40. *Page of thumbnail sketches*,
undated , NMS-0980
Pencil, India ink and marker
on paper, 11.5 × 8.7 in.
QCC Permanent Collection /
CUNY, New York, NY, USA

41. *Burial*, ca. 1993, NMS-0759
Acrylic and sand on linen,
22 3/8 × 34 5/8 in.
Signed lower left "NS"
QCC Permanent Collection /
CUNY, New York, NY, USA

42. *Palm Trees*, undated, NMS-0198
Marker on paper,
image: 13 7/8 × 10 3/8 in.

43. *Chartres, Rose Window*, 1990,
NMS-0078
Acrylic on canvas, 38 × 32 in.,
Signed lower left

44. *Amiens, Rose Window*, 1990,
NMS-0077
Acrylic on canvas, 38.2 × 33.2 in

45. *Notre-Dame, Rose Window*,
1990, NMS-0079
Acrylic on canvas, 38 × 32 in.
Signed lower left
Collection of Léa Shapiro, Paris,
France

46. *Reims, Rose Window*, 1990,
NMS-0080
Acrylic on canvas, 38 × 32 in.
Signed and dated lower left
"NShapiro 90"
Collection of Zoé Shapiro, Paris,
France

47. *Reverberation III*, 2004, NMS-0211
Acrylic and gouache on paper,
30 3/8 × 22 3/8 in.
Signed lower right "NMS"

48. *Sound Waves II*, 2004, NMS-0213
Acrylic and gouache on paper,
29 1/28 × 22 in.

49. *Free Forms*, 1995, NMS-0617
Acrylic on canvas, 30 × 30 in.,
Signed lower left "NMShapiro"
Collection of Roberta Shapiro,
Paris, France

50. *Joie*, 1998, NMS-0620
Acrylic and gouache on paper,
15 × 19 in.
Signed lower left "NShapiro";
titled lower right
Collection of Mirella Shapiro, Paris,
France

51. *Frieze*, ca. 2001, NMS-0425
India ink, oil stick and gouache on
paper, image: 15 3/8 × 10 3/4 in.
Signed lower left "Shapiro"

52. *Cathedral*, 1985, NMS-0661
Gouache on paper, 15 1/4 × 10 5/8 in.
Signed lower left "NShapiro";
titled lower right

53. *Barry's Voyage / Calm Seas*,
1980, NMS-0451
Pen and ink on paper,
image: 16 × 10 5/8 in.
Signed and dated lower left
"NMShapiro 80"; titled on reverse
Collection of Barry McCallion,
East Hampton, NY, USA

54. *Seascape I*, 1980, NMS-0447
Pen and India ink on paper,
image: 15 3/8 × 10 5/8 in.
Signed and dated lower right
"NMShapiro 80"

55. *Optical Checkerboard*, 1991,
NMS-0509
Acrylic on paper, collage,
image 57 × 69 in.

56. *Black and White Checkerboard*,
undated, NMS-0498
Marker on paper 14 × 17 in.
Collection of Léa Shapiro,
La Rochelle, France

57. *Untitled*, 1992, NMS-0495
Pencil and acrylic on paper,
image: 23 5/8 × 15 3/4 in.

58. *Nonna / Ancestors*, 1992,
NMS-0484
Collage and acrylic on drawing
paper mounted on board,
49 1/2 × 39 in.
Signed lower left "Nat Mayer
Shapiro"
Collection of Mirella Shapiro, Paris,
France

59. *Sinai Landscape*, ca. 2000,
NMS-0685
Oil pastel and gouache on paper,
image: 10 1/4 × 19 1/4 in.
Signed lower right "NMShapiro"
Titled lower left

60. *Menorah*, ca. 2002, NMS-0371
Pencil, marker, gouache on paper,
image: 19 1/2 × 33 in.
Collection of Marc Shapiro, Paris,
France

61. *Genesis: False Gods / The
Plagues of Egypt*, 1998, NMS-0023
Acrylic on canvas, 9 1/4 × 9 1/4 in.
Collection of Vicki and Andy
Bursten, Bellaire, TX, USA

62. *Genesis: David and Goliath*,
1998, NMS-0035
Acrylic on canvas, 9 1/4 × 9 1/4 in.,
Collection of Vicki and Andy
Bursten, Bellaire, TX, USA

63. *Israel, Calligraphically*, undated,
NMS-0231
Graphite on paper mounted on
foamcore, 9 × 8 1/2 in.
Signed lower right "NShapiro";
titled lower left

64. *Israel, Calligraphically II*,
undated, NMS-0232
Graphite on paper mounted
on foamcore, 10 × 9 in.

Signed lower right "NShapiro";
titled lower left

65. *Israel, Calligraphically III*,
undated, NMS-0233
Graphite on paper mounted on
foamcore, 8 3/4 × 9 in.
Signed lower right "NShapiro";
titled, lower left
Collection of Marc Shapiro,
Paris, France

66. *A, B, C*, 1993, NMS-0230
Acrylic on pressed board,
20 × 14 1/2 in.
Signed lower right "NMShapiro"
Collection of Mirella Shapiro,
Paris, France

67. *The Mosque*, undated,
NMS-0071
Gouache, pen and ink on paper,
image: 15 1/2 × 11 1/2 in.
Signed lower right "NMS";
titled lower left
Collection of Luisiana Servadio,
São Paulo, Brazil

68. *Meeting*, 1976, NMS-0194
Acrylic on styrofoam, 30 × 19 1/2 in.,
Collection of Roberta Shapiro,
Paris, France

69. *Le Cirque*, undated, NMS-0745
Acrylic on paper,
image: 10 5/8 × 15 3/8 in.
Titled lower right
Private collection

70. *Holy City III*, undated,
NMS-0070
Gouache and ink on paper,
image: 15 1/2 × 11 1/2 in.
Signed lower center "NMShapiro";
titled lower right
Collection of Giovanna Adler,
Stony Point, NY, USA

71. *White Kite*, undated, NMS-0178
Acrylic on wood and aluminium,
17 × 21 in. (excluding tail)

72. *Green Kite*, 1998, NMS-0954
Acrylic on Wood, 37 × 35.5 in.
Private collection

73. *Red, White and Blue*, undated,
NMS-0187
Acrylic on styrofoam and wood,
34 1/2 × 31 1/2 in.

74. *Blue Kites*, 1979–80, NMS-0042
Gouache on paper, 15 × 10 1/2 in.
Signed and dated lower left
"NMShapiro 80"
Collection of Jill Wingfield,
Cambridge, UK

75. *Kites V*, undated, NMS-0063
Acrylic, gouache and gauze collage
on paper , 19 × 13 in.
Signed lower right "N Shapiro";
titled lower left
Collection of Luisiana Servadio,
São Paulo, Brazil

76. *Three Dimensional Kite*, 1999,
NMS-0068
Acrylic on paper, 16 × 10 in.
Signed lower left "NMShapiro"
Private collection

77. *Night Kites*, ca. 1998,
NMS-0067
Acrylic, gouache and gauze collage
on paper, 16 × 10 in.
Signed lower left "NMShapiro"
Private collection

78. *Untitled*, 1977, NMS-0866
Acrylic on canvas, 58 1/2 × 39 1/2 in.
Signed and dated lower left
"Shapiro 77"

79. *Evolution / The Wall*, 1974,
NMS-0895
Interior: styrofoam; base: polyester
resin with fibre glass, gravel,
colored paper and acrylic paint,
6.56 × 11.48 × 4.92 feet
Signed and dated top right
FNAC 10438
Centre National des Arts Plastiques,
Paris, France

80. *Kinetic Cube*, 2000,
NMS-0952
Acrylic on wood and canvas, electric
motor, 31 × 31 × 31 in.

81. *Sleeves I*, ca. 1995, NMS-0171
Aluminum, acrylic, and wood,
18 1/2 × 27 in.

82. *Sleeves III*, ca. 1995, NMS-0173
Aluminum, acrylic, and wood,
20 × 19 1/2, in.
Signed on collar and bottom edge

83. *Sleeves II*, ca. 1995, NMS-0172
Aluminum, acrylic, and wood,
18 × 26 3/4 in.
Signed lower left

84. *Sleeves IV*, ca. 1995, NMS-0174
Aluminum, acrylic, and wood,
18 1/2 × 27 in.
Signed lower left

85. *Le Tunnel sous la Manche*, 1992,
NMS-0176
Painted aluminium and wood,
60 × 36 × 4 in.

86. *Oasis*, ca. 1995–96, NMS-0175
Aluminum sheeting and wood,
23 3/4 × 18 1/2 × 24 in.

87. *Screen*, ca. 2001, NMS-0170
Acrylic on canvas mounted on
paper, three panels 54 × 30 in. each
Signed top right of middle panel
"NMShapiro"

88. *The King*, 1963, NMS-0181
Enamel house paint on wood (tree
trunk), 47 × 22 × 10 in.
Collection of Mirella Shapiro,
Paris, France

89. *Cupolas and Saints*, 1966,
NMS-0593
Pencil and India ink on paper,
29 × 42 1/2 in.
Signed and dated lower center
"Shapiro 66"
Collection of Mirella Shapiro,
Paris, France

90. *The Stela and the Law*, 1966,
NMS-0594
Pencil and India ink on foamcore,
28 1/2 × 40 in.
Signed and dated lower left
"Shapiro 66"
Collection of Mirella Shapiro,
Paris, France

91. *Black Jesus*, 1966, NMS-0816
Ink and graphite on paper,
42 1/2 × 29 5/8 in.
Signed and dated lower right
"NMShapiro 66"
QCC Permanent Collection /
CUNY, New York, NY, USA

92. *Byzantine Family*, 1966,
NMS-0595
Pencil and India ink on foamcore,
29 1/2 × 40 in.
Signed and dated lower right
"N Shapiro 66"; titled on reverse
Collection of Mirella Shapiro,
Paris, France

93. *Greek Church*, ca. 1966,
NMS-0968
Linocut, ink on paper, 7 1/2 × 4 in.
Collection of Marc Shapiro,
Paris, France

94. *Byzantine Church*, 1976,
NMS-0193
Acrylic on styrofoam, 26 × 20 in.
Signed and dated lower left
"N Shapiro 74"
Collection of Marc Shapiro,
Paris, France

95. *Cubes*, undated, NMS-0491
Gouache on paper mounted

on foamcore, image: 12 × 18 in.
Signed lower left "NMShapiro"

96. *Untitled*, 1976, NMS-0224
Acrylic and gouache on unstretched
linen, 16 1/2 × 30 1/2 in.
Signed and dated lower left
"NMS 76"

97. *Canals*, undated, NMS-0392
Acrylic on canvas, 32 × 46 in.,
Signed lower right "Nat Shapiro";
titled on reverse

98. *Mosaic in Green*, undated,
NMS-0610
Acrylic and gouache on paper,
11 × 15 7/8 in.
Signed lower left "NMShapiro"
Collection of Dominique Célier,
Paris, France

99. *Looking Down*, undated,
NMS-0633
Acrylic on paper, 23 1/2 × 18 in.,
Signed lower left "Shapiro"
Private collection

100. *Homage to Delaunay*,
ca. 2002, NMS-0694
Acrylic on canvas, 38 × 32 in.,
Signed "Shapiro," lower left
Collection of Mirella Shapiro,
Paris, France

101. *Red Checkerboard*, 2002,
NMS-0798
Acrylic on canvas, 29 × 20 in.
Signed lower right "NShapiro"
Collection of Mirella Shapiro,
Paris, France

102. *Sentinelle perdue*, 1964,
NMS-0958, book cover
Gouache and India ink on paper,
open book 16.4 × 23 in.
Signed lower left "Mayer"

103. *Le Lac salé*, ca. 1963,
NMS-0961, book cover
Acrylic, ink and wax pencil probably
on paper, open book 16.4 × 23 in.
Signed on the left "Mayer"

104. *Monsieur Ripois et la Némésis*,
NMS-0959, book cover
Gouache and India ink on paper,
open book 16.4 × 23 in.

105. *The Three Prophets:
Mohammed*, 2002, NMS-0163
Acrylic on unstretched canvas,
47 1/2 × 12 1/2 inches

106. *The Three Prophets: Moses*,
2002, NMS-0164
Acrylic on unstretched canvas,
47 1/2 × 12 1/2 inches
Signed lower left "NMShapiro"

107. *The Three Prophets: St Francis*,
2002, NMS-0165
Acrylic on unstretched canvas,
47 1/2 × 12 1/2 inches

108. *Garden of Stones / Jewish
Cemetery in Prague*, 1999,
NMS-0040
Acrylic on unstretched canvas,
91 × 26 1/4 in.
Signed lower left "Nat Shapiro"

109. *Yellow Blue Banner*, 1999,
NMS-0037
Acrylic and gouache on unstretched
canvas, 96 × 30 in.
Signed lower right "Nat Shapiro"

110. *Sunset on Madison*, 1999,
NMS-0039
Acrylic on unstretched canvas,
88 × 30 1/2 in.
Signed lower left "Nat Shapiro"

111. *Siena*, 1961, NMS-0349
Gouache on paper, 18 1/8 × 21 1/2 in.
Signed and dated lower left
"Mayer 61"

112. *The Fortress of Nice*, 1967,
NMS-0347
Gouache on paper, 21 5/8 × 14 7/8
in. Signed in white, lower right
"Mayer"; dated on reverse "67"

113 *Market Place, Rome*, 1961,
NMS-0359
Gouache on paper mounted on
matte board, image: 20 × 14 7/8 in.
Signed lower right "N Shapiro";
titled lower left

114. *Forum, Rome*, 1961, NMS-0788
Gouache on paper, 21 3/4 × 18 1/4 in.
Signed and dated left "Mayer 61"
Collection of Marc Shapiro,
Paris, France

115. *Off the Hudson in New York
Area*, 1963, NMS-0330
Conte crayon, acrylic and ink
on paper, 12 × 9 1/2 in.
Titled, lower left
Collection of Rachel Weinstein,
New York, NY, USA

116. *Moses*, 1962, NMS-0337
Acrylic on poster board,

13 1/4 × 7 1/2 in.
Signed lower right "Mayer"

117. *Noah's Ark*, undated,
NMS-0339
Pastel and ink on paper,
image: 7 × 8 5/8 in.

118. *Bubble Dancer*, 2002,
NMS-0139
Acrylic on canvas mounted
on board, 18 × 14 in.
Signed lower left "NMS"
Collection of Léa Shapiro,
La Rochelle, France

119. *Warrior*, 2002, NMS-0138
Acrylic on canvas mounted
on board, 16 × 12 in.
Signed lower right "NMS"
Collection of Marc Shapiro,
Paris, France

120. *Strong Man*, undated,
NMS-0084
Ink on paper mounted on foamcore,
7 1/2 × 5 1/2 in.
Signed lower right "Shapiro"
Collection of Mirella Shapiro,
Paris, France

121. *Untitled*, undated, NMS-0088
Ink on paper, mounted on
foamcore, 7 1/2 × 5 1/2 in.
Signed lower right "Shapiro"
Collection of Mirella Shapiro,
Paris, France

122. *Untitled*, undated, NMS-0085
Ink on paper mounted on foamcore,
7 1/2 × 5 1/2 in.
Signed lower right "Shapiro"
Collection of Mirella Shapiro,
Paris, France

123. *Untitled*, undated, NMS-0087
Ink on paper mounted on foamcore,
7 1/2 × 5 1/2 in.
Signed upper left "Shapiro"
Collection of Mirella Shapiro,
Paris, France

124. *Untitled*, undated, NMS-0086
Ink on paper mounted on foamcore,
7 1/2 × 5 1/2 in.
Signed lower right "Shapiro"
Collection of Mirella Shapiro,
Paris, France

125. *Industries*, ca. 1960, NMS-0324
Acrylic on paper board,
21 3/4 × 11 5/8 in.

126. *Miners*, ca. 1969, NMS-0328
Gouache on paper, 7 5/8 × 9 in.
Signed lower left "Mayer"

127. *Le Mouton à Cinq Pattes*,
NMS-0960
Logo of Le Mouton à Cinq Pattes
store

128. *EuroTunnel Submission*, 1993,
NMS-0176a
Signed and dated lower center
"NatMShapiro 93", marked along
the top "Tunnel France-Angleterre"

1. *Detachment at New Guinea*, 1944,
NMS-0880
Aquarelle sur papier, 38,1 × 55,9cm
Signé et daté en bas à gauche
"N Shapiro 44"
National Museum of the US Army,
Fort Belvoir, VA, États-Unis,
inv. 20235

2. *Genesis : Moses Receiving
the Law / The Dictation*, 1998,
NMS-0020
Acrylique sur toile, 23,5 ×23,5 cm
Collection de Vicki et Andy Bursten,
Bellaire, TX, États-Unis

3. *Le Cimitière juif à Prague*, 1975,
NMS-0857
Gouache et crayon sur papier,
54,6 × 35,6 cm
Signé et daté en bas à
droite"Shapiro 75" ; titré en bas
à gauche
Collection de Christine Lamboley
Chetrit, Toulouse, France

4. *Genesis* (vue d'ensemble), 1998,
NMS-0008-c
Acrylique sur toile, 32 panneaux,
chacun 38,4 ×54,9 cm
Collection de Vicki et Andy Bursten,
Bellaire, TX, États-Unis

5. *Dancing Nuns II*, 1990, NMS-0156
Acrylique sur polystyrène expansé,
fibre de verre et époxy,
90,2 × 52,1 cm
Signé en bas à gauche
"NM Shapiro"
Collection de Léa Shapiro,
La Rochelle, France

6. *Dancing Nuns I*, 1963, NMS-0150
Acrylique sur toile, 59,7 × 72,4 cm,
Signé et daté en haut à droite
"Shapiro 63"

7. *Patty Cake Hula Hoops*, s.d.,
NMS-0157
Acrylique et encre de Chine sur
papier marouflé sur carton-mousse,
21,3 × 39,1 cm
Signé et titré en bas à droite

8. *Lost Kite I / Blue Field IV*, 2005,
NMS-0044
Acrylique sur toile, 61 × 50,8 cm
Signé en bas à gauche "NMS"

9. *Kites in Blue Sky*, 2001,
NMS-0054
Acrylique sur papier,
image: 39,1 ×26,7 cm

Signé en bas à gauche
Collection de Luisiana Servadio,
Sao Paulo, Brésil

10. *Kites with Long Strings*, 1997,
NMS-0053
Acrylique sur papier, 57,2 × 44,5 cm
Signé en bas à droite "NMS",
titre effacé (« Sunrise » ?) en bas
à gauche
Collection de la famille Gabbay,
Gloucester, MA, États-Unis

11. *Nebula*, 1993, NMS-0508
Encre et acrylique sur papier monté
sur contreplaqué, 88,9 × 144,8 cm
Signé à droite au centre
"NMShapiro"

12. *Paris*, 1989, NMS-0510
Collage, acrylique sur papier
marouflé sur carton, 101,3 × 127 cm
Signé et daté en bas à gauche
"NMShapiro 89"

13. *Legs*, 1974-1978, NMS-0182
Polystyrène expansé, époxy, fibre
de verre, peinture acrylique
incorporée à la résine,
129,5 × 83,8 × 81,3 cm

14. *Friends*, 1974, NMS-0167
Polystyrène expansé, époxy, fibre de
verre, peinture acrylique
incorporée, plaque d'aluminium,
152,4 × 91,4 × 91,4 cm

15. *Three-Legged Chair*, 1970,
NMS-0177
Polystyrène expansé, époxy, fibre de
verre, peinture acrylique incorporée,
82,6 × 61 × 135,9 cm

16. *Passage to Infinity II*, 2005,
NMS-0297
Acrylique sur toile, 61 × 50,8 cm
Signé en bas à gauche "NMS"
Collection de Marc Shapiro,
Paris, France

17. *Passage to Infinity I*, 2005,
NMS-0294
Acrylique sur toile, 61 × 50,8 cm
Signé en bas à gauche "NMS"
Collection de Allison Hayford,
New York, États-Unis

18. *Lady Godiva on a Chair*, 1969,
NMS-0137
Huile sur toile, 71,8 ×59,1 cm
Signé et daté en haut à gauche
"Shapiro 69"
Collection de Marc Shapiro,
Paris, France

19. *Exodus: The Dictation / Moses
on Mount Sinai / Les fesses de Dieu*,

1969, NMS-0161
Huile sur toile, 120 × 170,8 cm
Signé et daté en haut à gauche
"Shapiro 69"
Collection de Marc Shapiro, Paris,
France

20. *Exodus: Worshipping False
Gods*, 1966-1967, NMS-0002
Acrylique sur toile de lin,
74,9 × 139,7 cm

21. *Exodus: Levis, Guardians of
the Temple with Torah / Transfer
of the Torah*, 1966-1967, NMS-0001
Acrylique sur toile de lin,
73,7 × 139,7 cm
Signé en bas à gauche "Shapiro"

22. *Exodus: Ram's Horn / Moses
Talking to God*, 1966-1967,
NMS-0003
Acrylique sur toile de lin,
73,7 × 139,7 cm

23. *Exodus: The Punishment*,
1966-1967, NMS-0004
Acrylique sur toile de lin,
73,7 × 139,7 cm

24. *Exodus : The Community with
Spirit*, 1966-1967, NMS-0005
Acrylique sur toile de lin,
74,9 × 139,7 cm

25. *Exodus: Moses and the Spirit
Leading His People*, 1966-1967,
NMS-0006
Acrylique sur toile de lin,
74,9 × 139,7 cm

26. *Exodus: Egyptian Army Trying
to Cross the Red Sea*, 1966-1967,
NMS-0007
Acrylique sur toile de lin,
73,7 × 139,7 cm

27. *Homage to Josquin des Prez*,
1995, NMS-0112
Acrylque et lavis sur papier,
48,3 × 35,6 cm
Signé en bas à gauche
"NM Shapiro"
Titré en bas à droite
Collection de Robert Cadoux,
Hastings on Hudson, NY, États-Unis

28. *The Prince of Venosa
and Others*, NMS-0671
Collage à techniques mixtes, avec
gouache et acrylique sur papier,
image : 39,1 × 27 cm
Signé en bas à gauche "NMShapiro"
Tiitré sur le bord inférieur

29. *Untitled*, 1972, NMS-0638
Acryllique et feutre sur papier,

image : 56,2 × 43,8 cm
Signé et daté en bas à gauche
"Shapiro 72"
Collection de Roberta Shapiro,
Paris, France

30. *Manif (Rally)*, 1974, NMS-0196
Acrylique sur polystyrène expansé,
73,7 × 49,5 cm
Signé et daté sur le côté "Shapiro 74"
Collection de Claudia Davidson,
Pittsburgh, PA, États-Unis

31. *The Pediment*, 1967, NMS-0933
Huile sur toile sans chassis,
152,4 × 121,9 cm
Signé et daté en haut à gauche
"Shapiro 67"
Collection de Sharon Koltick Junk,
Fort Wayne, IN, États-Unis

32. *Nuns Dancing with Decalogue*,
ca. 2000, NMS-0153
Acrylique sur polystyrène expansé,
fibre de verre et époxy,
50,8 × 97,8 cm
Signé en bas à gauche "NMShapiro"

33. *Universe*, 2001, NMS-0250
Acrylique sur toile,
182,9 × 513,1 cm
Signé en bas à droite "NMShapiro"

34. *Galaxy VII A*, 1998-1999,
NMS-0263
Acrylique, stylo et encre de Chine
sur papier, papier : 47,9 × 38,1 cm
Signé en bas à droite "NMShapiro"
Titré en bas à gauche
Collection de Laurence Cohen,
Oise, France

35. *Light Theory II*, 2005,
NMS-0298
Acrylique sur toile, 61 × 50,8 cm
Signé en bas à gauche "NMS"

36. *Whirling Cosmos*, 1996,
NMS-0302
Acrylique sur toile, 127 × 101,6 cm
Signé en bas à gauche
"NM Shapiro"

37. *Blue Moon*, 1985, NMS-0687
Acrylique sur toile, 149,9 × 99,1 cm
Signé en bas à gauche "Shapiro"
Collection de Mirella Shapiro,
Paris, France

38. *Page de croquis*, s.d., NMS-0891
Crayon et acrylique sur papier,
74 × 53 cm

39. *Page de croquis miniatures*, s.d.,
NMS-0979
Crayon, encre de Chine et acrylique
sur papier, 29,2 × 22,1 cm

QCC Permanent Collection /
CUNY, New York, NY, États-Unis

40. *Page de croquis miniatures*, s.d.,
NMS-0980
Crayon, encre de Chine et feutre
sur papier, 29,2 × 22,1 cm
QCC Permanent Collection /
CUNY, New York, NY, États-Unis

41. *Burial*, s.d., NMS-0759
Acrylique et sable sur toile de lin,
56,8 × 87,9 cm
Signé en bas à gauche "NS"
QCC Permanent Collection /
CUNY, New York, NY, États-Unis

42. *Palm Trees*, NMS-0198
Feutre sur papier,
image: 35,2 × 26,4 cm

43. *Chartres, Rosace*, 1990,
NMS-0078
Acrylique sur toile, 96,5 × 81,3 cm
Signé en bas à gauche

44. *Amiens, Rosace*, 1990,
NMS-0077
Acrylique sur toile, 97 × 84,3 cm

45. *Notre-Dame, Rosace*, 1990,
NMS-0079
Acrylique sur toile, 96,5 × 81,3 cm
Signé en bas à gauche
Collection de Léa Shapiro,
La Rochelle, France

46. *Reims, Rosace*, 1990,
NMS-0080
Acrylique sur toile, 96,5 × 81,3 cm
Signé et daté en bas à
gauche"NShapiro 90"
Collection de Zoé Shapiro, Paris,
France

47. *Reverberation III*, 2004,
NMS-0211
Acrylique et gouache sur papier,
77,2 × 56,8 cm
Signé en bas à droite "NMS"

48. *Sound Waves II*, 2004,
NMS-0213
Acrylique et gouache sur papier,
74,9 × 55,9 cm

49. *Free Forms*, 1995, NMS-0617
Acrylique sur toile, 76,2 × 76,2 cm
Signé en bas à gauche "NMShapiro"
Collection de Roberta Shapiro,
Paris, France

50. *Joie*, 1998, NMS-0620
Acrilique et gouache sur papier,
38,1 × 48,3 cm
Signé en bas à gauche "NShapiro"
Titré en bas à droite

Collection de Mirella Shapiro,
Paris, France

51. *Frieze*, ca. 2001, NMS-0425
Encre de Chine, huile solide
et gouache sur papier,
image: 39,1 × 27,3 cm
Signé en bas à gauche "Shapiro"

52. *Cathedral*, 1985, NMS-0661
Gouache sur papier, 38,7 × 27 cm
Signé en bas à gauche "NShapiro" ;
titré en bas à droite

53. *Barry's Voyage / Calm Seas*, 1980,
NMS-0451
Stylo et encre sur papier,
image: 40,6× 27 cm
Signé et daté en bas à
gauche"NMShapiro 80" ;
titré au verso
Collection de Barry McCallion,
East Hampton NY, États-Unis

54. *Seascape I*, 1980, NMS-0447
Encre de Chine sur papier,
image: 39,1 × 27 cm
Signé et daté en bas à
droite"NMShapiro 80"

55. *Optical Checkerboard*, 1991,
NMS-0509
Acrylique sur papier, collage,
image 144,8 × 175,3 cm

56. *Black and White Checkerboard*,
s.d., NMS-0498
Feutre sur papier, 35,6 × 43,2 cm
Collection de Léa Shapiro,
La Rochelle, France

57. *Untitled*, 1992, NMS-0495
Crayon et acrylique sur papier,
image : 60 × 40 cm

58. *Nonna / Ancestors*, 1992,
NMS-0484
Collage et acrylique sur papier dessin
marouflé sur carton, 125,7 × 99,1 cm
Signé en bas à gauche
"Nat Mayer Shapiro"
Collection de Mirella Shapiro,
Paris, France

59. *Sinai Landscape*, ca. 2000,
NMS-0685
Pastel à l'huile et gouache sur papier,
image: 26 × 48,9 cm
Signé en bas à droite "NMShapiro" ;
titré en bas à gauche

60. *Menorah*, ca. 2002, NMS-0371
Crayon, feutre et gouache sur papier,
image: 49,5 × 83,8 cm
Collection de Marc Shapiro,
Paris, France

61. *Genesis: False Gods / The Plagues
of Egypt*, 1998, NMS-0023
Acrylique sur toile, 23,5 × 23,5 cm
Collection de Vicki et Andy Bursten,
Bellaire, TX, États-Unis

62. *Genesis: David and Goliath*, 1998,
NMS-0035
Acrylique sur toile, 23,5 × 23,5 cm
Collection de Vicki et Andy Bursten,
Bellaire, TX, États-Unis

63. *Israel, Calligraphically*, s.d.,
NMS-0231
Graphite sur papier marouflé sur
carton-mousse, 22,9 × 21,6 cm
Signé en bas à droite "NShapiro" ;
titré en bas à gauche

64. *Israel, Calligraphically II*, s.d.,
NMS-0232
Graphite sur papier marouflé
on carton-mousse, 25,4 × 22,9 cm
Signé en bas à droite "NShapiro" ;
titré en bas à gauche

65. *Israel, Calligraphically III*, s.d.,
NMS-0233
Graphite sur papier marouflé sur
carton-mousse, 22,2 × 22,9cm
Signé en bas à droite "NShapiro" ;
titré en bas à gauche
Collection de Marc Shapiro,
Paris, France

66. *A, B, C*, 1993, NMS-0230
Acrylique sur carton pressé,
50,8 ×36,8 cm
Signé en bas à droite "NMShapiro"
Collection de Mirella Shapiro,
Paris, France

67. *The Mosque*, s.d.,NMS-0071
Gouache et encre de Chine sur
papier, image : 39,4 × 29,2 cm
Signé en bas à droite "NMS" ;
titré en bas à gauche
Collection de Luisiana Servadio,
São Paulo, Brésil

68. *Meeting*, 1976, NMS-0194
Acrylique sur polystyrène expansé,
76,2 × 49,5 cm
Collection de Roberta Shapiro,
Paris, France

69. *Le Cirque*, s.d., NMS-0745
Acrylique sur papier,
image: 27 × 39,1 cm
Titré en bas à droite
Collection particulière

70. *Holy City III*, s.d., NMS-0070
Gouache et encre sur papier,
image: 39,4 × 129,2 cm
Signé en bas au centre "NMShapiro" ;
titré en bas à droite

Collection de Giovanna Adler,
Stony Point, NY, États-Unis

71. *White Kite*, s.d., NMS-0178
Acrylique sur bois et aluminium,
43,2 × 53,3 cm (sans la queue)

72. *Green Kite*, 1998, NMS-0954
Acrylique sur bois, 94 × 90,2 cm
Collection particulière

73. *Red, White and Blue Kite*, s.d.,
NMS-0187
Acrylique sur polystyrène expansé
et bois, 87,6 × 80 cm

74. *Blue Kites*, 1979-1980, NMS-0042
Gouache sur papier,38,1 × 26,7 cm
Signé et daté en bas à gauche
"NMShapiro 80"
Collection de Jill Wingfield,
Cambridge, UK

75. *Kites V*, s.d., NMS-0063
Collage, acrylique, gouache et gaze
sur papier, 48,3 × 33 cm
Signé en bas à droite "N Shapiro" ;
titré en bas à gauche
Collection de Luisiana Servadio,
São Paulo, Brésil

76. *Three Dimensional Kite*, 1999,
NMS-0068
Acrylique sur papier, 40,6 × 25,4 cm
Signé en bas à gauche "NMShapiro"
Collection particulière

77. *Night Kites*, ca. 1998, NMS-0067
Acrylique, gouache et gaze sur
papier, 40,6 × 25,4 in.
Signé en bas à gauche "NMShapiro"
Collection particulière

78. *Untitled*, 1977, NMS-0866
Acrylique sur toile, 148,6 × 100,3 cm
Signé et daté en bas à gauche
"Shapiro 77"

79. *Evolution / The Wall*, 1974,
NMS-0895
Intérieur: polystyrène expansé ;
base: résine de polyester avec fibre
de verre, gravier, papier coloré
et peinture acrylique,
200 × 350 × 150 cm
Signé et daté en haut à droite
FNAC 10438
Centre National des Arts Plastiques,
Paris, France

80. *Kinetic Cube*, 2000, NMS-0952
Acrylique sur bois et toile, moteur
électrique, 78,7 × 78,7 × 78,7 cm

81. *Sleeves I*, s.d., NMS-0171
Aluminum, acrylique et bois
47 × 68,6 cm

82. *Sleeves III*, s.d., NMS-0173
Aluminum, acrylique et bois,
50,8 × 49,5 cm
Signé sur le col et le bord inférieur

83. *Sleeves II*, s.d., NMS-0172
Aluminum, acrylique et bois,
45,7 × 67,9 cm
Signé en bas à gauche

84. *Sleeves IV*, s.d., NMS-0174
Aluminum, acrylique et bois,
47 × 68,6 cm
Signé en bas à gauche

85. *Le Tunnel sous la Manche*, 1992,
NMS-0176
Aluminum peint et bois,
152,4 × 91,4× 10,2 cm

86. *Oasis*, ca. 1995-1996, NMS-0175
Tôle d'aluminion et bois,
60,3 × 47 ×61 cm

87. *Screen*, ca. 2001, NMS-0170
Acrylique sur toile marouflé sur
papier, trois panneaux
137,2 × 76,2 cm chacun
Signé en haut à droite du panneau
central "NMShapiro"

88. *The King*, 1963, NMS-0181
Peinture émaillée domestique sur
tronc d'arbre,119,4 × 55,9 × 25,4 cm
Collection de Mirella Shapiro,
Paris, France

89. *Cupolas and Saints*, 1966,
NMS-0593
Encre de Chine sur papier,
73,7 × 108 cm
Signé et daté en bas au centre
"Shapiro 66"
Collection de Mirella Shapiro,
Paris, France

90. *The Stela and the Law*, 1966,
NMS-0594
Encre de Chine sur carton-mousse,
72,4 × 101,6 cm
Signé et daté en bas à gauche
"Shapiro 66"
Collection of Mirella Shapiro,
Paris, France

91. *Black Jesus*, 1966, NMS-0816
Encre et graphite sur papier,
108 × 75,2 cm
Signé et daté en bas à droite
"NMShapiro 66"
QCC Permanent Collection / CUNY,
New York, NY, États-Unis

92. *Byzantine Family*, 1966,
NMS-0595
Encre de Chine sur carton-mousse,
74,9 × 101,6 cm

Signé et daté en bas à droite
"N Shapiro 66" ; titré au verso
Collection de Mirella Shapiro,
Paris, France

93. *Greek Church,* ca. 1966,
NMS-0968
Linogravure, encre sur papier,
19 × 10 cm
Collection de Marc Shapiro,
Paris, France

94. *Byzantine Church*, 1976,
NMS-0193
Acrylique sur polystyrène expansé,
66 × 50,8 cm
Signé et daté en bas à gauche
"N Shapiro 74"
Collection de Marc Shapiro,
Paris, France

95. *Cubes*, s.d., NMS-0491
Gouache sur papier marouflé
sur carton-mousse,
image : 30,5 ×45,7 cm
Signé en bas à gauche "NMShapiro"

96. *Untitled*, 1976, NMS-0224
Acrylique et gouache sur toile de lin
non tendue, 41,9 × 77,5 cm
Signé et daté en bas à gauche
"NMS 76"

97. *Canals*, s.d., NMS-0392
Acrylique sur toile, 81,3 × 116,8 cm
Signé et daté en bas à droite
"Nat Shapiro", titré au verso

98. *Mosaic in Green*, s.d., NMS-0610
Acrylique et gouache sur papier,
27,9 × 40,3 cm
Signé en bas à gauche "NMShapiro"
Collection de Dominique Célier,
Paris, France

99. *Looking Down*, s.d., NMS-0633
Acrylique sur papier, 59,7 × 45,7 cm
Signé en bas à gauche "Shapiro"
Collection particulière

100. *Homage to Delaunay*, ca. 2002,
NMS-0694
Acrylique sur toile, 96,5 × 81,3 cm
Signé en bas à gauche "Shapiro"
Collection de Mirella Shapiro,
Paris, France

101. *Red Checkerboard*, 2002,
NMS-0798
Acrylique sur toile, 73,7 × 50,8 cm
Signé en bas à droite "NShapiro"
Collection de Mirella Shapiro,
Paris, France

102. *Sentinelle perdue*, 1964,
NMS-0958, couverture du livre
Gouache et encre de Chine sur

papier, le livre ouvert 16,4 × 23 cm
Signé en bas à gauche "Mayer"

103. *Le Lac salé*, ca. 1963,
NMS-0961,
Couverture du livre
Acrylique, encre et crayon de cire
probablement sur papier,
le livre ouvert 16,4 × 23 cm
Signé à gauche "Mayer"

104. *Monsieur Ripois et la Némésis*,
1962, NMS-0959
Gouache et encre de Chine sur
papier, le livre ouvert 16,4 × 23 cm

105. *The Three Prophets:
Mohammed*, 2002, NMS-0163
Acrylique sur toile non tendue,
120,7 × 31,8 cm

106. *The Three Prophets: Moses*,
2002, NMS-0164
Acrylique sur toile non tendue
120,7 × 31,8 cm
Signé en bas à gauche "NMShapiro"

107. *The Three Prophets: St Francis*,
2002, NMS-0165
Acrylique sur toile non tendue
120,7 × 31,8 cm

108. *Garden of Stones / Jewish
Cemetery in Prague*, 1999,
NMS-0040
Acrylique sur toile non tendue,
231,1 × 66,7 cm
Signé en bas à gauche "Nat Shapiro"

109. *Yellow Blue Banner*, 1999,
NMS-0037
Acrylique et gouache sur toile non
tendue, 243,8 × 76,2 cm
Signé en bas à droite "Nat Shapiro"

110. *Sunset on Madison*, 1999,
NMS-0039
Acrylique sur toile, 223,5 × 77,5 cm
Signé en bas à gauche "Nat Shapiro"

111. *Siena*, 1961, NMS-0349
Gouache sur papier, 46 × 54,6 cm
Signé et daté en bas à gauche
"Mayer 61"

112. *The Fortress of Nice*, 1967,
NMS-0347
Gouache sur papier, 54,9 × 37,8 cm
Signé en bas à droite "Mayer" ;
daté au verso "67"

113. *Market Place, Rome*, 1961,
NMS-0359
Gouache sur papier marouflé sur
carton mat, image: 50,8 ×37,8 cm
Signé en bas à droite "N Shapiro"
Titré en bas à gauche

114. *Forum, Rome*, 1961, NMS-0788
Gouache sur papier, 55,2 × 46,4 cm
Signé et daté à gauche "Mayer 61"
Collection of Marc Shapiro,
Paris, France

115. *Off the Hudson in New York
Area*, 1963, NMS-0330
Crayon Conté, acrylque et encre sur
papier, 30,5 × 24,1 cm
Titré en bas à gauche
Collection de Rachel Weinstein,
New York, NY, États-Unis

116. *Moses*, 1962, NMS-0337
Acrylique sur carton blanc
Signé en bas à droite "Mayer"

117. *Noah's Ark*, s.d., NMS-0339
Pastel et encre sur papier,
image: 17,8 × 21,9 cm

118. *Bubble Dancer*, 2002,
NMS-0139
Acrylique sur toile marouflée,
41 × 30,5 cm
Signé en bas à gauche "NMS"
Collection de Léa Shapiro,
La Rochelle, France

119. *Warrior*, 2002, NMS-0138
Acrylique sur toile marouflée,
40,6 × 30,5 cm
Signé en bas à droite "NMS"

Collection de Marc Shapiro,
Paris, France

120. *Strong Man*, s.d., NMS-0084
Encre sur papier marouflé sur
carton-mousse, 19,1 × 14 cm
Signé en bas à droite "Shapiro"
Collection de Mirella Shapiro,
Paris, France

121. *Untitled*, s.d., NMS-0088
Encre sur papier marouflé sur
carton-mousse, 19,1 × 14 cm
Signé en bas à droite "Shapiro"
Collection de Mirella Shapiro,
Paris, France

122. *Flower Girl*, s.d., NMS-0085
Encre sur papier marouflé sur
carton-mousse, 19,1 × 14 cm
Signé en bas à droite "Shapiro"
Collection de Mirella Shapiro,
Paris, France

123. *Untitled*, s.d., NMS-0087
Encre sur papier marouflé sur
carton-mousse, 19,1 × 14 cm
Signé en haut à gauche "Shapiro"
Collection de Mirella Shapiro,
Paris, France

124. *Untitled*, s.d., NMS-0086
Encre sur papier marouflé sur
carton-mousse, 19,1 × 14 cm

Signé en bas à droite "Shapiro"
Collection of Mirella Shapiro,
Paris, France

125. *Industries*, ca. 1960, NMS-0324
Acrylique sur carton,
55,2 ×29,5 cm

126. *Miners*, ca. 1969, NMS-0328
Gouache sur papier, 19,3 × 22,9 cm
Signé en bas à gauche "Mayer"

127. *Le Mouton à Cinq Pattes*,
NMS-0960
Logo du magasin Le Mouton à Cinq
Pattes

128. *EuroTunnel Submission*, 1993,
NMS-0176a
Signé et daté en bas au centre
"NatMShapiro 93", marqué en haut
"Tunnel France-Angleterre"

Acknowledgements
Remerciements

Special thanks to:

Yves Kobry for providing the title for this monograph, so appropriate to Shapiro's art and personality; to Catherine Baker-Wingfield for her intelligent and precious contribution to this project; to Mélanie Mermod for suggesting it; and to Gemma Cirignano for all her help and expertise.

Our thanks and gratitude to all the friends, acquaintances, and art experts who contributed to the successful outcome of this book, by giving their time, their expertise, their help and support with their suggestions, comments, texts, photographs. Just to mention a few:

Lorena Morales Aparicio, Sue Bensadon, Coline Bidault, Alain Bonfilloup, Hélène & Michel Bordeloup, Andy Bursten, Robert Cadoux, Linda & Liana Carter, Christine, Marc and Jacob Chétrit, Dominique Célier, Grace Duran, Lisa Ehrlich, Mitch Goldberg, Dawn Gowins, Gaëlle Guérin, Tim Hardman, Sharon Kotlick Junk, Alycia Vivona and Osamu Kato, Amelia Krales, Philippe and Sébastien Lavalette, Joanne Canary and Barry McCallion, Colin Oie, Patrice Panon, Faustino Quintanilla, Eric Rosenberg, Luisiana Servadio, Zoé and Léa Shapiro, Giorgio Sirugo, Magali Traynard, Rachel and Emily Weinstein, Allan Wenger, Jill and Mark Wingfield.

Our thanks to Galerie Saphir, Francine Szapiro and Vincent Pinault for exhibiting and promoting Nat's art.

Nous remercions particulièrement :

Yves Kobry qui a suggéré le titre de cette monographie, qui reflète si bien l'art et la personnalité de Shapiro ; Catherine Baker-Wingfield pour sa contribution perspicace et précieuse à ce projet ; Mélanie Mermod qui l'a suggéré ; et Gemma Cirignano pour son aide et son expertise.

Nous remercions avec gratitude les amis, connaissances et experts qui ont contribué à la réalisation de ce livre, pour le temps, l'expertise, l'aide et le soutien qu'ils ont donnés par leurs suggestions, leurs commentaires, leurs textes, leurs photographies. Pour n'en mentionner que quelques-uns :

Lorena Morales Aparicio, Sue Bensadon, Coline Bidault, Alain Bonfilloup, Hélène et Michel Bordeloup, Andy Bursten, Robert Cadoux, Linda et Liana Carter, Christine, Marc et Jacob Chétrit, Dominique Célier, Grace Duran, Lisa Ehrlich, Mitch Goldberg, Dawn Gowins, Gaëlle Guérin, Tim Hardman, Sharon Kotlick Junk, Alycia Vivona et Osamu Kato, Amelia Krales, Philippe et Sébastien Lavalette, Joanne Canary et Barry McCallion, Colin Oie, Patrice Panon, Faustino Quintanilla, Eric Rosenberg, Luisiana Servadio, Zoé et Léa Shapiro, Giorgio Sirugo, Magali Traynard, Rachel et Emily Weinstein, Allan Wenger, Jill et Mark Wingfield.

Nos remerciements à la Galerie Saphir, à Francine Szapiro et à Vincent Pinault pour leurs expositions et la promotion de l'art de Nat.

Photo credits / Crédits photographiques

Gabriela Bini: p. 17 left / à gauche

Jacob Chetrit: p. 12 right / à droite

Estate of Nat Mayer Shapiro: pp. 114, 132 right / à droite, 140, 142, 145 bottom / en bas, 148 top left / en haut à gauche, 149 right / à droite

Tim Hardman: p. 87 left / à gauche

Ned Harris: pp. 48, 97, 146 bottom right / en bas à droite

Sharon Koltick Junk: p. 38

Amelia Krales: pp. 15 bottom / en bas, 36 right / à droite, 37, 63, 87 right / à droite, 107, 121, 133 left / à gauche, 143

Raphaële Kriegel: première de couverture et pp. 4, 15 top / en haut, 18, 20 left / à gauche, 21, 22, 27, 29, 31, 32, 33, 34, 35, 39, 40, 42, 44, 45, 46, 53, 54, 55 top left / en haut à gauche, 55 bottom / en bas, 56, 57, 58, 59, 60, 61, 64, 65, 66, 67, 68, 71, 74, 75, 79, 81, 82, 84, 85, 86, 89, 90, 91, 104, 105, 106, 108, 109, 110, 111, 113, 115, 117, 118, 119, 120, 122, 123, 124, 125, 129,130, 131, 132 left / à gauche, 133 right / à droite, 135, 136, 137, 138, 139, 145 top / en haut

Fabrice Lindor: p. 101

Bruce Mermelstein: p. 62

National Museum of the United States Army, Fort Belvoir, VA, USA: p. 8

Luis Perelman: pp. 16, 17 right / à droite, 23, 43, 148 bottom left / en bas à gauche

QCC / CUNY: pp. 47, 51, 112

Becca Rudman: pp. 12 left / à gauche, 13, 72, 73

Léa Shapiro: p. 148 top right / en haut à droite

Marc Shapiro: pp. 14, 55 top right / en haut à droite, 127, 149 top / en haut

Nat Mayer Shapiro: pp. 6, 20 right / à droite, 36 left / à gauche, 80, 83, 93, 94, 95, 96, 102, 103, 126, 144, 146 left / à gauche, 147

Emily Weinstein: p. 134

Translations / Traductions

All texts have been translated from English into French by Marc Shapiro et Roberta Shapiro
Yves Kobry and Hélène Bordeloup's texts have been translated from French into English by Allan Wenger

*Tous les textes ont été traduits de l'anglais en français par Marc Shapiro et Roberta Shapiro
Les textes de Yves Kobry et Hélène Bordeloup ont été traduits du français en anglais par Allan Wenger*

Cover / En couverture
Night Kites, ca. 1998
(detail of / détail de Fig. 77)

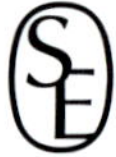

Silvana Editoriale

Chief Executive / Directeur général
Michele Pizzi

Editorial Director / Directeur éditorial
Sergio Di Stefano

Art Director / Directeur artistique
Giacomo Merli

Editorial Coordinator / Coordination d'édition
Ramona Follo, Émilie Hanmer

Graphic Design / Design graphique
Annamaria Ardizzi

Copy Editing / Rédaction
Laura G. Maggioni

Layout / Mise en page
Nicola Cazzulo

Production Coordinator / Organisation
Antonio Micelli

Editorial Assistant / Secrétaire de rédaction
Giulia Mercanti

Photo Editor / Iconographie
Silvia Sala

Press Office / Bureau de presse
Alessandra Olivari, press@silvanaeditoriale.it

Silvana Editoriale S.p.A.
via dei Lavoratori, 78
20092 Cinisello Balsamo, Milano
tel. 02 453 951 01
www.silvanaeditoriale.it

Reproductions, printing and binding
in Italy in November 2024
Les reproductions, l'impression
et la reliure ont été réalisées
en Italie
Achevé d'imprimer en novembre 2024